KB119784

혼자하는
공부의 정석

혼자하는
공부의 정석

한재우 지음

위즈덤하우스

개정판 프롤로그

혼자 하는 공부가 혼을 담은 공부로 바뀌는 순간   11

프롤로그

혼자 하는 공부의 비밀을 찾아서 : "왜 어떤 사람들은 공부를 더 잘할까?"   16

CHAPTER 1

자기 신뢰 : 방법을 알면 기적이 온다

● **우리 주변의 기적들** : 뒤에서 3등이 진짜 3등으로   28

• 너, 솔직히 잘 모르는구나?

• 나도 할 수 있다

• 우리도 기적이 될 수 있을까

• 공부가 재미없는 것은 혼자 공부하지 않기 때문

● **'머리가 좋다'라는 말에 숨겨진 비밀** : 베를린 예술 종합 대학에서 생긴 일   42

• 공부는 누구나 똑같이 잘할 수 있다

• 공부에 '타고난 머리'란 없다

• 모든 것은 재능이 아닌 연습의 결과

• 그 친구가 그렇게 공부를 많이 했을 줄은 몰랐다

● **양이 질을 만든다** : 1만 시간의 법칙, 10년의 법칙   60

• 아인슈타인이 천재인 이유

- 나의 대입 논술 시험 준비기
- 천재들은 '혼자 하는 연습의 천재'다
- 너나 나나 할 수 있다

실력을 향상시키는 혼자 하는 공부의 힘 : 성장 영역과 신중하게 계획된 연습　76
- 하던 대로 하면, 얻던 것만 얻게 된다
- 노력이라고 다 같은 노력이 아니다
- 반드시 공부를 잘할 수밖에 없는 방법, '탐색, 반복, 피드백'

CHAPTER 2

학습 원리 : 공부를 하면서도 지금까지 몰랐던 것들

혼자 하는 공부를 위한 뇌과학 원리 ❶ : 뇌를 움직이는 매뉴얼　94
- 학습 원리를 알아야 하는 3가지 이유
- '공부'란 과연 무엇일까
- 라면을 끓이면서 배우는 학습 원리

혼자 하는 공부를 위한 뇌과학 원리 ❷ : 공부할 때 머릿속에서 일어나는 일　111
- 우리가 통신선을 설치한다면
- 뉴런, 시냅스, 미엘린
- 우리 뇌는 누구나 공부를 잘할 수 있다고 말한다

우리가 놓치고 있던 것들 ❶ : '진짜 집중'의 의미　120
- 우리는 다른 사람들이 어떻게 공부하는지 전혀 알 수 없다

- 지금까지 공부를 못했던 이유
- 저절로 외워지는 것은 없다

우리가 놓치고 있던 것들 ❷ : 배우고 또 익혀야 '진짜 공부'다   132
- 논어의 첫 구절과 학습 원리 사이클의 상관관계
- 공부의 두 날개, 배움과 익힘
- 공부 잘하는 모든 사람은 일부러 틈을 뛰어넘는다

우리가 놓치고 있던 것들 ❸ : 두루뭉술한 공부는 이제 그만   142
- '정확히 같은 신호'를 '반복'한다는 것
- 100점이라도 다 같은 100점이 아니다

CHAPTER 3
공부 원칙 : 원칙이 요령을 이긴다

혼자 하는 공부의 원칙 ❶ 운동 : 운동하지 않았다면 책을 펴지 마라   154
- 단언컨대 공부의 시작은 운동
- 운동을 잘하는 사람이 공부도 잘한다
- 운동하는 사람이 공부를 잘하는 과학적인 이유
- 혼자 공부하는 사람을 위한 운동 가이드

혼자 하는 공부의 원칙 ❷ 목표 : 목표가 뚜렷하면 공부는 저절로 된다   179
- 목표는 평범한 고등학생을 어떻게 변화시켰나
- 목표 지향 메커니즘의 원리

- 혼자 공부하는 사람을 위한 목표 설정 가이드

혼자 하는 공부의 원칙 ❸ 반복 : 모든 공부법들이 숨긴 궁극의 비결   194
- 생물학적으로 공부는 반복이 답이다
- 10번을 쓰자 저절로 외워졌다
- 혼자 공부하는 사람을 위한 반복 가이드

혼자 하는 공부의 원칙 ❹ 몰입 : 몰입의 3가지 조건   207
- 공부량=공부 시간×몰입도
- 몰입할 때 머릿속에서 일어나는 일
- 혼자 공부하는 사람을 위한 몰입 가이드

혼자 하는 공부의 원칙 ❺ 틈틈이 : 실컷 자고 실컷 놀면서 공부하는 방법   223
- 언제 어디서나 할 수 있는 마법의 공부
- 차이를 만들고 몰입을 유지하는 비결
- 혼자 공부하는 사람을 위한 틈틈이 공부 가이드

CHAPTER 4

생활 관리 : 자기 관리 없이는 성공도 없다

혼자 공부하는 사람의 습관 관리 : 두뇌 매뉴얼을 따라 습관을 바꾼다   242
- 어떤 일이든 가능하게 만드는 도구, 습관
- Not-to-do list에서 To-do list로
- 습관을 만드는 방법, 아주 작은 행동의 반복

● **혼자 공부하는 사람의 식사 관리** : 밥은 단지 밥이 아니다   253

- 그들은 왜 밥에 목숨을 걸었을까
- 매운 음식이 공부하는 사람에게 좋지 않은 이유
- 공부하는 사람이 적당히 먹어야 하는 이유

● **혼자 공부하는 사람의 수면 관리** : 딱 필요한 만큼만 잠을 자는 방법   264

- 우리는 잠을 자면서도 공부를 한다
- 잠을 효과적으로 '잘' 잘 수 있는 3가지 방법

● **혼자 공부하는 사람의 시간 관리** : 빽빽한 다이어리는 더 이상 필요 없다   275

- 시간 관리의 핵심, 의지력과 우선순위
- 공부하기 전, 우선순위를 정하고, 중요한 것부터 하라

● **혼자 공부하는 사람의 루틴 관리** : 최고의 루틴이 최고의 삶을 만든다   286

- 루틴으로 만드는 100%의 하루
- 루틴을 만드는 4단계

CHAPTER 5
멘탈관리 : 마음을 다스리는 방법

● **좌절감이 들 때** : '인백기천' 남들이 백을 한다면, 나는 천을 하겠다   300

- 왜 좌절감이 들까
- 좌절감을 이겨내는 마법의 주문

공부하기 싫을 때 : 살살 해야 멀리 간다   308

• 왜 공부가 하기 싫을까
• 공부하기 싫은 마음을 이겨내는 방법

절망감에 빠질 때 : 지금 그리고 여기   317

• 왜 절망감이 들까
• 절망감에 빠지지 않고 할 일을 다 하는 방법

에필로그
우리의 삶이 바뀌는 순간   330

부모를 위한 혼공 가이드
혼공하는 자녀로 만들기 위한 가장 빠른 길   334

혼자 하는 공부가
혼을 담은 공부로 바뀌는 순간

『혼자하는 공부의 정석』 원고가 처음 쓰여진 2017년 즈음은 '혼공'이라는 말이 널리 퍼지기 전이었다. 혼자 밥을 먹는 '혼밥'이나 혼자 술을 마시는 '혼술'이 사람들의 공감을 얻은 덕에 여러 가지 혼자 하는 시도들이 유행하기 시작했지만, 혼자 공부하는 '혼공'은 주목받는 키워드의 목록과는 다소 거리가 있었다.

그럼에도 불구하고 내가 공부법에 대한 책을 쓰면서 구태여 '혼자 하는 공부'를 앞세운 것은 다가올 유행을 예상했기 때문이 아니었다. 고민의 출발점은 오히려 트렌드를 비롯한 당장의 이슈들과는 정반대되는 지점이었다. 나는 공부법의 바이블과 같은 책을 쓰고 싶었다. 잔가지들을 쳐 없애고 뿌리와 기둥만을 남겨서 이 한 권만 읽어도 누구나 공부를 잘 할 수 있도록 가장 기본적이고 핵심적인 내용을 콤팩

트하게 담고 싶었다. 원고를 담당했던 편집자에게 이런 표현을 쓴 적도 있다. **"나중에 제 아이가 자란 뒤에도 읽힐, 아주 오래가는 공부법 책을 쓰려 합니다."**

과거에도 통했고, 지금도 통하며, 앞으로도 통할 흔들림 없는 공부법. 그런 방법의 핵심이 과연 무엇인지 고민을 거듭한 끝에 내가 도달한 지점이 '혼자하는 공부'였다. 공부를 잘하려면 혼자 공부하는 시간을 늘리되, 제대로 된 방법으로 해야 한다. 학원이나 과외, 인터넷 강의를 비롯한 여러 조력자들의 도움은 말을 물가에 데려다주는 역할만 할 뿐, 결국 물을 마시는 것은 말 스스로 할 일이다. 각종 시험의 수석, 차석, 전교 1등처럼 최고 수준에 도달한 사람들의 공부법이 다른 이들과 결정적으로 달랐던 공통점은 '제대로 된 방법으로 혼자 공부하는 시간을 극대화한다'는 사실이었다. 혼공, 즉 '혼자하는 공부의 정석'이라는 제목이 붙은 것은 그런 이유였다.

그런데 2018년, 이 책의 성공에 이어 혼공이 주목받기 시작했다. 혼공을 다룬 책들이 연이어 나왔고, 광화문에 있는 대형 서점의 매대에 아예 '혼자하는 공부의 정석'이라는 코너가 만들어져 여러 공부법 책들이 함께 진열되기도 했다. 혼공은 공부법 카테고리의 책들 가운데 중요한 키워드로 자리 잡았다. 공부의 핵심은 혼공이었으므로 나는 이런 현상이 반가웠다. 『혼자하는 공부의 정석』이 마중물이 되어 더 많은 이들이 혼공을 이야기하는 것이 기뻤다. 그리고 혼공이 일시적인 트렌드로 스쳐 지나가지 않기를 희망했다.

흐름은 뜻하지 않은 곳에서 바뀌었다. 2020년 초, 코로나가 전 세계를 덮치면서 학교에 가지 않는 비대면 수업이 장기화되자 학생들의 학력 문제가 여기저기서 불거지기 시작했다. 일부 최상위권 학생들을 제외한 거의 대부분의 학생들의 학력이 급격히 떨어지고 있었다. 원인은 명확했다. 자기주도 학습능력의 결여, 즉 혼자 공부할 줄 모르는 것이 문제였다. 그동안은 학교와 학원에서 억지로나마 아침부터 저녁까지 엉덩이를 책상에 붙이고 있었던 학생들은 혼자 집에 있는 시간이 늘어나자 공부가 아닌 다른 대상에 주의력을 빼앗겼다. 게임, 웹툰, 유튜브, 넷플릭스. 뇌는 공부와 멀어지는 쪽으로 재조직되었다. 줄어버린 활동량도 이에 한몫했다. 문제가 심각해졌음을 느낄 2020년 가을 즈음, 공부 방법에 대한 책들이 베스트셀러에 등장했다. 여기저기서 혼공을 이야기했다. 나는 코로나 시대의 혼공을 주제로 다룬 방송에 나갔고 같은 내용으로 강의를 다녔다.

코로나 사태의 장기화로 공부하기가 힘들다는 질문을 많이 받는다. 재수생들에 비해 재학생들이 불리하다는 하소연도 종종 듣는다. 미안한 이야기지만 나는 그렇게 생각하지 않는다. 경제가 어렵고 일상이 불편하고 신나는 일이 다소 줄어든 것은 맞다고 해도, 적어도 공부만큼은 지금이 조금도 불리하지 않다. 아니, 오히려 공부하기에는 더없이 좋은 시기다. 줌을 이용한 비대면 수업, 사회적 거리두기로 인한 모임 자제, 외출 없이 집 안에 머무는 시간의 증가. 이 모든 것은 집중 가능한 연속된 시간의 확보를 의미한다. 방해받지 않고 나의 공부에 몰입할 수 있는 기회. 최고의 공부법은 '제대로 된 방법으로 혼자 공부하는 시간을 극대화'하는 것 아닌가. 지금은 그런 여건이 주어져 있다. 뉴턴이 대학생 시절에 미적분학을 체계화하고, 프리즘으로 색깔을 연구하고, 떨어지는 사과를 보며 만유인력을 생각해 낸 것은 1664년 페스트를 피해 시골의 고향집에 들어갔기 때문에 가능했음을 기억해야 한다.

공부하는 이들에게 지금은 기회다. 다만 그 기회를 자신의 것으로 만들기 위해서는 혼공, 혼자서 공부하는 방법을 알아야 한다. 혼자 하는 공부가 익숙하지 않아 이 시기가 혼란스럽다는 호소는 이해할 수 있다. 하지만 이것을 너무 괴로운 과제라고만 생각하지 않기를 바란다. 살면서 한 번쯤 자전거를 배우는 때가 있듯이, 공부를 하려는 사람은 누구나 한 번쯤 혼자 공부하는 방법을 배워야 하기 때문이다. 어차피 오래도록 해야 할 공부라면 하루 빨리 제대로 하는 법을 익히는 편이 낫다. 우리는 이미 자전거 위에 올라탔다. 페달을 밟아서 전진하는 수밖에 없다.

『혼자하는 공부의 정석』을 출간한 뒤 독자들로부터 많은 메일과 감사 인사를 받았다. 이 책을 읽고 처음으로 전교 1등을 했다는 학생, 최선을 다해 공부해도 성적이 늘 제자리였던 결정적 이유를 찾았다는 학생, 학창 시절 학원을 다니지 않고도 항상 전교 1등을 놓치지 않았는데 이 책 안에 자신이 했던 방법이 고스란히 담겨 있다는 대학생, 그리고 이 책을 통해서 여태껏 자신이 공부를 한 것이 아니었음을 강렬하게 깨달았다는 수험생의 메일이 특히 기억에 남는다. 책을 쓴 사람은 나지만 책을 완성시킨 사람은 이런 분들이다. 흔들림 없는 공부법, 아주 오래가는 공부법은 실천과 실현으로 인해 입증되기 때문이다.

이제 『혼자하는 공부의 정석』을 손에 든 분들께서는 공부를 잘할 수 있다는 확신을 가지고 이 책을 읽어주셨으면 한다. 그리고 자신의 혼공을 통해 그 확신을 실현해주시기 바란다. 영어로 '혼자'를 뜻하는 단어는 'alone'이다. alone은 'all one(모두가 하나)'을 의미한다. 온전히 혼자임을 택할 때, 우리는 우리의 모든 것을 하나에 집중할 수 있다. 혼자 하는 공부, 혼공이 혼을 담은 공부, 혼공(魂工)으로 바뀌는 순간이다.

혼자 하는 공부의 비밀을 찾아서

: "왜 어떤 사람들은 공부를 더 잘할까?"

오랫동안 나는 궁금했다.

"왜 어떤 사람들은 공부를 더 잘할까?"

내가 자란 곳은 경기도 변두리였다. 인구가 막 늘기 시작했지만 공부할 만한 여건은 아직 갖춰지지 않은 곳이었다. 초등학교 때는 50명인 학급이 한 학년에 8반까지 있었고, 중고등학교 때는 이보다 더 많았다. 시내버스를 타고 통학을 하는 길 위에서 나는 고등학교 2학년 때까지 황소가 논을 가는 모습을 보았다. 사설 독서실도, 학원을 다니는 학생도 그다지 많지 않았다. 콩나물시루처럼 빽빽한 교실에서 하루 종일 똑같은 시간을 보냈는데, 공부를 잘하는 사람과 그렇지 않

16

은 사람이 있었다. 나는 늘 궁금했다. **왜 어떤 사람들은 공부를 더 잘할까?**

대학에 들어오고 나서 궁금증은 더 커졌다. 학원뿐만 아니라 인터넷 강의와 시설 좋은 독서실, 정보를 공유하는 온라인 카페, 스터디 모임 등 공부를 도와주는 인프라들이 우후죽순 생겨나는 시점이었다. 뒤처지면 안 된다는 두려움으로 인프라의 홍수 앞에서 혼란스러워하는 사람들이 많았지만, 대학에서 함께 공부하는 이들은 대부분 그런 것을 신경 쓰지 않았다. 원래 중고등학교 때부터 '돈을 들이지 않고' 공부한 사람들이기 때문이었을까? "교과서를 중심으로 학교 수업에 충실했습니다"라는 전국 수석 학생들의 인터뷰처럼 대학에서 만난 '공부 잘하는 사람'들은 다들 공부 인프라와 무관하게 공부를 잘했다. 그들을 보며 나는 궁금했다. **왜 어떤 사람들은 공부를 더 잘할까?**

대학을 졸업하고 사회생활을 시작한 뒤에도 궁금증은 이어졌다. 직장에서 일을 하자 여유 시간이 크게 줄어들었다. 모두들 자기계발을 말하는데, 정작 공부를 할 시간이 없었다. '학생 시절이 제일 좋았지'라는 한숨 소리가 저절로 나왔다. 그런데, 그럼에도 불구하고 무언가를 공부하는 사람들이 있었다. 어떤 사람들은 손톱만 한 시간을 쪼개 공부를 했고, 그렇게 쌓은 공부로 자신의 삶을 바꾸었다. 똑같이 직장을 다니면서도 공부에서 성과를 내는 사람들이었다. 그들을 보며 나는 궁금했다. **왜 어떤 사람들은 공부를 더 잘할까?**

"왜 어떤 사람들은 공부를 더 잘할까?"

나는 오랫동안 이 질문에 대한 답이 궁금했다. 다행스럽게도 나에게는 그 답을 찾기 위해 열어볼 수 있는 보물 상자가 3개 있었다.

첫째는 대학에서 만난 사람들이다. 나는 운이 좋게도 공부를 굉장히 잘하는 사람들과 함께 대학 생활을 보냈다. 주위에는 전국에서 몇 등, 혹은 시도에서 수석과 차석을 아무렇지 않게 하던 '공부의 신'들이 가득했다. 1학년 때 신입생을 환영하는 술자리에서 두 학번 위의 선배가 농담을 반 섞어 했던 말이 기억난다. "너희들 이제는 고등학교 때 얘기하지 마. 여기 전교 1등 아닌 사람이 누가 있어?" 나는 주위 사람들을 눈으로 보면서, 또 어떻게 공부해야 하는지에 대해 함께 이야기를 나누면서 많은 것을 배웠다. 그리고 공부를 정말로 잘하는 사람들이 공부하고, 생활하고, 멘탈을 관리하는 방법에는 일치하는 부분이 있다는 사실을 알게 되었다.

둘째는 책을 통해 알게 된 지식들이다. 나는 대학 때 중앙 도서관에서 혼자 책 읽기를 제일 좋아했다. 특별한 독서 계획은 없었지만 그냥 도서관으로 출퇴근을 했다. 그때를 돌아보면 내 안에 커다란 문제의식이 하나 있었던 것 같다. 어떤 분야의 책을 읽든 늘 하나로 연결되었기 때문이다. 그것은 '어떻게 하면 내가 더 나아질 수 있을까?'였다. 공부를 잘하는 방법은 거기에 포함되는 문제였다. 인문학뿐만 아니라 경제경영, 명상, 심리, 뇌과학, 종교학 등 분야를 가리지 않고 책을 읽었는데, 그렇게 완전히 서로 다른 분야의 지식에 들어 있는 힌트들은 같은 방향을 가리키고 있었다.

셋째는 나 자신의 실패 경험이다. 사실 나는 20대를 방황하면서 보냈다. '전공'의 관점에서 보면 분명히 그랬다. 아는 것이 없어서 기말고사 답안지를 백지로 내기도, 수업을 들어가지 않아 학사 경고를 받기도 했다. 그렇게 대학 시절의 몇 년과 대학 졸업 후의 몇 년이 지나갔다. 내가 다시 '정신을 차리고' 보통 사람들과 비슷한 생활로 돌아온 시점은 군대를 제대하고 가게를 연 31살 이후였다. 결코 짧지 않은 방황이었던 셈이다. 하지만 20대를 '실패'하고 다시 일어서는 과정을 겪으면서 나는 많은 것을 얻었다. 좌절감에 대해서, 공부하기 싫은 마음에 대해서, 슬럼프에 대해서, 그리고 무엇보다 무언가를 잘하고 못하는 것이 우리의 행동에 달려 있다는 사실에 대해서 말이다. 은사님 한 분은 이렇게 말씀하셨다. "좋은 경험이란다. 네가 그 과정을 겪었기 때문에 훨씬 깊어진 거야."

여기까지가 나의 보물 상자들이다. 나는 틈날 때마다 그 상자들을 들여다보며 **"왜 어떤 사람들은 공부를 더 잘할까?"**에 대한 답을 찾아왔다.

처음에는 그 답이 '타고난 머리'라고 생각했다. 하지만 틀린 답이었다. '머리'가 좋은 사람들은 있지만, 그 '머리'는 절대로 고정된 것이 아니었고 '타고난' 것은 더욱 아니었다. 많이 쓰면 커지고, 그렇지 않으면 쪼그라드는 온몸의 근육처럼 좋은 '머리'는 그저 열심히 공부한 사람에게 따라오는 결과였다.

그다음에는 '공부량'이라고 생각했다. 실제로 공부량은 중요했다. 공부량을 확보할 수 있도록 공부하고 싶은 동기를 부여하는 것도 중요한 문제였다. 그래서 공부하기 전에 하루에 한 페이지씩 읽는 『365 공부 비타민』을 썼다. 하지만 여전히 부족했다. 공부하는 사람들 중에는 "하루 종일 해도 안 되더라"라고 항변하는 이들이 있었다. 공부량만으로는 왜 어떤 사람이 공부를 잘하는지를 완전히 설명할 수 없었다. 공부량은 절반짜리 답이었다.

그러던 어느 날, 심리학자 앤더스 에릭슨Anders Ericsson이 음악 대학 학생들을 대상으로 진행한 연구에서 힌트를 만났다. 실력 향상에 직결되는 가장 중요한 활동이 무엇이냐는 질문을 받았을 때, 악기를 연주하는 모든 학생들은 하나의 활동을 똑같이 짚었다. 바로 '혼자 하는 연습'이었다. **"혼자 하는 연습이 중요하다."** 그 지점에서 생각하자 모든 것이 명확해지기 시작했다. 마치 자전거를 타는 요령처럼, 할 줄은 알지만 말로는 설명하기 어려웠던 공부 방법, 나 스스로는 경험을 통해 알고 있었던 공부 방법, 그리고 내가 만난 '공부의 신'들이 해왔던 공부 방법의 핵심이 거기 있었다. 유명 강사의 강의를 들어도, 복잡한 공부 방법을 따라 해도, 최신 정보를 놓치지 않아도, 공부에 돈을 쏟아부어도 우리가 공부를 잘할 수 없었던 이유는 공부는 혼자 하는 것이기 때문이었다.

그렇다. 혼자 공부해야 실력이 늘었다. 나도 그랬고, 내가 본 '공부의 신'들도 그랬다. 다들 최대한 많은 시간을 혼자 공부했다. 나와 친구들의 경험, 유명인들의 성공 사례, 심리학과 경영학의 연구, 심지어 2,500년 전 공자孔子와 붓다Buddha의 가르침에서부터 최신 뇌과학의 연구 결과까지 모든 자료는 같은 방법을 말하고 있었다. 그리고 그 방법이 명확해질수록 왜 혼자 하는 공부가 답인지 더욱 분명하게 드러났다.

"왜 어떤 사람들은 공부를 더 잘할까?"

처음 질문을 품었던 고등학교 때부터 지금까지 20년 동안 내가 찾아낸 답은 이것이었다.

"올바른 방법으로, 혼자 공부하는 시간이 많기 때문이다."

사람들은 정말 '많은 노력'을 공부에 쏟아붓고도 실력이 늘지 않아서 힘들어한다. 그럴 수밖에 없다. 하루 종일 강의를 듣고, 더 비싼 학원을 등록하고, 다른 사람들의 노하우를 좇아 정신없이 다니고도 어떻게 공부해야 하는지 모르니 '더 이상은 못 해. 나는 머리가 나쁜가 봐'라는 마음이 든다. 하지만 그렇게 해도 안 되었던 이유는 머리가 나쁘기 때문이 아니다. '많은 노력'의 방법이 잘못되었기 때문이다.

왜 어떤 사람들은 공부를 더 잘할까?

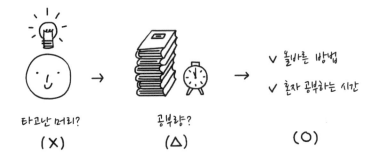

타고난 머리?   공부량?   ✓ 올바른 방법
(X)   (△)   ✓ 혼자 공부하는 시간
                                      (O)

하루 종일 강의를 들을 것이 아니라, 더 비싼 학원을 등록할 것이 아니라, 다른 사람의 노하우를 좇을 것이 아니라, 그냥 자리에 앉아 혼자 공부를 했어야 했다. 올바른 방법으로, 혼자 공부하는 시간을 늘리는 방향으로 '많은 노력'을 기울였어야 했다는 말이다.

이제 공부하는 방식을 바꿔야 한다. 밖으로 돌아다니는 활동을 최대한 줄이고 당장 자리에 앉아 혼자 공부하는 시간을 늘려야 한다. 학생, 수험생, 고시생, 취업 준비생, 직장인, 학부모 등 공부를 (해야) 하는 모든 사람들에게는 혼자 하는 공부가 답이다. 그 이유는 이렇다.

첫째, 확실히 공부를 잘할 수 있다. 뇌는 기억을 저장할 때 일정한 매뉴얼을 따른다. 그대로 하지 않으면 아무리 공부를 해도 머릿속에 들어가지 않는다. 그런데 매뉴얼을 정확히 따라서 공부를 하려면 혼자 공부를 해야 한다. 뇌과학적으로 볼 때 혼자 공부하는 것이 가장 효율적인 공부법이라는 말이다.

둘째, 시간이 단축된다. 공부하는 사람에게 실력 향상에 직결되는 가장 중요한 활동은 혼자 하는 공부다. 실력을 가장 빨리 향상시킬 수 있다는 말은 해야 할 공부를 최대한 빨리 끝낼 수 있다는 말과 동의어다. 혼자 공부하면 지금까지보다 더 적은 시간에 더 많은 내용을 공부할 수 있다.

셋째, 돈이 들지 않는다. 공부 인프라가 늘어나다 보니 공부에 들어가는 비용이 굉장히 많아졌다. 이런 현실 때문에 돈이 없으면 공부를 할 수 없다고 생각하는 사람이 있다면 그럴 필요가 없다. 혼자 하는 공부에는 돈이 들지 않는다. 책과 책상만 있다면 얼마든지 공부를 잘할 수 있다.

넷째, 함께 공부할 사람이 없어도 괜찮다. '혼밥', '혼술'이라는 말처럼 무엇이든 혼자 하는 문화가 자연스러운 시대다. 내심 공부도 혼자 하고 싶어 하는 사람들이 많지만 외로움이나 불안감 때문에 선뜻 그렇게 하지 못하고 있다. 걱정하지 말자. 공부는 원래 혼자 하는 것이며 혼자 공부해야 잘할 수 있다. 함께 공부할 사람이 없다면 오히려 좋은 기회로 여기고 혼자 공부를 시작하면 된다.

이 책은 학생부터 직장인, 학부모에 이르기까지 혼자 공부하는 모든 사람들을 위해 쓰였다. 공부를 어떻게 해야 하는지(공부 원칙), 습관-식사-수면-시간-루틴 등 일상생활을 어떻게 관리해야 하는지(생활 관리), 혼자 공부할 때 마주치기 쉬운 '멘탈 붕괴'에 어떻게 대

1. 확실히 공부를 잘할 수 있다

2. 시간이 단축된다

3. 돈이 들지 않는다

4. 함께 공부할 사람이 없어도 괜찮다

5. 공부는 원래 혼자 하는 것이다

처해야 하는지(멘탈 관리), 그리고 그 전제로서, 왜 뇌과학에서는 누구나 공부를 잘할 수 있다고 이야기하는지(자기 신뢰, 학습 원리)가 이 책에 담긴 핵심 내용이다.

공부 자극 팟캐스트 〈서울대는 어떻게 공부하는가〉와 교원 직무 연수 '내 생애 최고의 공부'를 진행하면서, 그리고 이런저런 특강에서 받았던 질문과 고민들을 함께 녹였다. 혼자 공부하는 방법에 대한 책이지만, 그 방법들을 읽으며 혼자 공부하는 시간을 늘려야 하는 까닭도 저절로 이해하게 될 것이다.

'정석定石'이란 원래 '무언가를 처리하는 데 있어 정해져 있는 일정한 방식'이라는 뜻이다. "왜 어떤 사람들은 공부를 더 잘할까?"라는 질문의 답을 찾기 위해 내가 열어본 모든 보물 상자 안의 가르침들은 같은 방법을 말했다. 나는 그것이 '공부를 잘하는 데 있어 정해져 있

는 일정한 방식'이라고 생각하기에 이 책에 '혼자 하는 공부의 정석'
이라는 이름을 붙였다. 이 책을 통해 공부하는 모든 사람들이 정석을
밟기를, 그래서 공부가 더 이상 어렵지도, 괴롭지도 않은 일이 되기를
진심으로 바란다.

CHAPTER 1

자기신뢰

방법을 알면 기적이 온다

───── 『혼자하는 공부의 정석』 첫 번째 편은 '자기 신뢰'다. 혼자 공부하는 모든 사람들은 반드시 자기 자신에 대한 믿음이 있어야 한다. '공부는 누구나 잘할 수 있다. 나도 할 수 있다'라는 확고한 믿음이다. 믿음이 있을 때 '어디 한번 해보자!'라는 마음이 생기고, 그런 마음으로 공부에 부딪힐 때 '진짜로 나도 할 수 있구나!' 하는 깨달음을 얻는다. 이런 성공 경험이 공부하는 재미인데, 일단 재미를 느끼면 그 다음에는 저절로 공부를 하게 되니, 결국 당연히 공부를 잘할 수밖에 없다. 자기 자신에 대한 믿음이 혼자 하는 공부의 출발점인 이유다. 다행스러운 점은 공부는 정말로 누구나 잘할 수 있다는 사실이다. 희망을 심어주기 위해 건네는 근거 없는 응원이 아니라 진실이 그렇다. 이번 편에서는 그 증거들을 만난다.

먼저 주변에 널려 있는 기적의 사례들을 짚어본다. 기적의 주인공들은 우리와 다르지 않은 평범한 사람들이다. 특출 나지 않은 그들에게 그런 굉장한 기적이 가능했던 까닭은 공부를 위해 '타고난 머리' 같은 것은 없기 때문이다. 선천적인 재능은 존재하지 않는다. '머리'에 대한 기존의 생각은 틀렸다. 실력의 차이는 머리가 아니라 실력 향상에 직결되는 활동을 얼마나 하는지에 달려 있다. 그 활동이 바로 '혼자 하는 공부'다. 여기서는 심리학자 앤더스 에릭슨의 실험과 '1만 시간의 법칙', 그리고 위대한 성과를 거둔 수많은 사람들의 사례를 알아본다. '양이 질을 만든다'는 사실을 바탕으로 질을 향상시키는 올바른 공부 방법까지 이해하면 혼자 공부하는 시간을 늘려야 하는 이유를 알게 될 것이다.

코로나로 비대면 수업이 일상화된 이후 자기 신뢰의 격차가 사람마다 크게 벌어졌다. 혼자 있는 시간을 기회로 삼아 공부량을 의욕적으로 늘린 이들은 단시간에 자기 신뢰가 향상된 반면, 학교가 붙잡아주던 최소한의 공부량마저 사라져버린 이들은 자기 신뢰가 완전히 무너졌다. 자신에 대한 믿음이 혼자 하는 공부의 양에서 비롯된다는 사실을 이해할 때 이 시기에 우선적으로 해야 할 일이 무엇인지 저절로 알게 된다.

우리 주변의 기적들

: 뒤에서 3등이 진짜 3등으로

너, 솔직히
잘 모르는구나?

내가 과외를 했던 학생의 이야기다. 중학교 3학년 남학생이었다. 영어와 수학을 담당하기로 했다. 그런데 첫 수업 날, 그 학생의 집에 갔는데 약간 이상한 느낌이 들었다. 보통 과외 수업을 하면 첫날은 이렇다. 어머님이 거실에 나와 계시고, 식탁 위에 가지런히 깎아놓은 과일이 있으며, 본격적인 수업 시작 전에 어머님의 당부 말씀이 있곤 했다. "아이가 머리는 좋은데 끈기가 부족해요. 공부하는 방법을 좀 알려주세요."

28

하지만 그 집에는 학생만 덩그러니 혼자 있었다. 첫날인데 말이다. 조금 낯설기는 했지만 나는 아무렇지 않은 듯 과외를 시작했다. 먼저 이렇게 물었다. '너는 공부를 얼마만큼 하니?' 그랬더니 이 친구가 답했다. "별로 잘 못해요." 사실 '별로 잘 못한다'라는 말은 학생의 실력을 파악하는 데 별로 도움이 안 되는 대답이다. 예측할 수 있는 성적의 범위가 매우 넓기 때문이다. 공부를 상당히 잘하는데도 겸손한 성격이라 '별로 잘하는 것은 아니다'라고 말할 수도 있고, 굉장히 못하는데 그렇다고 '저는 진짜 못해요'라고 말하기는 창피하니 대강 얼버무렸을 수도 있다는 사실을 나는 그간의 경험으로 잘 알고 있었다.

영어와 수학 교과서를 가지고 오라고 했다. 먼저 수학 교과서를 펼쳐 학교에서 진도가 나간 부분을 손가락으로 짚었다. 쉽지도, 어렵지도 않은 미지근한 문제였다. "그거 한번 풀어볼래?" 뾰족한 연필이 연습장 위에서 움직이기 시작했다. 그런데 가만 보니 쥐똥만 한 글씨가 제자리걸음을 깨작깨작 걷는 것이 아닌가. 수학에 자신이 있는 사람의 연필은 그렇게 움직이지 않는다. 시원시원하게 수식을 쓰고, 그 수식을 쓴 줄이 점점 짧아지다가 마침내 답이 딱 나온다. 제자리에서 연필이 움찔거린다는 것 자체가 수학을 잘 못한다는 뜻이다. 이 학생은 적어도 첫 번째 케이스, 즉 공부를 상당히 잘하지만 대답이 겸손한 경우가 아니라는 점은 확실했다.

이번에는 영어 교과서를 펼쳤다. 본문을 짚어 해석을 시켰다. 아니나 다를까, 역시 우물쭈물, 소리가 들릴락 말락 했다. 긴장된 시간이 조금 흘렀다. 나는 빙그레 웃으면서, 야단칠 의도가 전혀 없다는 투의 부드러운 목소리로 말했다. "너, 솔직히 잘 모르는구나?" 학생은 그렇다고 실토하고는 짐을 내려놓은 듯 한숨을 크게 쉬었다. 나는 괜찮다고 고개를 끄덕였다. 그리고 이것저것을 물어보기 시작했다. "너 이거는 아니? 그러면 저거는 아니?" 묻는 질문마다 학생은 고개를 가로저었다. 본문과 단어와 문법을 물을 때마다 학생의 고개는 시계추처럼 좌우로 왔다 갔다 했다. 점점 더 쉬운 것을 물어보아도 계속 모른다고만 하길래, 결국 이렇게 물었다. "주격 – 소유격 – 목적격을 말해볼래?" I–my–me–mine 말이다. 그런데 이럴 수가, 학생은 기어들어가는 목소리로 겨우 대답을 했다. 아니, 영어 공부를 처음 시작할 때 배우는 내용이 인칭 대명사 아닌가. 중학교 3학년인데도 그것조차 분명히 몰랐던 것이다. 그제야 확실해졌다. 불행하게도 이 학생의 '별로 잘 못해요'는 이런 뜻이었다. '저는 진짜 잘 못해요.'

알고 보니 사정은 이랬다. 부모님 두 분이 모두 장사를 했다. 바쁜 탓에 아이에게 어릴 적부터 신경을 거의 못 썼다. 과외 수업 첫날인데도 학생 혼자 덩그러니 있던 것은 그런 까닭이었다. 학생의 상황을 알게 된 나는 성적표를 가져오라고 했다. 모든 과목이 3~40점이었다. 등수는 반에서 3등, 물론 뒤에서 3등이었다. 그런데 내가 보기에 이 학생의 문제는 단지 기초 부족만은 아니었다. 더 심각한 문제가 있었다. 중학교 3학년이 된 지금까지 단 한 번도 공부를 잘해본 적이 없었기 때문에 **나도 할 수 있다**'라는 생각 자체가 없었던 것이다. 마치 태어나서부터 계속 닭장 속에 갇혀 살아서 날갯짓을 할 수 있다는 사실을 모르는 닭과 같았다. 나는 이렇게 말했다.

"공부를 어떻게 하는 것인지, 너는 아예 그걸 모르는구나. 지금 영어, 수학이 급한 게 아니라 공부하는 자세가 더 급해. 내가 공부하는 방법을 가르쳐줄 테니 시키는 대로 해볼래? 대신 시키는 대로만 하면 숙제는 일체 내지 않을게."

순간 학생의 눈빛이 반짝였다. 숙제를 내주지 않는다는 말에 반색을 한 것이다. 그동안은 지겨운 숙제와 씨름을 하느라 지쳤을 것이 틀림없었다. '공부하는 방법'에 관심을 보이는 모습을 보고 나는 희망이 있다고 생각했다. 학생은 고개를 끄덕였다.

나도
할 수 있다

"이제부터 공부하는 방법을 알려줄게. 지금부터 딱 두 가지만 하면 돼. 첫 번째 원칙, 학교 수업 시간에 선생님 말씀을 잘 들을 것. 두 번째 원칙, 수업 시간에 배운 내용을 복습할 것. 이 두 가지를 제대로 하는 게 전부야. 대신 내가 가르쳐주는 대로 완전히 똑같이 해야 해.

예를 들어 네가 지금 국사 수업을 듣는다고 치자. 첫 번째 원칙, 일단 수업 시간에 선생님 말씀을 잘 들어야 해. 필기도 빠짐없이 다 하고, 밑줄을 그으라고 하시든, 별표를 치시든 선생님이 시키는 대로 완전히 다 따라 하는 거지. 수학이나 영어처럼 잘 모르는 과목일지라도, 혹시 네가 싫어하는 과목일지라도 절대로 다른 생각을 하거나 한눈을 팔아서는 안 돼. 이해가 가지 않아도 다 듣고, 다 적고, 다 보는 것. 수업 시간에 선생님 말씀을 잘 들으라는 말은 그런 뜻이야.

그런 다음에는 두 번째 원칙, 복습을 할 차례야. 수업 시간이 끝나면 보통 아이들은 종이 치자마자 책을 탁 덮고 의자에서 엉덩이를 떼지? 절대로 그래서는 안 돼. 바로 그 자리에서 1차 복습을 하는 거지. 보통 수업은 50분 남짓, 그 시간 동안 나간 진도는 기껏해야 교과서로 몇 페이지 정도 될 거야. 그 몇 페이지를 그냥 쭉 읽어. 외우라는 이야기가 아니야. 그저 소설책 읽듯이 한 번 읽어. 방금 설명을 들은 내용이니까 어려울 것도 없지. 채 5분도 걸리지 않을 거야. 이것을 마친 다음에 화장실을 가든, 수다를 떨든 해. 만약 어쩔 수 없이 쉬는 시간에 못 하거든 점심시간이라도 꼭 해야 해. 1차 복습은 이렇게 하는 거야.

그런 식으로 하루가 끝나지? 그러면 그날 수업을 들었던 교과서와 노트를 모두 가져다가 옆에 쌓아. 그리고 다시 한 번 읽어. 역시 부담은 가지지 말고 소설책 읽듯이 쭉 읽는 거지. 이것이 2차 복습이야. 매일 저녁에 그날 들었던 수업을 복습하는 거야.

첫 번째 원칙, 수업 시간에 선생님 말씀을 잘 들을 것!

두 번째 원칙, 배운 내용을 복습할 것!

> ## 복습하는 방법

- 1차 복습: 수업이 끝난 직후, 쉬는 시간
- 2차 복습: 매일 저녁, 그날 수업을 들었던 과목
- 3차 복습: 주말, 전 과목

마지막으로 주말이 되면 모든 교과서와 노트를 가져와서 그 주에 진도가 나간 페이지를 전부 다시 읽어. 이것이 3차 복습이지. 영어는 소리 내어 본문을 읽고, 수학은 그저 네가 이해할 수 있는 만큼만 보고 풀면 돼. 단지 이렇게 3번의 복습을 빼먹지 않는 것이 두 번째 원칙이야. 할 수 있겠니?"

학생은 시킨 대로 한다고 했다. 그 뒤로 과외 수업은 조금도 힘들지 않았다. 주말마다 만나서 잘하고 있는지 체크하는 정도로만 과외를 진행했기 때문이다. 그렇게 석 달이 지났다. 학교 기말고사 기간이 다가왔다. 나는 시험 기간에 전화를 걸어 잘 보고 있느냐고 물었다. 학생은 "잘 보고 있어요"라고 대답했다. 자신 있는 목소리. 뒤에서 3등인 학생의 목소리치고는 듣다가 웃음이 피식 나올 정도로 크고 밝은 목소리였다.

시험이 끝나고 2주가 더 흘렀다. 성적표가 도착했다. 어떻게 되었을까. 이 학생은 반에서 3등을 했다. 이번에는 진짜 3등이었다. 앞에서부터 3등 말이다. 몇 점을 받았길래 3등을 했을까. 영어와 수학 점수는 예전과 큰 차이가 없었다. 하지만 나머지 과목, 그러니까 나머지 전 과목이 90점 안팎이었다. 나는 놀라서 물었다. 어떻게 된 일이냐고, 어떻게 이렇게 갑자기 잘 보았냐고. 학생의 표정은 의외로 담담했다. 그리고 이렇게 답했다. "시험 기간이 되어서 교과서를 폈는데 기억이 났어요. 선생님이 하셨던 설명이."

시험 기간을 맞은 보통의 학생들은 이렇다. 공부를 하려고 책을 펴면 그 내용이 초면인 사람처럼 낯설다. 배웠던 내용이 거의 기억나지 않는 것이다. 책을 붙잡고는 있는데 심장이 두근대고, 외워지지는 않고, 계획했던 시간은 자꾸 초과되고, 그런 부담감을 이기지 못해 결국 스마트폰을 하거나 자리를 뜬다. 이 학생도 지금까지는 그렇게 살아왔다. 그런데 이번에는 달랐다. 시험 기간에 교과서를 폈는데 기억이 났다. 책에 있는 글씨가, 중요하다고 표시된 부분이 낯이 익었다. 본격적으로 달려들자 내용이 머릿속에 들어오기 시작했다. 문득 '나도 할 수 있다'라는 생각이 들었다. 공부에 속도가 붙으면 욕심이 나는 것은 당연한 이치. 교과서도 외우고, 문제집도 풀고, 틀린 문제는 한번 더 보았다. 시험을 앞둔 이 학생의 공부는 그랬다. 그렇게 하니까

90점 안팎의 점수를 받았고 반에서 3등을 했다. 불과 석 달이었다. 뒤에서 3등인 학생이 진짜 3등이 되는데 걸린 시간. **'나도 할 수 있다.'** 학생이 달라진 것은 바로 그 깨달음 때문이었다.

우리도
기적이 될 수 있을까

석 달 만에 뒤에서 3등이 진짜 3등이 되었다고 하면 사람들은 기적이라고 할 것이다. 원래 머리가 굉장히 좋았다거나, 아니면 정말 보기 드문 예외적인 경우라고 생각할 수도 있다. 하지만 내 생각은 조금 다르다. 학생을 처음 보았을 때 잠재력이 엄청난 사람이라는 느낌을 나는 조금도 받지 못했다. 그저 어떻게 공부해야 하는지 모르는 평범한 중학생이었다. 달랐던 점이라면 단 하나, 가르쳐주는 대로 똑같이 실천했던 것뿐이었다.

사실 이 정도의 성취를 기적이라고 부를 수 있다면 우리 주변에는 기적의 주인공들이 드물지 않다. 고등학교 때 한 친구는 전교에서 중간 정도의 성적이었지만, 2학년에 올라가던 무렵부터 열심히 하기 시작하더니 결국 자기가 꿈꾸던 대학에 입학했다. 다른 친구는 고등학교 3학년 봄이 되자마자 눈에 불을 켜고 공부를 시작했는데, 수능까지 고작 8개월 만에 원점수를 60점이나 올렸다. 지인 중에는 실업계 고등학교를 졸업하고도 손꼽히는 명문대에 수능 점수로만 들어간 친구도 있고, 고등학교 1학년 때까지 체대 입시를 준비하다가 인문계로 방향을 틀어서 서울대 법대에 합격한 사람도 있다.

당장 머릿속에 떠오르는, 지인들의 예만 꼽아보아도 그렇다. 뉴스에 나온 사례라든지, 합격 수기 모음집을 일부러 찾아본다면 기적의 주인공들은 훨씬 더 많을 것이다. 누구나 주위에 그런 사람이 있지 않을까? 성적이 갑자기 쭉쭉 올랐다거나, 예상 밖의 시험에 합격했다거나, 실력이 일취월장해서 고속 승진한 사람들을 누구나 한둘쯤은 알고 있다. '와, 저렇게 되면 정말 좋겠다' 싶은 기적의 주인공은 산 넘고 물 건너에 아스라이 있는 존재가 아니다. 그런 사람들은 아주 많다. 우리 주변에도, 충분히.

그렇다면, 우리도 그렇게 될 수 있을까? 또 어떻게 하면 그렇게 될 수 있을까?

첫 번째 질문에 대한 답은 '그렇다'이다. 누구나 그렇게 될 수 있다. 목표가 성적 향상이건, 대학 입시건, 시험 합격이건, 업무 능력 향상이건 상관없다. 무언가를 공부해서 더 나은 나를 만드는 일이라면 누구나 그렇게 될 수 있다. 지금은 확신이 들지 않아도 좋다. 이 책의 나머지 부분을 읽다 보면 누구나 그렇게 될 수 있다는 사실을, 그렇기 때문에 더 이상 기적이 아니라는 사실을 알게 될 것이다.

두 번째, 어떻게 하면 그렇게 될 수 있을까? 이 질문에 대한 답은 앞선 중학생의 이야기에 들어 있다. 뒤에서 3등이었던 학생이 어떻게 석 달 만에 진짜 3등이 되었을까. 숙제조차 지겨워했던 무기력한 학생이, 어떻게 누가 시키지도 않았는데 교과서와 문제집과 오답 풀이에 끝까지 매달리는 '공부 자세가 된' 학생으로 변했을까. 답은 바로 이 깨달음에 있었다.

'나도 할 수 있다.'

책을 폈을 때 기억이 나자, 머릿속에 들어가는 느낌이 들자 학생은 깨달았던 것이다. 나도 할 수 있겠다, 바로 이 깨달음이 성취의 핵심이다. 우리는 할 수 있다는 느낌이 들 때 집중한다. 그 집중을 통해 눈앞의 일을 성공적으로 해낸다. 성공 경험이 쌓이면 우리는 다른 사람이 되는데, 그럴 때 주변에서는 기적의 주인공이라고 생각한다. 그러므로 모든 기적의 주인공들은 바로 저 지점에서 시작했다. **'나도 할 수 있다.'**

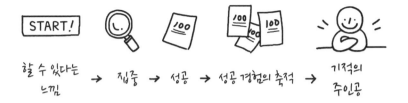

공부가 재미없는 것은
혼자 공부하지 않기 때문

자신이 할 수 있음을 아는 것, 이것이 '메타 인지'다. 공부를 잘할 수 있는 핵심적인 힘은 자기가 할 수 있다는 사실을 아는 데 있다. 할 수 있다는 것을 알아야 재미가 나고 더 열심히 하게 된다. 비단 공부뿐만이 아니라 모든 성취의 공통된 비결이기도 하다. 다이어트를 생각해보자. 다이어트를 하는 사람들은 언제 재미를 느낄까? 지금까지 입던 청바지가 확연히 헐렁할 때, 보는 사람들마다 "너 살 빠졌지?"라고 물어올 때, 이럴 때 저절로 신이 나면서 더 열심히 운동해야겠다고 결심하게 된다. 공부도 똑같다. 자기가 할 수 있다는 사실을 확인할 때 재미가 나고, 재미가 붙어야 더 열심히 한다.

사실 '재미'라는 말 안에 이미 이런 진실이 숨어 있다. '재미'는 원래 '자미滋味'에서 나온 말이다. 자미의 '자'는 '불을 자滋'다. 늘어난다는 뜻이다. '미'는 '맛 미味'다. 즉, 무언가가 점점 늘어갈 때 느껴지는 맛, 그것이 곧 재미다. 그러므로 공부를 재미있게 하고 싶다고 애써 웃음을 빵빵 터뜨리는 강사를 찾아 수업을 듣거나, 만화로 된 입문서를 찾아 읽는 사람은 핵심을 놓친 것이다. 진짜 재미는 자신의 실력이 늘때, 즉 '할 수 있다'라는 느낌이 올 때 맛볼 수 있다.

어떻게 해야 '나도 할 수 있다'라는 느낌을 받을까? 이것은 공부를 잘하는 방법에 대한 물음이다. 그동안 학원에, 인터넷 강의에, 수많은

滋 味

붙을 (자)   맛 (미)

붙어서 늘어나는 맛! 재미!!

실력이 늘어야 재미를 느낀다

공부법을 따라다녔는데 왜 아직도 '할 수 있다'라는 자신이 없을까? 이것은 공부를 못하는 이유에 대한 물음이다. 두 가지 물음은 같다. 공부를 잘하는 방법과 공부를 못하는 이유는 동전의 양면이다. 그 답은 여기에 있다. **'혼자 하는 공부'.** 공부는 혼자서 해야 한다. 혼자 하지 않으면 결코 공부를 잘할 수 없다. 왜 그럴까. 이 책에서 계속 되풀이될 것이므로 여기서는 짧게 살펴보자. 아주 거칠게 이야기하자면 공부란 결국 다음 3단계의 반복이다.

❶ 읽는다.

❷ 외운다.

❸ 외웠는지 확인한다.

'할 수 있다'라는 느낌은 ③번을 해냈을 때 온다. 여기서 ①～③번은 모두 완전히 혼자 힘으로 해야 하는 과정이다. 좋은 참고서도, 유명한 강의도, 스마트한 학습 도구도 그 자체는 공부가 아니며 그저 ①～③번을 거드는 조연일 뿐이다. 말을 물가에 끌고 갈 수는 있어

39

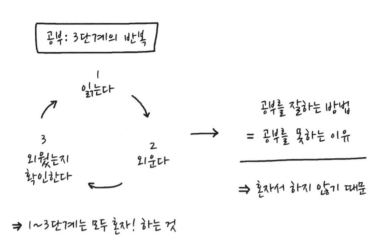

공부: 3단계의 반복

1 읽는다

3 외웠는지 확인한다

2 외운다

공부를 잘하는 방법
= 공부를 못하는 이유
⇒ 혼자서 하지 않기 때문

⇒ 1~3단계는 모두 혼자! 하는 것

도 물을 목으로 넘기는 일은 말이 직접 해야 하듯이 ①~③번은 오로지 혼자 하는 공부로 해야 한다.

그런데 사람들은 혼자서 공부하는 것을 피한다. 혼자 자리에 앉아 읽고, 외우고, 확인하면 되는데 바로 그 작업을 하지 않는다. 그러고는 계속 더 좋은 책과 더 좋은 강의를 찾아다니며 공부할 내용이 저절로 머릿속에 쌓이기를 바란다. 더 좋은 컵을 찾아 물가를 빙빙 돌면서 저절로 갈증이 가시기를 원하는 셈이다. 그렇기 때문에 오랜 시간 물가에 머무르면서도 갈증을 해소하는 방법을 모른다. 해답은 간단하다. 당장 앉아서 벌컥벌컥 물을 마시면 된다. 당장 책을 펴서 읽고, 외우고, 확인하면 된다. 그 과정은 혼자 하는 작업이다. 좋은 컵이 없어도 당장 물을 마실 수 있다. 그것을 체험하면 갈증을 없애는 방법에 대한 확신이 생긴다. '할 수 있다'라는 느낌이 드는 것이다. 좋은 컵이 있으면 좋겠지만 컵 자체가 물은 아니다. 공부를 잘하고 싶다면 어느 시점부터는 반드시 혼자 공부해야 한다. 디즈니랜드를 만든 사업가 월트 디즈니Walt Disney는 이렇게 말했다.

"꿈을 실현하는 비결을 알고 있는 사람에게 정복 불가능한 것은 없다. 이 비결은 4C로 요약할 수 있다. 호기심Curiosity, 자신감 Confidence, 일관성Constancy 그리고 용기Courage다. 이 중 가장 중요한 것은 자신감이다."

혼자 공부할 때, 그래서 '나도 할 수 있다'라는 느낌을 얻을 때, 공부에서 정복 불가능한 것은 없다. 그런 뒤에 누구나 기적의 주인공이 된다.

'머리가 좋다'라는 말에
숨겨진 비밀

: 베를린 예술 종합 대학에서 생긴 일

공부는 누구나
똑같이 잘할 수 있다

편향증험片餉證驗이라는 말이 있다. 여기서 '향餉'은 먼 길을 갈 때 가지고 가기 쉽게 만든 말린 음식을 뜻한다. 건빵이나 누룽지를 생각하면 된다. '편片'은 조각이라는 뜻이고, '증험證驗'은 '증거가 되는 경험'이다. 그러므로 편향증험이란 '말린 누룽지 한 조각을 직접 맛보는 듯한 경험'이라는 의미로 풀 수 있다. 편향증험은 호흡과 명상법을 전하는 『용호비결龍虎祕訣』이라는 옛 책에 실린 말이다.

명상을 처음 하는 사람은 보통 도대체 무엇을 어떻게 하라는 것인

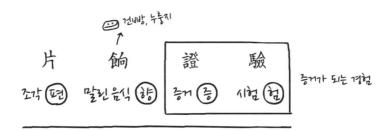

片　　　　餉　　　　證　　　　驗

조각 (편)　　말린 음식 (향)　　증거 (증)　　시험 (험)

건배방, 누룽지

증거가 되는 경험

→ 말린 누룽지 한 조각을 직접 맛보는 경험

지 갈피를 잡지 못한다. 가만히 앉아서 숨이 들락날락하는 모습을 바라보라고 하는데, 재미도 없고 힘들기만 하다. 누구나 마찬가지다. 하지만 명상을 가르치는 분들은 초보자는 원래 그렇다면서 잘되지 않더라도 계속 집중하라고 권한다. 그래서 '무언가 있긴 있겠지' 하는 마음으로 꾸준히 하면 어느 지점에서 '어라?' 하는 순간이 온다. 마음이 차분해지건, 머리가 청량해지건 간에 약간의 특별한 경험을 하는 것이다. 그 순간 '괜찮네' 하는 생각이 들면서 명상하는 재미를 약간 느낀다. 아주 조그만 재미다. 겨우 한 조각의 재미, 말린 누룽지 한 조각을 직접 맛보는 순간이다. 『용호비결』에서는 그런 맛을 보아야 수련을 하는 힘이 생긴다고 말한다. 이것이 바로 편향증험이다.

　공부도 꼭 이와 같다. 처음에는 갈피를 잡지 못한다. '이렇게 한다고 정말 될까?' 하는 의심도 든다. 그때 할 일은 공부가 원래 그런 거라 생각하고 묵묵히 계속하는 것뿐이다. 그러다 보면 '어라?' 하는 순간이 온다. 기억이 나든, 문제를 잘 풀든 간에 '진짜 되네'라는 느낌이

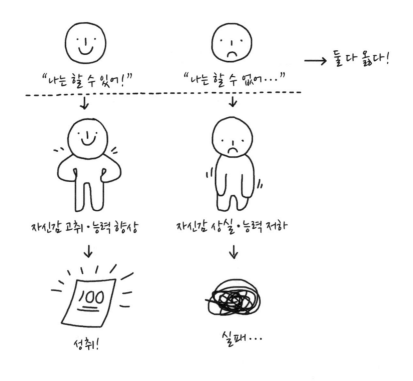

"나는 할 수 있어!"　　　"나는 할 수 없어…"　　　→ 둘 다 옳다!

자신감 고취·능력 향상　　　자신감 상실·능력 저하

성취!　　　　　　　　실패…

온다는 말이다. 편향증험이다. 그때부터 자신의 공부 방법에 믿음이
생기기 시작한다. 그래서 옛글에서는 편향증험을 가리켜 '이것이 공
부의 첫머리'라고 했다. 문제는 이렇게 '할 수 있다'라는 느낌이 들
기까지다. 공부는 누구나 잘할 수 있고, 혼자 해보아야 그것을 안다고
이야기해도 진심으로 믿지 않으면 소용이 없다.

　영화배우 윌 스미스Will Smith는 텔레비전 토크쇼에서 이렇게 말했다.

"할 수 있다고 생각하거나, 할 수 없다고 생각하거나, 두 가지 모두

옳다."

왜 반대되는 두 가지 생각이 모두 옳을까? 내가 할 수 있다고 생각
하면, 그런 자신감 덕분에 실제로 할 수 있는 능력이 생긴다. 반대로
할 수 없다고 생각하면, 의기소침해져서 할 수 있는 능력이 사라진다.
그렇기 때문에 혼자 공부하는 사람이 '혼자 하면 정말 될까? 나는 도
저히 믿지 못하겠어'라고 자신을 의심하는 한 '할 수 있다'는 느낌을
맛보기는 어렵다. 제대로 된 시도조차 하지 않기 때문이다. 그런 까
닭에 먼저 공부는 누구나 잘할 수 있다는 이야기부터 시작한 것이다.
'할 수 있다'는 수많은 증거들이 여기에 있다. 앞서 언급한 것처럼 '정
석'이란 원래 '무언가를 처리하는 데 있어 정해져 있는 일정한 방식'
이라는 뜻이다. 혼자 하는 공부의 정석은 다음의 말을 진심으로 확신
하는 지점에서 출발한다.

"공부는 누구나 똑같이 잘할 수 있다."

공부에
'타고난 머리'란 없다

공부는 누구나 똑같이 잘할 수 있다. 특히 여기에서 공부가 '우주에

흔적을 남길 만한' 세계적인 업적이나, 콕 집어서 '수능 만점, 전국 수석' 같은 타이틀이 아니라, 원하는 대학을 가고 자격증을 따고 승진 시험을 보고 인문 교양을 쌓는 정도의 공부를 말한다면, 정말로 그렇다. 그런데 웬일인지 이 말에 100% 동의하는 사람들은 상당히 드물다. '열심히 하면 늘기야 하겠지만, 그래도…'라면서 뛰어넘지 못할 한계와 따라잡지 못할 친구가 있다고 생각한다. 기본적으로 타고난 능력 자체가 다르다고 여기는 것이다. 사람들은 이런 한계와 차이, 그리고 선천적인 능력을 일러 두 글자로 표현한다.

머리.

우리는 평소에 '머리'라는 말을 참 많이 사용한다. "저 사람은 머리가 좋은데 나는 머리가 나빠", "아이가 머리는 좋은데 노력을 안 해요", "쟤처럼 나도 머리가 좋으면 참 좋을 텐데……" 등 나는 공부 상담을 하다가 사람들이 '머리'라는 신화에 얼마나 많이 사로잡혀 있는지 알고 놀랐다. 사람들은 공부를 잘하려면 머리가 좋아야 한다고, 그것도 '타고난 머리'가 중요하다고 생각한다. '머리가 좋다, 나쁘다'라는 표현을 드러내놓고 쓰지 않는 이들도 마찬가지였다. '타고난 머리'에 대한 일반적인 생각을 정리하면 다음과 같다.

❶ **머리가 좋은 사람은 따로 있다.**

② 머리가 좋지 않거나 그저 그런 사람도 따로 있다.

③ ①과 ②는 부모에게 물려받거나 아니면 어린 시절에 정해진다.

④ 그러므로 ①과 ②는 고정적이며 거의 바뀌지 않는다.

⑤ 공부 잘하는 사람이 되느냐의 여부는 ①이냐 ②이냐에 아주 많이 좌우된다.

　사람들이 생각하는 '머리'는 마치 컴퓨터의 '사양'과 비슷하다. 컴퓨터는 계산 속도나 저장 용량이 정해져서 판매된다. 사양이 낮으면 게임이나 인터넷을 할 때 속도가 느리고 영화 파일 같은 자료들을 많이 담아둘 수 없다. 새 부품을 추가하지 않는 한 기본 사양은 거의 변하지 않는다. 사람의 머리도 이와 같다. 사양이 좋아야 공부를 잘할 수 있는데, 좋은지 나쁜지는 원래부터 정해져 있어 바뀌기 어렵다. 이것이 바로 '타고난 머리' 신화다.

　혼자 하는 공부의 정석이 '타고난 머리' 신화가 틀렸다는 사실을 이해하는 데서 출발하는 이유는 간단하다. 잘못된 신화가 공부하는 데 아무런 도움이 안 되기 때문이다. 도움이 안 되는 정도에 그친다면 다행이고, 대개는 해를 끼친다. 자신이 굉장히 좋은 머리를 타고난 행운아라고 믿는 몇몇 사람들을 제외하면 대부분에게 그렇다. 말뚝을 뽑아버릴 충분한 힘이 있지만 지레 포기한 채 묶여 있는 코끼리처럼 더 잘할 수 있는데도 스스로 한계를 그어버린다. 하지만 지금까지 어떻게 생각해왔건, 이제 곧 '타고난 머리'란 없음을 이해하게 될 것이다.

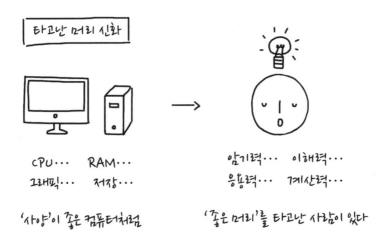

타고난 머리 신화

CPU···   RAM···
그래픽···   저장···

'사양'이 좋은 컴퓨터처럼

암기력···   이해력···
응용력···   계산력···

'좋은 머리'를 타고난 사람이 있다

인간의 잠재력에 대해 놀라운 사실을 알려준 세계적인 심리학자 앤더스 에릭슨의 연구를 통해서 말이다. 아울러 이 연구에서 만나게 될 한 가지 포인트, '왜 혼자 공부해야 하는지'에 대한 강력한 증거 역시 확인할 수 있다.

모든 것은 재능이 아닌 연습의 결과

어떤 분야든 성공하기 위해서는 흔히 두 가지가 필요하다고 말한다. 재능과 노력이다. 재능은 선천적이고 노력은 후천적이다. 어떤 분야에서 성공 가능성이 낮다고 생각할 때, 그렇게 판단하는 중요한 근거

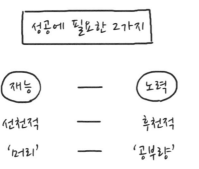

성공에 필요한 2가지

재능	—	노력
선천적	—	후천적
'머리'	—	'공부량'
예술, 스포츠…	—	학문, 기술…

중 하나는 재능의 부족이다. 재능의 부족이라는 말을 공부에 대입시키면 이런 표현이 된다. '머리가 좋지 않다.'

1990년대 독일 베를린에서 앤더스 에릭슨이 이끄는 연구진은 바로 이 '재능'이 무엇인지를 밝혀내기 위한 연구를 진행했다. 그는 재능이 중요한 분야를 신중하게 골랐고, 결국 예술, 그중에서도 음악을 선택했다. 음악은 운동과 더불어 타고난 재능에 의해 성공 여부가 가장 많이 좌우된다고 여겨지는 분야이기 때문이다. 미술 대학, 건축 대학, 디자인 대학, 음악 대학 등 4개의 단과 대학으로 이루어진 베를린 예술 종합 대학은 당시 3,600명의 학생들이 재학 중이었으며, 그중에서도 음악 대학은 수업 내용과 학생 수준 모두에서 높은 평가를 받는 곳이었다. 이 학교는 독일을 대표하는 음악가들을 꾸준히 배출했기에 재학생들은 곧 세계적인 수준의 음악가가 될 것이었다. 즉, 베를린 예술 종합 대학은 재능에 대한 연구를 진행하기에 최고의 환경이었던 셈이다.

연구진은 먼저 교수들에게 세계적인 솔로 연주자로 대성할 학생들을 선정해달라고 했다. 미래의 슈퍼스타가 될 최정상급 연주자들이었다. 다음으로 그 정도까지는 아니지만 그래도 직업 연주자로서 자리를 얻을 수 있는 우수한 연주자들을 알려달라고 했다. 마지막으로 이 학교에는 연주자가 아니라 주로 음악 교사가 될 학생들로 이루어진 별도의 클래스가 있었는데, 연구진은 그들 역시 대상에 포함시켰다. 그런 다음 학생들의 학업 성적, 콩쿠르 경력, 실기 점수 등을 면밀하게 조사해 교수들의 안목이 정확한지 확인했다. 이와 같은 과정을 거쳐 학생들의 실력을 최우수, 우수, 보통의 세 그룹으로 나누었다.

그다음에 한 일은 음악에 대한 학생들의 모든 것을 조사하는 작업이었다. 수업량, 연습 시간, 생활 패턴, 음악 경력 등 방대한 자료가 '모든 것'에 포함되었다. 학생들은 수면, 식사, 수업, 레슨, 음악 청취를 비롯해 아주 세분화된 항목이 적힌 보고서에 15분 단위로 자신이 한

최우수
세계적인 솔로 연주자가
될 수 있는 학생

우수
프로 연주자가
될 수 있는 학생

보통
연주자는 아니지만
음악 교사가 될 수 있는 학생

일을 기록했다. 시간이 흘러 많은 자료가 쌓이자 공통점이 드러났다.

　첫 번째 공통점은 세 그룹 모두 악기를 연주하기 시작한 나이가 8살 무렵이었고, 15살 즈음에 음악의 길을 가기로 결심했다는 점이었다. 특별히 일찍 시작한 학생도, 악기를 보자마자 '나의 천직이다'라고 전율을 느낀 경우도 없었다. 이 부분은 우리나라의 평범한 학생들과 비슷하다. 우리도 8살 무렵 초등학교에 들어가, 15살 즈음에 인문계 고등학교 또는 관광, 조리, 애니메이션 등 특성화 고등학교로 대략적인 진로가 나뉜다. 두 번째 공통점은 세 그룹 모두 학교 수업이나 레슨 등 음악과 관련된 공식 활동 시간이 일주일에 51시간으로 같았다는 점이었다. 이 부분도 역시 우리나라 학생들과 비슷하다. 학교 수업, 방과 후 수업, 학원 수강이나 자율 학습 등 공부와 관련된 공식 활동 시간을 계산하면 대부분의 학생들이 비슷할 것이다.

　여기서 의문이 생길 수 있다. 시작하는 시기가 같고, 음악 활동을 하는 시간이 비슷한데, 실력이 분명하게 차이가 나니, 이것이야말로 재능의 차이가 아닐까. 이 지점에서 중요한 이야기가 하나 등장한다. 학생들은 모두 실력 향상에 직결되는 활동이 무엇인지 확신하고 있

✓ 공통점 1 : 악기를 처음 시작한 나이 8살
　　　　　　음악으로 진로를 결정한 나이 15살

✓ 공통점 2 : 음악 관련 공식 활동 시간(수업, 레슨 등) 51시간 / 주

었다. 그것은 바로 '**혼자 하는 연습**'이었다. 혼자서 연습을 해야 실력이 향상된다는 사실을 다들 알고 있었다. 하지만 정작 혼자 하는 연습을 실천으로 옮기는 학생은 많지 않았다. 왜 그럴까. 혼자 하는 연습은 퍽 괴롭기 때문이다. 마치 이런 식이다. 누구나 늘어진 뱃살 대신 탄력 있는 멋진 몸매를 원한다. 그렇게 되기 위해 가장 중요한 활동이 무엇인지도 잘 알고 있다. 적게 먹고 많이 운동하는 것이다. 하지만 정작 실천으로 옮기는 사람은 많지 않다. 날마다 헬스클럽에서 90분 간 땀을 쏟거나, 치킨과 맥주를 끊고 삶은 달걀과 당근 조각으로 저녁을 때우는 것은 괴로운 일이니 말이다.

이처럼 '괴롭지만 실력을 향상시키는 활동'인 혼자 하는 연습에 투자한 시간은 세 그룹이 확연히 달랐다. 최우수와 우수 그룹은 일주일에 24시간을 혼자 연습한 반면, 보통 그룹은 9시간에 그쳤다. 하루 중 언제 연습을 하는지도 차이가 있었다. 최우수와 우수 그룹은 오전이나 이른 오후에 연습을 했지만, 보통 그룹은 늦은 오후가 지나서야 연습을 시작했다. 즉, 최우수와 우수 그룹이 집중력이 살아 있는 시간에 연습을 했다면, 보통 그룹은 이미 다른 활동으로 인해 피곤해진 다음에야 발을 질질 끌며 연습을 하러 갔다는 이야기다. 혼자 하는 연습이 실력 향상의 핵심이라는 사실은 모든 학생들이 알고 있었다. 차이가 있다면 일부 학생들은 그 연습을 더하기로 결정했다는 점이었다. 그리고 그런 학생들의 실력이 훨씬 좋았다.

여기서 한 가지 의문이 더 생긴다. 혼자 하는 연습을 덜해서 실력이

차이점 : 실력 향상에 직결되는 활동 = '혼자 하는 연습'에 들인 시간

― 최우수, 우수 ―
✓ 24시간 / 주
✓ 오전, 이른 오후

― 보통 ―
✓ 9시간 / 주
✓ 늦은 오후

떨어진 보통 그룹은 그렇다 치자. 하지만 최우수 그룹과 우수 그룹은 연습 시간이 똑같은데, 그것이야말로 재능의 차이가 아닐까. 연구진들은 방대한 데이터를 샅샅이 뒤진 후에 그 답을 찾아냈다. 비밀은 학생들의 이력에 있었다. 연구진은 모든 학생들에게 악기를 처음 시작한 이후 일주일마다의 연습 시간을 적어달라고 했다. 악기를 연주하는 학생들은 보통 '몇 살 때, 일주일에 며칠 레슨을 받았고, 하루 연습 시간은 얼마였는지'를 기억한다. 그 자료를 토대로 지금까지 해온 총 연습 시간을 계산했다. 그랬더니 그 결과는 너무도 분명하게 답을 드러냈다. 18살이 될 때까지의 누적 연습 시간이 최우수 7,410시간, 우수 5,310시간, 보통 3,420시간으로 판이하게 달랐던 것이다. 연습에 투자한 시간은 확실히 더 나은 실력으로 직결되었다. 최우수 그룹과 우수 그룹 간에도 누적 연습 시간에는 분명한 차이가 있었다. 연구진은 이렇게 결론을 내렸다.

누적 연습 시간

- 최우수 -
7,410시간

- 우수 -
5,310시간

- 보통 -
3,420시간

"모든 것은 연습의 결과였다. 최우수 그룹에 속할 만큼의 연습 시간을 가지고도 보통 그룹에 머무르는 사람은 한 명도 없었고, 보통 수준의 연습량을 가지고도 운이 좋아 최우수 그룹에 속한 사람 역시 단한 명도 없었다. 우리는 '재능'이란 것을 찾기 위해 이 연구를 시작했지만, 결국 연습을 제외한 어디에서도 재능의 존재를 찾을 수 없었다. 설사 재능이란 것이 있다고 하더라도 사람들이 흔히 생각하는 것보다 그 역할은 훨씬 미미하다."

타고난 재능이 있느냐의 여부가 성공에 있어 가장 중요할 거라 여겨지는 음악 분야에서 나온 연구 결과다. 그렇다면 그저 읽고, 외우고, 문제를 풀거나 설명하는, 우리가 하는 대부분의 공부에서는 어떨까. 앤더스 에릭슨의 결론에서 '재능'이라는 말을 '머리'로 바꿔 써보면 진실은 더욱 분명하게 드러난다.

"모든 것은 공부량의 결과였다. 최우수 그룹에 속할 만큼의 공부 시간을 가지고도 보통 그룹에 머무르는 사람은 한 명도 없었고, 보통 수준의 공부량을 가지고도 운이 좋아 최우수 그룹에 속한 사람 역시 단 한 명도 없었다. 우리는 '머리'란 것을 찾기 위해 이 연구를 시작했지만, 결국 공부량을 제외한 어디에서도 머리의 존재를 찾을 수 없었다. 설사 머리라는 것이 있다고 하더라도 사람들이 흔히 생각하는 것보다 그 역할은 훨씬 미미하다."

우리는 똑같이 교실에 앉아 있는 친구를 보면서 '타고난 머리'가 좋아 공부를 잘한다고 생각했을지도 모른다. 수업, 학원, 자습까지 눈에 보이는 공부 시간이 거의 비슷하기 때문에 결국 타고난 머리에서 차이가 나는 것이라고 여겼다. 하지만 비밀은 머리가 아니다. 똑같이 학교생활을 하면서도 공부를 잘하는 친구가 있다면 그 친구는 혼자 공부하는 시간이 많다. 만약 지금 혼자 공부하는 시간이 비슷한데도 실력의 차이를 따라잡을 수 없다면 그 친구는 지금까지 누적으로 공부해온 시간이 많다.

이 사실이 말하는 바는 분명하다. 많이 공부하지 않고 저절로 잘한 사람은 아무도 없다. 그러므로 공부를 하기만 하면 누구든 잘할 수 있다. 제대로 된 방법을 따라서, 똑같이 하기만 한다면 누구든 공부를 잘할 수 있다. 여기서 말하는 제대로 된 방법이란 당연히 실력 향상에 직결되는 공부 방법을 말한다. 베를린 음악 대학의 모든 학생들이 공통적으로 꼽은 활동, 실력 향상에 직결되는 활동, 그리고 '누적 시간

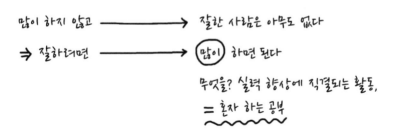

모든 것은 '공부량'

많이 하지 않고 ──────→ 잘한 사람은 아무도 없다

⇒ 잘하려면 ──────→ (많이) 하면 된다

무엇을? 실력 향상에 직결되는 활동,

= 혼자 하는 공부

과 실력은 비례한다' 라는 사실이 데이터로 입증된 활동. 바로 **혼자 하**
는 연습, 혼자 하는 공부다. 왜 혼자 공부해야 하는지, 이보다 더 강
력한 답이 있을까.

그 친구가 그렇게
공부를 많이 했을 줄은 몰랐다

대학 동기 중에 아주 잘생긴 친구가 있다. 입사 1년 차에 회사 홍보
브로슈어의 모델이 되고, 회사를 탐방하는 텔레비전 프로그램의 예
고편에 단독 샷을 받은 친구다. 또 이 친구는 시골에서 태어나 마음껏
뛰면서 자란 덕인지 운동도 아주 잘했다. 법대 농구부를 이끌고 나가
체육 대회에서 우승을 할 정도였다. 누가 보아도 부러워할 만한 사람
인 것이다. 그런 그의 여러 가지 장점 중에서도 대학 시절 특히 돋보

였던 것은 바로 스마트함이었다.

수능에서 도 수석을 했다는 사실을 군이 끄집어내지 않더라도 이 친구는 정말 '타고난 머리'를 가진 듯이 보였다. 대학 2학년 즈음의 일이다. 분명 수업 시간에 똑같이 배웠는데도 이 친구가 판례의 핵심 문장을 노래 가사처럼 줄줄 외우는 모습을 보았다. 판례는 대법원의 판결문이다. 법학에서는 법조문을 해석하는 데 대법원의 판례가 중요하다. 다른 친구들이 아직 "판례는 긍정설이었어", "그래? 부정설 아니었나?" 정도로 떠들 때 그 친구는 종종 "'이렇게 저렇게'라고 말하면서 긍정설의 입장을 취했지"라고 판례의 핵심 문장을 정확히 읊었다. 그때마다 내심 깜짝 놀랐던 기억이 난다. 특히 이 친구가 진짜 '머리가 좋다'라고 생각하게 된 계기는 고등학교 시절의 일화들 때문이었다. 종종 고등학교 시절의 추억거리를 풀어놓았는데 전부 이런 식이었다. 자율 학습 시간에 학교 밖에서 몰래 놀다가 들어온 이야기, 친구들과 내기 당구를 한 이야기, 만화책을 책상 서랍에 두고 수업 시간에 훔쳐 읽은 이야기……. 그런 것으로 허풍을 떨 사람은 조금도 아니었고, 실제로 이 친구는 그때 이미 당구를 수준급으로 치기도 했다. 그래서 나도 그렇게 생각했다. '정말 '타고난 머리'라는 것이 있구나. 원래 머리 좋은 사람은 놀면서도 공부를 잘하는구나.' 그때는 정말 그렇게 생각했다.

몇 년 전에 있었던 일이다. 대학 친구들끼리 모여서 여행을 갔다. 운전을 하다 보니 그 친구의 고향을 지나게 되었고, 고등학교를 가리키는 표지판이 보였다. 그에게 오랜만에 모교 건물에 들르고 싶지 않느냐고 물었다. 그런데 대답이 의외였다. 싫다고 하는 거였다. 지긋지긋하다고 했다. 고등학교 시절의 생활 패턴 때문이었다. 평일은 새벽 2시까지, 토요일은 밤 11시까지 학교에서 자습을 하고, 일요일만 저녁밥을 집에서 먹었다. 3학년 때 학교를 쉰 날은 한 달에 딱 하루뿐. 전국 모의고사를 치른 주의 일요일과 추석, 설날 당일뿐이었다. 더군다나 그 친구는 학원이 변변치 않았던 동네에 살았으니, 그 많은 시간이 온전히 혼자 하는 공부였다.

그 친구가 그렇게 공부를 많이 했을 줄은 몰랐다. 나도 고등학교 때 자습을 했지만 밤 10시까지였고, 주말에는 집중해서 공부한 날이 드물었다. 냉정하게 이야기해서 그는 나보다 공부량이 훨씬 많았던 것이다. 이따금 몰래 나가거나, 만화책을 훔쳐보거나, 당구를 치는 것이 전부가 아니었다. 바로 그때였다. 생각이 거기에 미치는 순간, 문득

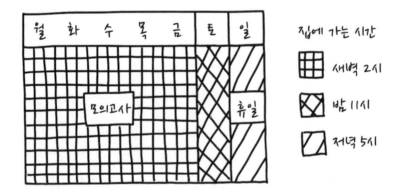

깨달았다. 머리의 문제가 아니었다는 사실을, 이 친구가 판례를 줄줄 외운 것도 일부러 암기했기 때문이지 한번 보고 저절로 외워질 리 없다는 사실을, 고등학교 3학년 때 많이 공부하던 '관성'이 남아 있기에 대학에 온 뒤에도 여전히 공부량이 많았을 거라는 사실을, 그 순간 문득 깨달았다. 요컨대 머리가 좋은 것이 아니라 기본적으로 누가 보지 않아도 혼자 공부를 많이 하는 친구였다는 이야기다.

'타고난 머리'는 없다. 이해력이나 암기력이 사람마다 다르더라도 그 능력은 원래부터 정해져 있지 않다. 공부를 많이 하면 공부하는 실력이 늘어서 '머리'가 좋아질 수는 있지만, 그런 실력은 선천적인 것이 아니라 누구든 기를 수 있는 능력이다. 사실 우리가 지금 '머리'라고 여기는 것은 사양이 정해진 컴퓨터가 아니라 누적된 공부량이 만들어낸 '생각하는 근육'에 가깝다. 운동을 열심히 하면 근육이 커지는 것처럼 공부를 많이 하면 '머리'는 좋아진다. 그러므로 지금 우리가 해야 할 일은 분명하다. 우리도 똑같이 공부를 잘할 수 있다는 사실을 믿고 실력 향상에 직결되는 그 작업을 하는 것뿐이다. 혼자 공부하는 시간을 늘리는 일, 바로 그것이다.

양이 질을 만든다

: 1만 시간의 법칙, 10년의 법칙

아인슈타인이
천재인 이유

이제부터 앤더스 에릭슨의 연구와 결을 같이하는 다양한 사례들을 조금 더 살펴본다. 이어지는 이야기들을 통해 우리는 '모든 것은 연습의 결과였다'라는 앤더스 에릭슨의 결론이 음악뿐만 아니라 세상 모든 분야에 적용된다는 사실을 확실히 이해할 수 있다. 한마디로 표현해 **'양이 질을 만든다'**라는 진리다. 이 진리가 공부를 포함한 모든 분야를 관통하는 성공 비결이라는 사실을 확신할 때, 혼자 공부해야 하는 이유는 더 분명해진다. 여기서 말하는 '양'은 노력의 양이고, '노

양이 질을 만든다

= 노력의 양

└→ 실력 향상에 직결되는 활동 = 혼자 하는 공부

즉, 혼자 하는 공부량이 많아야 공부를 잘할 수 있다!

력'이란 '실력 향상에 직결되는 노력'인데, 공부에 있어서는 그것이 '혼자 하는 공부'이기 때문이다. 즉, 혼자 하는 공부량이 많아야 공부를 잘할 수 있다는 이야기다. 모든 분야의 모든 성공자들이 우리에게 당부하는 '양이 질을 만든다'라는 진리는 다음과 같다.

『예술가여, 무엇이 두려운가!Art&fear』라는 손바닥만 한 책에 이런 이야기가 등장한다. 어떤 도예 수업에서 선생님이 학생들을 두 그룹으로 나누었다. 그는 그중 한 그룹에게는 최종 작품의 질을 보고 점수를 매길 것이라고 했다. 또 다른 그룹에게는 작품의 양을 기준으로 점수를 준다고 했다. 평가 방법은 간단했다. '질' 그룹은 제일 잘 만든 하나의 작품을 제출했고, '양' 그룹은 마지막 수업 날 저울을 가지고 와서 한 학기 동안 만들어낸 작품들의 전체 무게를 쟀다. 총합이 20kg이 넘으면 A학점을, 15kg이 넘으면 B학점을 주는 식이었다. 학기 내내 '질' 그룹의 학생들은 하나의 도자기를 만들어 완벽하게 다듬는 쪽에 에너지를 쏟아부었다. '양' 그룹의 학생들은 수업 시간마다 도자기를 끊임없이 만들어냈다. 그 학기 최고의 작품은 어느 그룹의 손에서 나왔을까. 선생님이 학생들에게 정말로 가르쳐주고자 했던 인생의 비밀을 우리는 이미 알고 있다. 학기말 평가에서 최고의 작품은 모두 '양' 그룹에서 나왔다. 많은 양을 만들어낸 학생들의 작품이 질적으로도 더 좋았던 것이다.

2006년 미국에서는 『전문 지식과 전문가 수행에 관한 케임브리지 편람The Cambridge handbook of expertise and expert performance(국내 미출간)』이라는 918페이지짜리 두꺼운 책이 출간되었다. 예술과 과학 분야에서 세계적인 업적을 남긴 천재들을 총망라한 책이었다. 그런데 여기에는 일반인의 상식과 다른 이야기가 실려 있었다. 천재라고 불릴 수 있는 사람들이 보통 사람들보다 특별히 뛰어난 머리를 가지고 있지는 않다는 사실이었다. 이 책에 따르면 위대한 성과를 낸 사람들의 지능 지수는 불과 115에서 130 사이였다. 이 수치는 초등학생 자녀를 둔 학부모들의 가슴을 기대로 부풀게 만들 수는 있을지언정 세계적인 업적을 남긴 위인들의 지능 지수라고 생각하기에는 어쩐지 부족해 보인다. 이 정도의 지능 지수를 가진 사람들은 전체 인구의 14%나 된다고 한다. 즉, 지능 지수로만 보면 100명 중 14명은 세계적인 천재들과 동일한 수준을 갖추고 있다는 이야기다. 그런데 이상하다. 지능 지수만으로는 '아인슈타인'이 될 수 있는 후보가 이토록 많은데, 실제로 그렇게 되는 경우는 극히 드물다. 왜 그럴까.

여기서 알아야 할 전제가 하나 있다. 세계적인 천재나 보통 사람들이나 어떤 문제를 해결할 때 뇌가 똑같은 과정을 거친다는 사실이다.

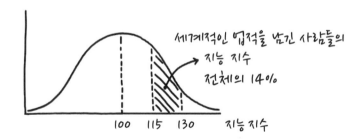

세계적인 업적을 남긴 사람들의
지능 지수
전체의 14%

100   115   130   지능 지수

예를 들어 '압력솥으로 밥 짓기'라는 문제가 있다고 생각해보자. 천재나 보통 사람이나 밥을 짓는 과정은 똑같다. 쌀을 씻고, 물의 양을 맞춰서, 불에 올린 다음, 밥 냄새가 나면 불을 꺼서 뜸을 들인다. 천재들이라고 해서 쌀을 솥에 넣자마자 모든 과정을 건너뛰고 밥이 뚝딱 되는 것은 아니라는 이야기다. 천재의 뇌에서 마술은 일어나지 않는다. 다만 그 둘의 차이가 나타나는 지점은 이렇다. 보통 사람은 쌀을 씻다가 딴생각에 빠지고, 불을 켜려다 말고 텔레비전을 보며, 밥 냄새가 나도 SNS를 하느라 뜸 들일 타이밍을 놓친다. 쉬엄쉬엄 대강대강 밥을 짓는 셈으로, 물의 양이나 불의 세기가 정확하지 않다. 반면 천재들은 밥 짓기에 집중한다. 누가 말을 걸거나, 텔레비전에 좋아하는 연예인이 나오거나, 스마트폰에서 알람이 울려도 일단 밥에 집중한다. 그래서 보통 사람이 질거나 되거나 탄 밥을 짓는 동안, 천재는 윤기가 흐르는 고슬고슬한 밥에 구수한 누룽지까지, 그것도 보통 사람보다 훨씬 빨리 완성하는 것이다. 사람들은 주방에서의 이런 움직임은 모른 채 단지 차려 나온 밥상만 본다. 그러고는 이렇게 외친다. "이 사람

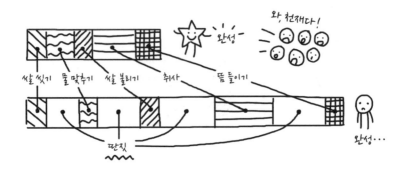

은 밥 짓기의 천재다."

이것은 질이 아니라 양의 차이다. 시간을 더 확보하고, 더 많이 집중하고, 제대로 된 방식으로 하느냐의 문제다. 다른 유혹에 넘어가지 않고, 대충 만들지 않고, 적당한 기준에 타협하지 않는다는 이야기다. 그러므로 이것은 기본적으로 선천적인 재능이 아니라 태도의 영역이라고 말할 수 있다. 이 세상에 아인슈타인이 드문 이유는 아인슈타인과 똑같은 재능을 가진 사람이 드물어서가 아니라 아인슈타인처럼 공부하고 일하는 사람이 드물기 때문이다.

나의 대입
논술 시험 준비기

고등학교 2학년 때의 일이다. 문과와 이과로 갈리면서 왠지 대학 입시에 한 걸음 크게 다가선 듯한 느낌이 교실에 흘렀다. 나도 그런 분위기에 휩쓸려 논술 학습지라는 것을 신청했다. 교재 뒤편에는 모의고사가 딸려 있어 그 답안지를 작성해 우편으로 보내면 채점과 첨삭을 해서 돌려주는 월별 교재였다. 사실 나는 그때 논술이 무엇인지 잘 몰랐다. 대학 입시에 논술이 도입된 지 몇 해 지나지 않은 터라 제대로 된 논술 교재도 많지 않았고, 학교 수업 시간에 논술 작성법을 배운 적도 없었기 때문이다. 논술에 대해서 내가 알고 있는 것은 딱 두 가지, 서론-본론-결론의 형식을 갖춰서 써야 한다는 것과 원고지부터 채우기 전에 개요부터 짜야 한다는 것이었다. 그래도 크게 걱정하지는 않았다. 크고 작은 백일장에서 종종 상을 탔기 때문에 논술도 잘 쓸 수 있을 거라고 막연하게 믿었다.

3월, 첫 교재였다. 나는 지정된 분량을 모자람 없이 채웠고 글씨도 알아보기 좋게 또박또박 썼다. 첫 시험이기에 대단한 평가를 기대하지는 않았지만, 그래도 문제가 어렵다는 생각이 들지 않아서인지 점수가 나쁘지 않을 것이라고 예상했다. 원고를 보내고 나서 보름쯤 지났을까. 집으로 답안지가 돌아왔다. 봉투 겉면에 쓰인 '첨삭 원고 재중'이라는 글씨가 지금도 기억난다. 얼른 봉투를 찢어 답안지를 꺼냈다. 먼저 맨 위에 쓰인 총점이 눈에 들어왔다. 그 점수는 이랬다.

39점.

나는 눈을 의심했다. 39점이라니. 그 숫자를 처음 보았을 때 제일 먼저 머릿속을 스친 생각이 있었다. '50점 만점인가?' 물론 그럴 리는 없었다. 어떤 시험이든 그때까지 살면서 단 한 번도 그렇게 낮은 점수를 받아본 적이 없었던 나는 정말로 그 숫자가 낯설었다. 원고지는 채점자가 빽빽하게 첨삭한 빨간 글씨로 가득했다. 내가 기억하는 총평은 대강 이런 식이었다. '질문의 요지를 잘못 파악하고 있으며 답안의 흐름이 논리적이지 않음.' 첨삭 내용을 읽는데 솔직히 이해가 되지 않았다. 왜 틀렸다고 하는지 알 수가 없었다. 그래서 '배경지식이 많아 가능성이 엿보이니 지속적으로 분발하라'고 딱 한 줄 들어 있던 칭찬도 믿음이 가지 않았다. 답안지를 뚫어져라 쳐다보던 나는 차라리 이렇게 생각하기로 했다. '채점이 잘못되었다.' 그 시절에 수학 문제집을 풀다 보면 해설과 답이 잘못된 것들이 종종 있었다. 틀린 문제를 아무리 다시 들여다보아도 답이 맞지 않아 한참 동안 머리를 쥐어뜯었는데, 알고 보니 답이 잘못 표기되어 있는 식이었다. 그 후 분명히 맞았다고 확신하는데 답이 틀리면 우선 답이 잘못 표기된 것은 아닌지부터 체크했다. 그래서 이번 논술 답안지도 그냥 비슷한 경우라고 여기고 원고지를 책상 구석에 집어넣었다.

한 달이 지났다. 다시 한 번 논술 답안지를 채웠다. '질문의 요지를 파악하고 답안지의 흐름이 논리적이도록' 조금 더 신경을 기울였다. 특별히 문제가 어렵지는 않았기에 이번에는 제대로 된 점수를 받을 거라고 당연하게 생각했다. 역시 보름이 지나 답안지가 돌아왔다. 기대감으로 가득 차 단숨에 봉투를 찢고 원고지를 펼쳤다.

41점.

고작 2점이 오른 41점이었다. 점수가 말하는 바는 분명했다. 두 번 연속으로 채점이 잘못되리라 기대할 수는 없지 않은가. 그냥 나의 논술 실력이 형편없었던 것이다. 심지어 형편없다고 지적하는 첨삭 지도를 이해하지 못할 만큼 지독하게 형편없었던 것이다. 갑자기 걱정이 밀려왔다. 좋은 대학에 가려면 반드시 논술 시험을 보아야 하는데, 2년 만에 실력을 끌어올릴 수 있을지 생각하니 눈앞이 캄캄했다.

내가 살던 동네가 큰 도시가 아니었기 때문인지는 모르겠지만 서점에는 변변한 논술 참고서 한 권이 없었다. 기껏해야 대입 논술 기출문제 해설집 정도가 고작이었다. 길을 찾지 못해 불안해하고 있던 찰나, 때마침 우연히 어떤 사람의 합격 수기를 읽게 되었다. 꽤 낮은 수능 점수를 탁월한 논술 실력 하나로 극복하고 서울대에 들어간 사람의 이야기였다. 고등학교 시절 논술 대회를 휩쓸었던 그가 합격 수기에서 밝힌 논술 공부 방법의 핵심은 이것이었다. "논술 답안을 100번만 써 보면 요령을 저절로 터득할 수 있다." 그때가 고등학교 2학년 초였다. 대입 시험까지 남은 시간은 1년 6개월. 매주 한 편씩 논술 답안을 쓰고 방학 때 시간을 조금 더 투자하면 고사장에 들어가기 전까지 100편을 채울 수 있을 것 같았다. 그때부터 나는 주말마다 혼자 논술 시험지를 풀었다. 1,000자짜리도 있었고, 2,000자짜리도 있었다. 1,000자짜리 문제를 2,000자로 쓰기도 했고, 2,000자짜리 문제를 분량을 생각하지 않고 마음껏 쓰기도 했다. 대입 기출문제, 기출 유사 문제, 신문에 연재되는 논술 문제와 예제를 가리지 않고 그저 계속 썼다. 따로 지도를 받지도 않았다. 첨삭도 없었다. 내가 쓴 답안과 해설이 실린 모범 답안을 비교하면서 그저 차곡차곡 원고지를 쌓았다.

　나는 운이 좋은 사람이었다. 양이 질을 만든다는 사실을 우연치 않게 체험으로 깨달았기 때문이다. 논술 실력은 생각보다 빨리 늘었다. 고등학교 3학년이 되었을 때 더 이상 논술은 나의 아킬레스건이 아니었다. 모범 답안에 나온 핵심을 놓친 경우가 확연히 줄어들었고 답안에 사용하는 예시가 풍성해졌다. 3학년 때는 이런저런 논술 대회에서 상도 타기 시작했다. 대학교에서 주최한 전국 대회에서 입상했고, 어느 일간 신문의 논술 시험 코너에 최우수상으로 채택되어 답안이 실리기도 했다. 대학 입시 전까지 써본 논술 답안지는 대략 150편. 결국 대학도 논술 시험을 치르고 무사히 합격했다.

천재들은 '혼자 하는 연습의 천재'다

고등학교 시절 나의 논술 공부 이력은 '양이 질을 만든다'라는 말의

68

증거나 다름없다. 누군가가 그것이 가능하다고 말했고, 나는 그 말을 듣고 똑같이 따라 하면서 실제로 가능하다는 사실을 확인했다. 그렇다면 양이 질을 만든다는 사실이 나에게만 해당하는 이야기일까, 아니면 논술 공부에만 가능한 이야기일까. 당연히 그렇지 않다. 그 사실은 수많은 연구를 통해서 거듭 확인되고 있다. 대표적인·주장 두 가지가 있다. 대니얼 레비틴Daniel Levitin의 '1만 시간의 법칙'과 존 헤이스John Hayes의 '10년의 법칙'이다.

먼저 1만 시간의 법칙이다. 말콤 그래드웰Malcolm Gladwell이 『아웃라이어Outliers』에서 언급해 널리 알려진 이 법칙은, 분야를 막론하고 세계적인 수준의 전문가가 되려면 1만 시간의 연습이 필요하다고 한다. 대니얼 레비틴은 이렇게 말했다.

"작곡가, 야구 선수, 소설가, 스케이트 선수, 피아니스트, 체스 선수, 숙달된 범죄자, 그 밖의 어떤 분야에서든 연구를 거듭하면 할수록 이 수치를 확인할 수 있다. 1만 시간은 하루에 3시간, 일주일에 20시간씩 10년간 연습한 것과 같다. 이보다 적은 시간을 연습해 세계적인 수준의 전문가가 탄생한 경우를 발견하지는 못했다."

다음은 10년의 법칙이다. 존 헤이스는 작곡가 76명을 대상으로 이들이 언제 처음으로 성공작을 써냈는지 조사했다. 500곡 이상을 살펴보았는데, 76명 모두 처음 작곡을 시작하고 나서 10년이 지난 후에

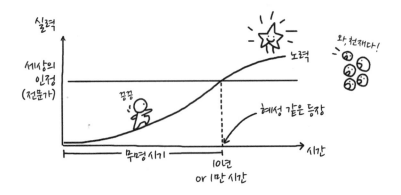

야 성공작을 내놓았다는 사실을 알아냈다. 경력 10년이 되기 전에 완성한 성공작은 단 3곡뿐이었는데, 그것도 8년 또는 9년 차에 쓴 곡이었다. 일정한 수준에 오르기 위해 필요한 10년의 시간은 다른 분야에서도 마찬가지였다. 131명의 화가, 66명의 시인을 대상으로 한 연구에서도 예외 없이 '무명의 10년'은 존재했다.

만약 재능 있는 사람이 원래 따로 있다면 유명한 작곡가, 화가, 시인들은 처음부터 걸출한 성공작을 써냈어야 맞다. 반대로 평범한 사람은 아무리 많은 시간이 흘러도 대단한 성공작을 못 내야 할 것이다. 하지만 연구 결과는 그렇지 않았다. 재능이 있든 없든 누구나 공평하게 1만 시간 혹은 10년 이상 연습량을 쌓은 뒤에야 좋은 결과물이 나왔다. 만약 '천재'라든지 '타고난 재능의 소유자'라고 생각되는 사람이 있다면 그는 이미 1만 시간 혹은 무명의 10년 동안 많은 연습을 거친 사람이다. 르네상스 시대의 천재 화가 미켈란젤로Michelangelo도 이렇게 말하지 않았던가.

"내가 기술을 연마하기 위해 얼마나 노력했는지 안다면, 사람들은 나의 기술이 조금도 대단해 보이지 않을 것이다."

우리는 단지 그 사람이 실력 향상에 직결되는 행동을 하는 것, 즉 혼자 연습하는 모습을 보지 못했을 뿐이다. 세상 사람들은 소위 천재라고 불리는 사람들이 타고났다고 생각하지만, 나는 그들의 실력을 '타고난 재능'에 돌리는 것이 왠지 엄청난 노력을 폄하하는 것처럼 느껴진다. 우리가 무언가를 굉장히 힘들게 얻었는데 남들이 거저주운 것처럼 여긴다면 과연 기분이 좋을까? 알고 보면 천재들은 **'혼자 하는 연습의 천재'**다.

❶ '골프계의 모차르트' 타이거 우즈Tiger Woods는 최근 사생활 문제를 비롯한 여러 구설수에 시달리고는 있지만 통산 79회의 PGA 투어 우승 기록을 가진 '골프 천재'임에는 틀림없다. 그는 아들에게 골프를 가르치고 싶어 안달 난 골프광 아버지 때문에 채 2살이 되기 전부터 골프장에서 꾸준히 골프채를 쥐었고, 4살 때부터는 아예 따로 전문 코치로부터 트레이닝을 받으면서 훈련을 했다. 말도 하기 전부터 집중적이고 체계적인 골프 지도를 받기 시작했다는 이야기다.

❷ 무라카미 하루키村上春樹는 해마다 노벨 문학상 1순위로 꼽히는 세계적인 소설가다. 그는 장편 소설『상실의 시대』와『1Q84』로 유명하지만, 실은 단편 소설, 에세이, 여행기, 논픽션, 심지어 올림픽 관전기까지 닥치는 대로 글을 쓴다. 하루키가 얼마나 다작을 하는 작가인지, 어느 평론가는 일본에서 그의 이름으로 출간된 책이 대략 넉 달에 한 권 꼴이라고 한 적이 있다. 여기에 하루키는 한 술 더 떠서 발표하지 않고 상자에 쌓여 있는 원고는 더 많다고 했다.

❸ 『쇼생크 탈출』,『미저리』의 스티븐 킹Stephen King은 스릴러 소설의 거장이다. 그의 작품은 지금까지 4,000만 부가 넘게 팔렸다. 한 인터뷰에서 기자가 스티븐 킹에게 "글을 언제 쓰느냐"고 물었다. 그는 "생일과 추수 감사절만 빼고 1년 내내 글을 쓴다"라고 답했다. 하지만 거짓말이었다. 스티븐 킹은 나중에 자서전『유혹하는 글쓰기On Writing』에서 이렇게 정정했다. "솔직히 말하자면 나는 생일과 추수 감사절에도 글을 쓴다."

❹ 화가 에드바르트 뭉크Edvard Munch는 노르웨이가 낳은 가장 유명한 인물 중 한 명이다. 노르웨이의 수도 오슬로에 가면 국립 미술관과 뭉크 박물관에서 뭉크의 작품을 만날 수 있다. 나는 오슬로 여행을 갔을 때 뭉크의 대표작인 '절규'를 아주 가까이에서 보았다. 그 옆에서 기념사진을 찍을 수도 있었다. 그러나 내가 더 감격했던 사실은 따로 있었다. 우리가 아는 뭉크의

작품은 보통 '절규'나 '댄스 오브 라이프'를 크게 벗어나지는 않는다. 하지만 뭉크 박물관에는 이런 설명이 적혀 있었다. "뭉크가 평생 남긴 작품은 2만 5,000점에 이른다."

❺ 마지막으로 파블로 피카소Pablo Picasso를 생각해보자. 그는 설명이 필요 없는 세계적인 '천재 화가'다. 하지만 보통 사람들이 그의 작품 중에서 제목을 떠올릴 수 있는 것은 '게르니카'나 '아비뇽의 여인들'을 비롯한 몇 점에 불과하다. 피카소는 1969년 '그해 1년 동안' 그린 작품들로만 전시회를 열었다. 그 전시회에는 이미 팔린 것을 제외하고도 무려 165점이나 걸렸다. 그런데 정말 놀라운 사실은 작품의 숫자가 아니다. 그는 1881년에 태어났다. 즉, 피카소는 1969년에 88살이었던 것이다. 그리고 피카소가 평생 남긴 작품의 수는 대략 3만 점이라고 한다.

너나 나나
할 수 있다

양이 질을 만든다. 1만 시간이든 10년이든 충분한 시간을 투자하면 누구나 공부를 잘할 수 있다. 다만 나는 여기에 한 가지 당부를 덧붙이고자 한다. 지레 겁을 먹고 혼자 하는 공부를 포기하는 사람들이 있지 않을까 싶어서다. 초고층 빌딩 바로 아래에서 꼭대기를 바라보면 아찔한 느낌이 든다. 혹시 1만 시간 혹은 10년이라는 말을 들으면 마치 초고층 빌딩 아래에 선 듯한 느낌이 들지는 않을까. '말도 안 돼. 나는 저기 못 올라가.' 이렇게 생각하는 순간, 1만 시간의 법칙에서 이야기하는 '하루에 3시간씩, 꾸준히 10년'이라는 슬로건이 '하루에 3시간도 힘든데, 그것을 10년씩이나 어떻게 해'로 이어진다. 하지만 너무 걱정할 필요가 없다. 두 가지 이유로 1만 시간 혹은 10년의 법칙에서 고통이 아닌 희망을 볼 수 있기 때문이다.

첫째, 1만 시간 혹은 10년의 법칙은 긍정의 메시지를 준다. 이 법칙의 핵심은 '10년이 지나야 열매를 딸 수 있다'가 아니라 '노력만 하면 누구든지 딸 수 있다'에 있다. '양이 질을 만든다'라는 말을 다른 표현으로 바꾸면 이렇다.

'하면 된다.'

누구는 되고, 누구는 안 된다고 정해져 있는 것이 아니라 '너나 나나 하면 된다'라는 의미다. 이 말의 통계적인 증거가 1만 시간 혹은 10년의 법칙인 셈이다.

둘째, 봄에 심은 벼는 가을까지 기다려야 추수할 수 있다. 하지만 노력의 열매는 1만 시간을 돌파한 다음에야 얻을 수 있는 것이 아니다. 산을 오른다고 생각해보자. 물론 정상에 올라야 전망이 가장 잘 보이겠지만 우리는 산을 오르는 중에도 틈틈이 멋진 경치를 감상할 수 있다. 노력의 과정도 마찬가지다. 나는 논술 공부를 할 때 애초에 100편을 쓰려고 마음먹었지만, 실제로는 100편을 다 쓰기도 전에 크고 작은 논술 대회에서 상을 탔다. 만약 1만 시간을 바라보고 걷기로 결심한다면, 머지않아 걸어가는 길 위에서 크고 작은 즐거운 보상을 만날 것이다.

솔직히 공부는 하루키나 피카소가 했던 작업보다는 복잡하지 않다. 책을 읽고, 이해하고, 외우고, 문제집을 풀고, 자료를 찾아 글을 쓰는 정도가 아닌가. 나중에는 우리도 각자의 분야에서 PGA 투어 우승이나 '아비뇽의 여인들'에 버금가는 결과물들을 내놓게 되겠지만, 적어도 지금 하는 공부는 앞서 언급한 '천재'들의 작업보다는 수월하다. 그런데 그런 '천재'들조차 재능이나 머리가 아니라 오로지 충분한 연습으로 저 자리에 닿았다는 말은, 곧 우리들 역시 충분히 공부하면 충분히 잘할 수 있다는 말이나 다름없다. 그러니 '나도 할 수 있다'라는 생각을 뼛속 깊이 새기지 않을 이유가 없다.

실력을 향상시키는
혼자 하는 공부의 힘

: 성장 영역과 신중하게 계획된 연습

하던 대로 하면,
얻던 것만 얻게 된다

우리는 지금까지 엄청나게 많은 시간을 공부에 쏟아왔다. 학교에서 보낸 시간, 학원을 다닌 시간, 인터넷 강의를 들은 시간, 그리고 책상에 앉아 책을 읽고 문제집을 푼 시간들을 생각해보자. 만약 그 시간을 모두 공부가 아니라 다른 곳에 썼다면 어떨까. 그 시간만큼 세계 여행을 했다면 '세계 여행 전문가'로 명함을 내밀 수 있었을 테고, 그 시간만큼 글을 썼다면 그럴싸한 '글쓰기 강의'를 할 수 있었을 것이다. 그런데 이상하다. 왜 공부는 그토록 많은 시간을 쏟아부었는데도 자신

있게 '이렇게 하는 거다'라고 말할 수가 없을까. 도대체 우리의 공부는 무엇이 잘못되었을까.

답은 간단하다. 노력의 '양'을 결정하는 데는 '시간' 말고도 다른 변수가 필요하기 때문이다. 바로 **'올바른 방법'**이다. 누구나 똑같이 공부를 잘할 수 있는 것은 맞지만 올바른 방법으로 해야 한다. 자동차를 타고 계속 달리더라도 내비게이션이 가리키는 방향을 잘 따라가야 목적지에 닿는 것처럼 말이다. 그리고 '올바른 방법'을 따라가다 보면, 역시 그 끝에서 우리는 혼자 하는 공부가 답인 이유를 다시 한 번 만나게 된다.

혹시 그 방법이 따라 하기 힘들지 않을까 지레 겁을 먹고 있다면 그럴 필요가 없다. 잠을 줄이거나 힘든 일을 무조건 참지 않아도 된다. 오히려 더 간단하다. 아이폰을 만든 스티브 잡스Steve Jobs는 한 인터뷰에서 "문제를 계속 파고들어 양파 껍질처럼 하나씩 벗기다 보면 우아하고 간단한 답을 얻는다"라고 했다. 세계적인 경영학자 짐 콜린스Jim Collins도 『좋은 기업을 넘어… 위대한 기업으로Good to Great』에

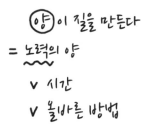

서 "위대한 것을 만드는 일이 좋은 것을 만드는 일보다 결코 더 어렵지 않다. 위대한 것에 도달하는 일이 통계적으로는 드물지라도 그것이 평범함을 지속하는 일보다 더 많은 고통을 요구하지는 않는다"라고 강조했다. 마찬가지로 올바른 방법이란 지금까지 우리가 해온 공부 방법보다 더 어렵지도, 따라 하기 힘들지도 않다. 다만 그렇게 하는 사람이 드물 뿐이다.

미국 미시간대 경영학과 교수인 노엘 티치Noel Tichy는 사람이 하는 일에는 3가지 영역이 있다고 했다. 3개의 동심원을 그리고 원의 중심에 우리가 있다고 생각하자. 안쪽의 가장 작은 원이 안전 영역, 그다음 원이 성장 영역, 제일 바깥쪽이 공황 영역이다.

안전 영역에는 이미 익숙하게 잘하는 일들이 속해 있다. 컵라면을 끓이거나, 사칙 연산을 하거나, 매일 똑같은 길로 출퇴근을 하는 일이다. 이미 잘하는 일이기 때문에 부담감을 느끼거나 스트레스를 받을

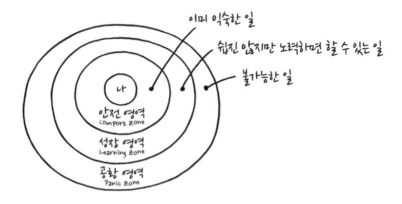

일이 별로 없다. 대신 이렇게 쉬운 일은 같은 방식으로 계속하기 때문에 실력이 별로 늘지 않는다. 가장 바깥쪽에 있는 **공황 영역**에는 너무 어려워서 실제로 해야 한다면 패닉 상태에 빠질 수 있는 일들이 속해 있다. 총상을 입은 응급 환자가 눈앞에서 피를 쏟고 있다거나 갑자기 남아메리카 밀림 속에 혼자 던져졌다고 상상해보자. 이렇게 공황 영역을 만나면 어찌할 바를 몰라 허둥지둥할 수밖에 없다. 마지막으로 **성장 영역**은 안전 영역과 공황 영역 사이에 있다. 쉽게 할 수 있는 정도는 아니지만 애써 노력하면 어떻게든 해낼 수 있는 일들이 속해 있는 영역이다. 이 영역의 이름이 성장 영역인 까닭은, 여기에 속하는 일을 할 때 비로소 발전이 있기 때문이다.

계속 나아지고 싶다면 바로 성장 영역에 속하는 행동들을 해야 한다고 노엘 티치는 단언한다. 살면서 공황 영역을 만나게 되는 경우는 흔치 않다. 공부든, 일이든, 취미 생활이든 일상에서 우리 앞에 놓인 선택지는 대개 안전 영역과 성장 영역에 걸쳐 있다. 그런데 어떤 사람들은 안전 영역 안에만 머문 채 말 그대로 '시간을 흘려보낸다'. 무언가 계속하는 것처럼 보이지만 실제로는 익숙할 대로 익숙한 쳇바퀴를 똑같이 돌리고 있으니 시간을 흘려보내는 것이나 다름없다. 동네 중국집의 주방장이 10년 동안 짜장면을 만들어도 솜씨가 제자리인 이유, 동네 미용실의 주인이 20년 동안 커트를 해도 실력이 그대로인 이유다. 하던 대로 하면 오래 하더라도 나아지지 않는다. 철학자 프랜시스 베이컨Francis Bacon이 400년 전에 경고했듯이 말이다.

"당신이 항상 해오던 일만 계속하면, 당신은 항상 얻던 것만 얻게 될
것이다."

노력이라고
다 같은 노력이 아니다

'1만 시간의 법칙'과 '10년의 법칙'에서 이야기하는 연습에는 비밀이
있다. '양이 질을 만든다'에서 의미하는 노력의 양이란 조금은 특별한
노력이다. 실력 향상으로 직결되는 노력, 성장 영역에 속하는 노력,
즉 올바른 노력이다. 바로 그런 노력을 해야 발전이 있다. 오랜 시간
공부를 하고도 공부에 자신이 없는 이유는 올바른 노력을 하지 않았
기 때문이다. 올바른 노력이 아니라면 10년을 반복해도 소용이 없다.
  '노력'이라는 말을 흔히 사용하지만 노력이라고 다 같은 노력이 아
니다. 이를테면 야구를 좋아하는 사회인 야구 동호회원을 떠올려보
자. 그는 토요일 아침마다 일찍 장비를 챙겨 시합을 하러 간다. 스트
레칭을 가볍게 하고 간단히 캐치볼을 하거나 배트를 휘두르며 몸을
푼다. 이어서 3시간 정도 유니폼이 흙투성이가 되도록 열정적으로 시
합을 한 뒤 녹초가 되어 집으로 돌아온다. 물론 이따금 실내 야구 연
습장에 가서 스윙 연습을 하거나 투구 자세를 교정받기도 하지만 야
구와 관련해 보내는 시간의 상당 부분은 실제 시합이다. 시합을 뛰는

일이 가장 즐겁기 때문이다. 그는 시합하는 시간이 쌓여 자신의 실력이 향상된다고 생각한다. '1만 시간'에 포함되는 노력이라고 여기는 것이다. 하지만 이는 착각일 뿐, 그의 실력은 별로 늘지 않는다. 올바른 노력이 아니기 때문이다.

여기서 두 가지 의문이 생긴다. 첫째, 올바른 노력이란 무엇일까. 단적으로 말해서 안전 영역을 벗어난 노력, 성장 영역에 속하는 노력이다. 자신에게 익숙한 방법, 지금까지 해오던 것을 그대로 반복하는 수준의 노력은 올바른 노력이 아니다. 둘째, 어떻게 올바른 노력을 할 수 있을까. 바로 '**자신에게 부족한 부분을 골라 그것을 반복**'하면 된다. 베를린 음악 대학에서 재능의 비밀을 밝혔던 앤더스 에릭슨은 그 활동을 가리켜 '**신중하게 계획된 연습**'이라고 이름 붙였다.

그렇다면 '신중하게 계획된 연습'이란 과연 무엇일까. 내가 중학교 때 친구들 사이에서 갑자기 탁구 바람이 불었다. 학교가 끝나면 동네 탁구장으로 몰려가 시간당 1,000원의 돈을 내고 탁구를 쳤다. 특별

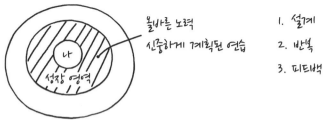

히 배우지도 않았고 그저 똑딱 공을 맞춰 넘기며 노는 정도였지만 그래도 신이 나서 탁구장에 갔다. 그때 우리 중 제일 잘 치는 친구가 있었다. 운동 신경이 특별히 좋은 것도 아니었는데 누구도 그 친구를 따르지 못했다. 그가 스매시를 때릴 줄 알았기 때문이었다. 공이 적당한 높이로 들어오면 예외 없이 스매시를 때렸는데 그 공을 받을 수 있는 사람이 아무도 없었으니 제일 잘하는 것이 당연했다.

탁구에 재미를 붙인 지 얼마쯤 지났을까. 우연히 아버지가 탁구를 꽤 잘 치신다는 사실을 알게 되었다. 젊었을 때 시합도 나가셨다고 했다. 나는 아버지에게 탁구를 배우기 시작했다. 제일 먼저 배운 것이 스매시였다. 아버지와 재미있게 연습 경기를 즐겼다는 말이 아니다. 처음에는 공도 없이 라켓만 쥐고 거울을 보며 정확한 자세로 팔만 휘둘렀다. 한번에 몇 백 개씩 했다. 그다음에는 탁구장에 가서 아버지가 적당한 높이로 공을 보내주시면 똑같은 자세로 그것을 때리는 연습만 했다. 부족한 부분을 골라 그것만 반복했다. 그런 식으로 스매시를 익힌 뒤에 친구들과 탁구장에 갔다. 그랬더니 놀랄 만한 일이 벌어졌다. 갑자기 제일 잘 치는 그 친구와 내가 맞먹게 된 것이다. 스매시 기술 하나로 실력이 일취월장했다. 같은 방식으로 나는 커트와 백핸드 스매시, 다양한 서브 기술들을 배웠고, 그럴 때마다 마치 새로운 무기 하나를 장착한 듯 정확히 한 계단씩 올라가는 느낌을 받았다.

앤더스 에릭슨이 말한 '신중하게 계획된 연습'이란 바로 이런 것이다. 실력을 향상시키기 위해 특별하게 설계된 활동으로, 수없이 반복할 수 있으며, 교사와 같은 전문가의 도움을 필요로 하는 활동이다. 이것은 보통 사람들이 생각하는 연습과는 차이가 있다. 내가 친구들과 똑딱거리며 놀았던 탁구 시합은 신중하게 계획된 연습이 아니다. 하지만 아버지와 함께 같은 동작을 반복하며 자세를 교정했던 것은 신중하게 계획된 연습이다. 앞서 말한 사회인 야구 동호회원이 제대로 연습을 하려면, 시합에 참여하는 대신 배트를 수백 번씩 휘두르며 스윙 자세를 교정하거나 굴러오는 공을 받으며 흙바닥에 뒹구는 시간을 늘려야 한다. 그렇게 한다면 시간에 비례해 실력이 차곡차곡 늘 것이다. 실력은 자신에게 부족한 부분을 골라 그것을 반복할 때 늘기 때문이다. 신중하게 계획된 연습의 특징은 다음과 같다.

❶ 실력을 향상시키기 위해 설계된 활동이다. 여기서 포인트는 설계에 있다. 부족한 점이 무엇인지 파악하고, 그 부분을 향상시킬 수 있는 연습을 해야 한다. 만화 『슬램덩크』에서 농구 초보 강백호가 받았던 특별 훈련은 모의 시합이 아니라 '점프 슛 2만 개'였다.

❷ 수없이 반복할 수 있는 활동이다. 일류 골프 선수가 모래 벙커에 공을 빠뜨릴 일은 기껏해야 한 시즌 두어 번에 불과하다. 하지만 그런 상황이 닥쳤을 때 완벽하게 벗어나기 위해 골프 선수들은 벙커 샷을 무수히 반복한다.

❸ 피드백을 받을 수 있는 활동이다. 골드만삭스의 최고 교육 책임자였던 스티브 커Steve Kerr는 피드백이 없는 연습을 '커튼 뒤에 서서 보지 않

고 볼링공을 던지는 것'에 비유했다. "어떤 기술이든 연습을 할 수는 있지만 그 결과에 대해 피드백을 받지 않는다면 두 가지 일이 벌어진다. 우선 실력이 향상되지 않고, 그다음에는 실력 향상에 더 이상 신경을 쓰지 않게 된다."

④ 그다지 즐거운 활동은 아니다. 성장 영역의 개념을 떠올려보면 쉽게 이해할 수 있다. 자신이 잘하지 못하는 일을 일부러 찾아내서 해야 하는데 룰루랄라 콧노래가 나올 일은 없을 테니 말이다.

하지만 그다지 재미가 없다고 해서 무작정 실망할 필요는 없다. 신중하게 계획된 연습을 받아들이기로 결심만 한다면 실망을 덮고도 남을 커다란 장점 두 가지를 손에 쥘 수 있기 때문이다. 첫째, 그다지 재미가 없다는 말은 이 연습을 하기로 결심한 사람에게는 엄청난 희소식이다. 왜냐하면 많은 사람들이 올바른 방식으로 연습을 하지 않고 있다는 뜻이며, 혹시 올바른 연습이 무엇인지 알게 된다 하더라도 지속할 가능성이 적다는 뜻이기 때문이다. 즉, 올바른 연습을 하기로 한 순간 이미 다른 사람들과 차별화된 존재가 될 수 있다는 이야기다. 둘째, 이 연습을 하면 훨씬 적은 시간을 들이고도 지금보다 빨리 실력을 향상시킬 수 있다. 20세기 가장 위대한 바이올린 연주자 중 한 명인 나탄 밀슈타인Nathan Milstein은 유명한 지휘자 레오폴드 아우어Leopold Auer의 제자였다. 한번은 밀슈타인이 스승 아우어에게 자신의 연습량이 충분하냐고 물었다. 그러자 아우어는 이렇게 대답했다.

"손가락으로 연습하면 하루 종일 걸리지. 하지만 정신을 집중하면 1시간 반이면 충분하다네."

반드시 공부를 잘할 수밖에 없는 방법, '탐색, 반복, 피드백'

지금까지 올바른 노력의 의미와 방법을 살펴보았다. 여기서는 올바른 노력을 공부에 적용해서 어떻게 공부해야 하는지 조금 더 생각해 보자. 신중하게 계획된 연습을 하면 시간에 비례해서 실력이 늘 듯, 이렇게 공부하면 반드시 공부를 잘할 수밖에 없다.

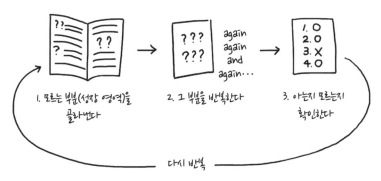

부족한 부분을 탐색한다

부족한 부분을 골라내 그것을 공부해야 한다. 처음으로 새로운 내용을 배울 때는 수업이나 강의가 유용하다. 전부 모르는 내용이므로 개념이나 구조를 쉽게 설명하는 강의를 들으면서 전체적인 이해도를 높이는 것이다. 그렇게 전반적으로 훑은 뒤에는 어려운 개념, 이해가 안 되는 문장, 외우지 못한 도표를 골라서 머릿속에 들어갈 때까지 붙들고 늘어져야 한다. 모르는 부분을 붙들고 늘어질 때 비로소 성장 영역 안에 존재하기 때문이다. 그리고 성장 영역에 머물기만 한다면 반드시 실력은 올라간다. 반대로 '강의를 반복해 듣다 보면 저절로 이해되겠지', '책을 계속 읽다 보면 저절로 외워지겠지'라고 안이하게 생각한다면 그것은 이미 안전 영역에만 머무르려는 태도다. 그렇다면 부족한 부분은 어떻게 골라낼까? 조금도 복잡한 일이 아니다. 공부할 때 완전히 이해하지 못한 모든 개념, 모든 문장, 모든 도표, 모든 수식이 바로 그 부분이다.

그 부분을 반복한다

부족한 부분을 반복해야 한다. 3장 공부 원칙 편에서 자세히 다루겠지만 반복으로 암기하지 못할 것은 세상에 없다. 자꾸 잊어버리는 단어, 헷갈리는 연도, 이해가 가지 않는 원리가 있다면 슬슬 피할 것이 아니라 잘 모르겠다는 생각이 드는 순간 재확인해야 한다. 다소 귀찮을 수는 있겠지만 절대로 어려운 일은 아니다. 성실하게 한 번 더 확인하면 그것으로 충분하다. 우리의 뇌는 일부러 계속 반복하면 어느 순간 저절로 암기한다. 그저 부족한 부분을 피하지 않고 직면하면 된다.

피드백을 받는다

피드백을 받아야 한다. 운동을 할 때는 옆 사람이 실시간으로 자세를 바로잡아줄 수 있지만 공부는 그렇지 않다. 대신 피드백으로 활용할 수 있는 방법이 있다. 문제집 풀이, 모의고사 응시, 리포트 작성은 모두 피드백이다. 선생님으로부터 받는 칭찬이나 꾸중도 피드백이다. 내가 논술 공부를 할 때 혼자서 모범 답안과 나의 답안을 비교했던 행동도 피드백이다. 즉, 자기가 잘하고 있는지 아닌지 확인할 수 있다면 모두 피드백인 것이다.

사실 정말로 간단하고 강력한 피드백 방법이 하나 있다. 공부를 잘하는 사람은 누구나 이렇게 한다고 확신하는 방법이다. 바로 '책 덮고 공부하기'다. 방금 공부한 부분이나 이제 막 외운 영어 단어를 손으로 가리고 무슨 내용인지 말해보는 것이다. 알고 있다면 말할 수 있겠지만, 그렇지 않다면 어물거릴 것이다. 그 자리에서 공부가 잘되었는지 아닌지 피드백을 받는 셈이다. 이보다 더 간단하고 명확한 방법이 있을까? 앞에서 공부란 "① 읽는다. ② 외운다. ③ 외웠는지 확인한다"

의 반복이라고 했다. 단언컨대 공부를 잘 못하는 사람은 ③번을 제대로 하지 않는다. 부담스럽기 때문이다. 외웠는지 확인하는, 이처럼 간단한 피드백 요령만 실천해도 누구나 엄청나게 실력이 늘 수 있다.

이렇게 3가지가 실력 향상에 직결되는 올바른 공부 방법이다. 만약 공부에 자신이 없다면 이 중에 일부, 혹은 전부를 소홀히 했기 때문이다. '타고난 머리'를 가졌다고 여겨지는 공부 잘하는 사람들은 단지 위의 3가지를 충실하게 해왔을 뿐이다. 이것이 공부 방법의 핵심이며, 이렇게만 하면 누구나 금세 '나도 할 수 있다'라는 자기 신뢰의 편향증험을 맛볼 수 있다. 여기서 잠깐 저렇게 공부를 하려면 어떻게 해야 하는지를 생각해보자. 학원에서 강의 듣는 시간을 늘려야 할까, 다른 사람들과 스터디 하는 시간을 늘려야 할까. 둘 다 아니다. 무조건 혼자 공부하는 시간을 확보해야 한다. 이해 안 되는 내용을 붙들고 늘어지고, 모르는 부분이 생각나면 즉시 찾아보며, 머릿속에 잘 들어갔는지 아닌지 수시로 확인해야 한다. 이 모든 것은 혼자 해야 하는 일이다. 베를린 음악 대학의 모든 학생들이 실력 향상에 직결되는 활동으로 '혼자 하는 연습'을 꼽은 이유다.

수업도 좋고, 강의도 좋고, 스터디도 좋다. 그러나 그것 자체가 공부는 아니다. 혼자 하는 공부를 도와주는 도구일 뿐이다. 많은 시간을 쏟아붓고도 공부에 자신이 없는 이유는 공부를 도와주는 도구에 치여 공부 자체를 소홀히 했기 때문이다. 그러므로 혼자 공부하는 시간을 늘리고 올바른 방법으로 공부해야 한다. 문제가 무엇인지 깨달은 이상 문제는 존재하지 않는다. 이제 우리는 차별화된 존재가 될 것이며, 지금보다 적은 시간을 들이고도 지금보다 빨리 실력을 향상시킬 것이다.

자기 신뢰

▶ 뒤에서 3등인 중학교 3학년 학생이 있었다. 이 학생은 인칭 대명사도 모를 정도로 기초가 부족했다. 하지만 공부하는 방법을 알려주자 석 달 만에 기말고사에서 진짜 3등이 되었다. 기적은 '나도 할 수 있다'라는 깨달음에서 시작되었다.

▶ '재미'란 말의 어원은 '늘어나는 맛'이다. 그러므로 공부하는 재미는 실력이 늘어나는 맛을 느끼는 것, 즉 '나도 할 수 있다'라는 깨달음에 달려 있다.

▶ 공부란 결국 3단계 '① 읽는다 ② 외운다 ③ 외웠는지 확인한다'의 반복이다. '할 수 있다'라는 느낌은 ③번을 제대로 해냈을 때 온다.

▶ 공부는 누구나 똑같이 잘할 수 있다. 그런데 사람들은 '타고난 머리'가 다르다며 스스로 한계를 그어버린다.

▶ 앤더스 에릭슨이 베를린 음악 대학에서 진행한 연구에서 모든 학생들은 공통적으로 실력 향상에 직결되는 활동이 무엇인지 잘 알고 있었다. 바로 '혼자 하는 연습'이었다.

▶ 타고난 재능이 가장 중요하다고 여겨지는 음악 분야에서조차 실력을 가르는 기준은 오직 연습량이었다. 앤더스 에릭슨은 이렇게 결론지었다. "연습을 제외한 어디에서도 재능의 존재를 찾을 수 없었다. 설사 재

능이란 것이 있다고 하더라도 사람들이 흔히 생각하는 것보다 그 역할
은 훨씬 미미하다."

▶ 공부도 마찬가지다. '타고난 머리'는 없으며 실력은 오로지 공부량에 달
려 있다. 올바른 방법으로 충분히 공부한다면 누구나 공부를 잘할 수
있다. 여기서 올바른 방법이란 실력 향상에 직결되는 공부 방법, 즉 혼
자 하는 공부다.

▶ 양이 질을 만든다. 세계적인 천재나 보통 사람이나 문제를 해결할 때는
뇌가 똑같은 과정을 거친다. 둘의 차이는 선천적인 재능이 아니라 태도
가 만들어낸 노력의 양이다.

▶ 노력의 양을 결정하는 첫 번째 요소는 '시간'이다. 대니얼 레비틴의 '1만
시간의 법칙', 존 헤이스의 '10년의 법칙'은 분야를 막론하고 누구나 예
외 없이 일정 시간 이상 노력한 뒤에야 비로소 탁월한 성과를 거둘 수
있다고 말한다. 실제로 천재들은 모두 '혼자 하는 연습의 천재'였다.

▶ 노력의 양을 결정하는 두 번째 요소는 '올바른 방법'이다. 노엘 티치에 따
르면 사람이 하는 일에는 안전 영역, 성장 영역, 공황 영역이 있다. 성장 영
역이란 손을 뻗어서 애써 노력하면 어떻게든 해낼 수 있는 일들이 속한 영
역이다. 올바른 방법이란 바로 성장 영역에 속하는 노력들이다.

▶ 올바른 방법의 좋은 예가 '신중하게 계획된 연습'이다. 자신에게 부족한
부분을 골라내 그것을 반복하는 연습으로서 '① 실력을 향상시키기 위
해 설계된 활동 ② 수없이 반복할 수 있는 활동 ③ 피드백을 받을 수 있
는 활동'이다.

▶ 이것을 공부에 적용하면 '① 부족한 부분 탐색 ② 그 부분 반복 ③ 피드
백 수용'의 3단계가 된다.

CHAPTER 2

학습 원리

공부를 하면서도 지금까지 몰랐던 것들

─────『혼자하는 공부의 정석』두 번째 편은 '학습 원리'다. 학습 원리란 공부한 것들이 머릿속에 들어가는 원리를 말한다. 우리 뇌에는 기억을 저장하는 나름의 매뉴얼이 존재한다. 복잡한 기계를 다룰 때는 매뉴얼에 따라 작동시키듯 공부를 할 때도 뇌가 가진 매뉴얼대로 해야 머릿속에 잘 들어간다. 학습 원리를 모른 채 무작정 공부하는 것은 아무 버튼이나 누르면서 기계가 제대로 작동하기를 바라는 것과 같다. 여기서 뇌과학 지식이 등장한다. 뇌과학적으로 공부가 무엇을 의미하는지, 뇌는 어떤 과정을 거쳐 기억을 저장하는지, 공부할 때 머릿속에서 어떤 일이 일어나는지를 설명한 뒤에 많은 사람들이 지금까지 모르고 공부했던 부분들을 짚어보고자 한다. 이 부분을 통해 '집중'은 어떻게 하는 것인지, 나름대로 열심히 공부해도 머릿속에 남지 않는 이유가 무엇인지, 두루뭉술하게 대강 공부하는 사소한 습관이 얼마나 치명적인 잘못인지를 알 수 있다. 동시에 뇌의 매뉴얼대로 하려면 혼자 공부하는 시간을 늘리는 수밖에 없다는 사실을 이해하게 될 것이다.

특히 게임이나 유튜브 등 디지털 기기를 습관적으로 사용하는 시간이 길어졌다고 느끼는 이들에게는 이번 편이 무거운 경고의 메시지로 읽힐 수 있다. 뇌에 저장되는 기억은 공부뿐만이 아니다. 자극적인 영상과 게임도 뇌의 관점에서는 똑같은 정보이며 심지어 더 적은 주의력을 기울이고도 지속적인 쾌감을 얻을 수 있는 정보다. 이런 정보에 노출되는 시간이 많아질수록 두뇌는 공부를 힘들어한다.

최소한의 뇌과학 지식을 골라 최대한 쉽게 설명하려고 했지만 그럼에도 불구하고 이론적인 설명 자체가 어렵게 느껴질 수도 있다. 만일 그렇다면 이 편을 건너뛰어 보다 구체적인 내용을 다루는 3장 공부 원칙 편부터 읽은 다음에 돌아와도 상관없다.

혼자 하는 공부를 위한
뇌과학 원리 ❶

: 뇌를 움직이는 매뉴얼

학습 원리를 알아야 하는
3가지 이유

지금부터 우리의 뇌가 어떻게 움직이는지 이야기하려고 한다. 뇌과학적으로 설명하는 학습 원리다. 공부 방법을 이해하는 데 필요한 정도에서 가능한 쉽게 살펴볼 테지만, 생물학 용어와 추상적인 설명이 등장하는 까닭에 읽기가 조금 까다로울 수는 있다. 그럼에도 불구하고 학습 원리를 이해하면 굉장히 유리한 점이 3가지 있기 때문에 이 부분을 꼭 짚고 넘어가고 싶다.

첫째, 공부하는 방법을 이해하는 데 도움이 된다. 공부는 결국 뇌에

```
┌─────────────────────────────┐
│ 학습 원리를 알아야 하는 이유 │
└─────────────────────────────┘
```

1. 공부 방법을 이해할 수 있다

2. 자신감을 가질 수 있다

3. 지금까지 무엇을 잘못했는지 알 수 있다

서 하는 일이다. 공부한 내용이 어떤 과정을 거쳐서 뇌에 들어가는지를 알게 되면, 왜 혼자 공부를 해야 실력이 느는지, 그리고 혼자 공부할 때 어떻게 해야 하는지 더 잘 이해할 수 있다. 마치 몸이 어떻게 영양소를 흡수하고 지방을 분해하는지 알면 다이어트를 할 때 도움이 되는 것과 같다.

둘째, 자신감을 가질 수 있다. 우리는 모두 똑같은 사람이고 호모 사피엔스Homo Sapiens다. 생물학적으로 같은 뇌 구조를 가지고 있다는 의미다. 심지어 세계적인 베스트셀러 『사피엔스Sapiens』의 저자 유발 하라리Yuval Harari는 "우리가 3만 2,000년 전의 호모 사피엔스를 만나더라도 우리는 그들의 언어를, 그들은 우리의 언어를 배울 수 있고, 우리는 『이상한 나라의 앨리스』부터 양자 역학에 이르기까지 우리가 알고 있는 모든 것을 그들에게 설명할 수 있을 것이다"라고 말하기도 했다. 누구나 똑같이 공부를 잘할 수 있다는 것은 생물학적인 사실인 셈이다.

셋째, 지금까지 무엇을 잘못했는지 알 수 있다. 사실 우리는 다른 사람들이 '어떻게 공부하고 있는지'를 전혀 알 수가 없다. 그저 옆 사람의 책장을 넘기는 속도나 노트 필기 스타일 등을 보면서 그가 어떻게 공부하는지 '짐작'만 할 뿐이다. 이런 본질적인 한계로 인해 많은 사람들이 실력에 차이가 나는 이유를 모른 채 그저 '타고난 머리'라는 쉬운 핑곗거리로 도피한다. 더불어 학습 원리를 설명하는 틈틈이 많은 사람들이 공부할 때 잘못하고 있는 부분들을 짚을 것이다. 공부 잘하는 사람은 당연하게 하고 있는 것들인 반면, 그렇지 않은 사람은 아예 모르는 것들이다. 20세기의 대표적인 건축가 미스 반 데어 로에 Mies van der Rohe가 "신은 디테일에 있다"라고 단언했듯, 공부 잘하는 사람의 비밀은 보통 사람들이 놓치는 디테일에 있다.

'공부'란 과연 무엇일까

'공부'란 과연 무엇일까. 우리는 '공부'라고 하면 어떤 글을 읽거나, 누군가의 강의를 듣거나, 문제집을 풀거나, 시험을 보는 장면을 떠올린다. 학생이나 수험생처럼 공부를 전업으로 하는 시기에 주로 하는 공부의 모습이 그렇기 때문이다. 물론 이런 행동들도 공부다. 수많은 공부 방법들 중에서 짧은 시간에 많은 정보를 얻을 수 있는, 가장 효율적인 방법 가운데 하나다. 하지만 그것만이 공부의 전부는 아니다. 그렇다면 본질적으로 공부란 과연 무엇일까. 아주 거칠고, 굉장히 심플하게 이야기하자면, 공부란 **'외부의 자극을 뇌 속의 장기 기억에 저장하는 것'**을 말한다. 텍스트와 같은 시각적 자극, 강의와 같은 청각적 자극, 재료의 질감과 같은 촉각적 자극 등 외부의 자극을 장기 기억에 저장하는 것, 그리고 필요할 때 자유자재로 불러낼 수 있도록 장기 기억에 잘 저장해두는 것이 바로 공부다. 이제부터 '장기 기억에– 저장되는–과정'을 하나하나 풀어본다.

기억–감각 기억, 단기 기억, 장기 기억

우선 '장기 기억'이란 무엇일까? 뇌과학자들의 분류에 따르면 기억은 크게 3가지가 있다고 한다. 감각 기억, 단기 기억, 장기 기억이다.

　**감각 기억은 시각, 청각, 촉각 등 우리의 감각으로 잠깐 느끼고 순

공부: 외부의 자극을 장기 기억에 저장하는 것

기억 ┌ 감각 기억 < 시각적 감각 기억(1초 안팎)
　　　│　　　　　　청각적 감각 기억(몇 초)
　　　├ 단기 기억(몇 분 ~ 몇 시간)
　　　└ 장기 기억(하루 ~ 수년, 수십 년)

식간에 사라지는 기억을 말한다. 아주 빨리 사라지기 때문에 초단기 기억이라고도 한다. 감각 기억이 지속되는 시간은 감각마다 차이가 있다. 시각적 감각 기억은 1초 만에 사라지는 반면, 청각적 감각 기억은 몇 초 더 머문다. 전화번호를 눈으로 볼 때와 귀로 들을 때를 떠올리면 이해하기가 쉬울 것이다. 010을 제외한 여덟 자리 숫자를 눈으로 보면 고개를 돌리자마자 깨끗이 잊어버리는데, "1234-5678" 하고 귀로 들으면 눈으로 볼 때보다는 조금 오래간다. 전화번호를 옮겨 적을 때 입으로 중얼거리는 이유이기도 하다.

단기 기억은 몇 분에서 몇 시간쯤 지속되는 기억이다. 이를테면 옆자리의 동료와 잡담을 나눈다고 생각해보자. 지금 어떤 화제로 이야기를 나누고 있고, 조금 전에 상대방이 어떤 말을 했으며, 그때 무엇이라고 대답했는지를 우리는 기억한다. 이처럼 단기 기억이 있기 때문에 대화가 연속성을 가지고 이어지는 것이다. 반대로 단기 기억에 문제가 있다면 일상생활에 심각한 문제가 생긴다. 동료가 "빨간 펜 좀 빌려줘"라고 했을 때 "알겠어"라고 대답하고는 뒤돌아서서 책상 서랍을 여는 순간 자신이 왜 서랍을 열고 있었는지를 잊어버린다면 어떨까. 늘 이런 식이라면 공부든 일이든 연속적으로 어떤 행동을 하는 것이 불가능하다. 이렇게 어떤 작업을 할 수 있는 밑바탕이 되어준다는 점에서 단기 기억은 작업 기억이라고도 불린다. 하지만 단기 기억은 그 용량에 한계가 있다. 이를테면 부엌의 도마처럼 말이다. 몇 가지 재료를 올려놓고 손질할 수는 있지만 많은 재료를 동시에 안고 있을 수는 없다.

 장기 기억은 하루 이상 지속되는 기억이다. 뇌 속에 아주 오랫동안 저장되기도 한다. 예를 들어 어릴 적에 살았던 집의 모습을 떠올려보자. 지금도 얼마든지 기억날 것이다. 그런 것이 장기 기억이다. 단기 기억이 도마라면 장기 기억은 커다란 냉장고와 같다. 많은 재료들이 차곡차곡 들어 있다. 두부찌개를 끓일 때 냉장고를 열어서 두부와 채소를 꺼낸 뒤에 도마 위에서 다듬는 것처럼 뇌에서 어떤 작업을 처리할 때도 장기 기억 속에서 정보를 끄집어내 단기 기억 위에서 가공을 하게 된다.

저장 – 기억에는 형태가 있다

다음으로 '저장'이다. 정말 의외인 사실이 있다. 뇌과학에서 밝혀진 바에 따르면 정보가 기억에 저장되는 것은 물리적인 현상이라고 한다. 기억이 일종의 물체라는 이야기다. 형태가 있고 공간을 차지하는 물체 말이다. 기억은 마치 창고에 쌓인 상자처럼 실제로 뇌 속에서 자리를 차지한다. 애니메이션 〈인사이드 아웃Inside Out〉에 이런 모습이 흥미롭게 묘사되어 있다. 〈인사이드 아웃〉은 사춘기를 겪는 주인공의 뇌 속에서 일어나는 일들을 그린 작품이다. 주인공이 스케이트를 타거나 선물을 받는 등 어떤 경험을 할 때마다 뇌 속에서 유리구슬이 새로 생겨난다. 그 유리구슬 하나하나가 바로 '기억'이다. 기억들이 끝도 없이 쌓여 있는 공간도 존재한다. 기억이란 정말로 그렇게 우리 뇌 속에서 공간을 차지하는 물체다. 다만 실제로는 구슬처럼 예쁘진 않다.

기억이라는 물체는 어떤 모양일까? 대략 나뭇가지와 닮았다고 할 수 있을 것이다. 기억은 뇌 속의 신경 세포인 '뉴런Neuron'에서 일어나는 일이다. 뇌에는 무수히 많은 뉴런이 있는데, 뉴런은 잔가지가 무성한 나뭇가지처럼 생겼다. 여기서 중요한 것은 뇌에 어떤 자극이 가해지면 뉴런의 모양이 변한다는 사실이다. 즉, 기억이 생기면 뉴런이 변한다는 말이다. 나무처럼 가지의 끝이 길어지거나 중간에서 새로운 가지가 돋아나기도 한다. 쥐의 뇌를 관찰해서 확인된 사실이다.

이렇게 뉴런의 모양이 변하다가 서로 다른 뉴런끼리 닿으면 연결되기도 하는데, 이런 연결 부분을 '시냅스Synapse'라고 부른다. 정보의 이동이 일어나는 부분이다. '원숭이 엉덩이는 빨개, 빨가면 사과,

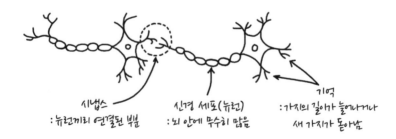

공부: 외부의 자극을 장기 기억에 저장하는 것
→ 물리적인 현상

시냅스
: 뉴런끼리 연결된 부분

신경 세포(뉴런)
: 뇌 안에 무수히 많음

기억
: 가지의 길이가 늘어나거나
새 가지가 돋아남

사과는 맛있어…'로 이어지는 노래를 떠올려보자. 연상 작용의 전형적인 예를 보여주는 노랫말이다. 이런 연상 작용은 기억에서 기억으로 건너뛰는 작용, 즉 시냅스에서 정보가 이동하는 작용을 말한다. 따라서 원숭이 엉덩이를 보고 사과를 떠올리는 것처럼 연상 작용이 활발한 사람은 기억 사이의 정보 전달이 잘되는 사람이다. 다시 말하면 뉴런 간의 시냅스 연결이 잘되어 있는 사람인 것이다.

저장 과정 – 범인은 이 안에 있다

이제부터는 기억의 '저장 과정'이다. 공부란 '외부의 자극이 장기 기억에 저장되는 것'이라고 했다. 그러므로 저장의 과정은 곧 학습이 일어나는 과정이다. 뇌가 무언가를 머릿속에 집어넣는 매뉴얼, 바로 학습 원리인 셈이다. 이 매뉴얼대로 행동하지 않으면 머릿속에 무언가를 집어넣으려 해도 잘 들어가지 않는다.

정해진 패턴을 그려야
스마트폰의 잠금을 해제하듯

뇌의 매뉴얼을 따라야
뇌에 저장할 수 있다

101

여기서 공부 잘하는 사람의 중요한 비밀 한 가지, 그들이 뇌의 매뉴얼에 따라 공부한다는 사실을 눈치챌 수 있다. 이 과정을 충실하게 지키느냐 그렇지 않느냐가 공부 잘하는 사람과 그렇지 않은 사람을 가른다. 학습 원리를 모른 채 책상에 오래 붙어 앉아서 공부하는 것은, 비밀번호를 모르는 금고 앞에 다리가 저리도록 쪼그리고 앉아 아무 번호나 계속 눌러대는 것과 같다. 실력이 기대한 만큼 오르지 않는 이유는 바로 이렇게 공부했기 때문이다.

뇌과학자 제임스 줄James Zull에 따르면 기억이 저장되는 과정은 다음의 4단계를 거친다.

- **① 구체적 경험** : 뇌는 우선 시각, 청각, 후각 등 외부의 자극을 경험한다.
- **② 성찰적 관찰** : 외부의 자극을 경험할 때 원래 자신이 가지고 있었던 정보들과 비교하며 새로운 자극이 가진 의미를 탐색한다.
- **③ 추상적 가설** : 받아들인 정보를 바탕으로 가설을 세우면서 '이 말은 이런 뜻인가?', '이렇게 하라는 이야기인가?' 하고 스스로에게 물음을 던진다.
- **④ 활동적 실험** : 그 가설이 옳은 것인지 행동으로 옮겨서 확인한다. 이 행동의 결과는 또다시 외부의 자극이 되어 구체적인 경험으로 돌아온다.

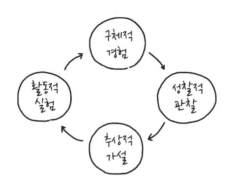

이처럼 4단계가 하나의 사이클로 끊임없이 순환하면서 기억이 저장된다. 뉴런이 자라고 시냅스가 만들어지는 과정이다. 뇌에 무언가를 저장할 때는 어김없이 4단계를 모두 거친다. 뒤집어서 말하면 4단계를 온전히 거치지 않으면 제대로 저장이 되지 않는다는 뜻이다. 공부를 해도 머릿속에 들어가지 않는다는 말이다. 이제부터 이 4단계를 주의 깊게 살펴보자. 이 안에 범인이 있다. 지금까지 소홀하게 여겨온 부분이 틀림없이 있다. 바로 거기가 우리의 발목을 잡은 부분이다. 고등학교를 중퇴했지만 세계적인 자기계발 컨설턴트가 된 브라이언 트레이시Brian Tracy는 이런 말을 했다.

"여러 명의 사람들이 함께 손을 잡고 달릴 때, 그들 전체의 속도는 가
장 느린 사람의 속도에 따라 결정된다."

만약 지금까지 우리의 발목을 잡아온 그 부분을 바꾼다면 우리의

전체 속도가 바뀔 수 있을 것이다.

라면을 끓이면서 배우는
학습 원리

이제부터 모두가 아주 잘 알고 있는 활동, 바로 '라면 끓이기'를 예로 들어 학습 원리를 이야기하고자 한다. 우선 라면을 전혀 끓일 줄 모르는 사람들은 '라면 끓이는 방법'이란 뉴런이 발달되어 있지 않다는 점을 짚고 넘어가고 싶다. 드물긴 해도 라면을 아예 끓일 줄 모르는 사람들이 없지는 않을 것이다. 이런 사람들의 머릿속에는 '라면'이라는 뉴런도 있고, '라면에 달걀을 넣으면 맛있다'라는 뉴런도 있지만, '라면 끓이는 방법'이라는 뉴런이 없다. 그래서 '라면 끓이는 방법'을 공부하면 그동안 머릿속에 '라면 끓이는 방법'을 담당하는 뉴런이 자라고 시냅스가 연결된다. 나는 지금 부엌에서 라면 하나를 집어 왔다. 뒷면에 쓰인 조리법은 다음과 같다.

◯ 라면 끓이는 방법
❶ 물 550ml(3컵 정도)를 끓인 후, 둥근면과 분말스프, 후레이크,

다시마를 넣고 5분간 더 끓입니다.

❷ 이렇게 조리된 라면을 그릇에 담아 맛있게 드십시오.

❸ 삶은 계란과 유부, 계절마다 즐길 수 있는 신선한 채소와 함께
드시면 한층 더 맛있게 드실 수 있습니다.

이제 '라면 끓이는 방법'을 배우면서 기억이 저장되는 4단계를 하
나씩 살펴보자.

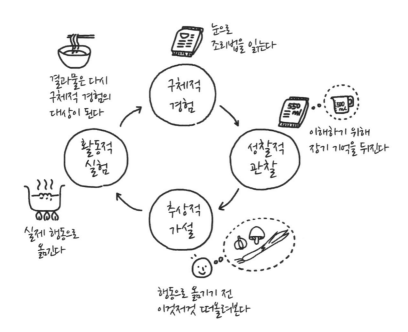

구체적 경험

먼저 조리법을 읽는다. 글이 눈에 들어온다. 시각적인 자극이다. 라면 끓이는 법을 전혀 모르는 사람에게는 이 글이 과학 교과서에 있는 실험 과정과 똑같이 느껴진다. 공부할 때 항상 느꼈듯이 처음 읽으면 머릿속에 곧장 그려지지 않는다. 그저 글씨일 뿐이다. 이것이 바로 뇌의 학습 사이클 중 첫 번째, 구체적 경험이다.

성찰적 관찰

뇌는 조리법을 이해하기 위해 장기 기억을 뒤지기 시작한다. 예를 들어 '물 550ml'라는 부분을 읽으면 예전에 운동할 때 마셨던 500ml 생수병이 떠오르는 식이다. '그 생수병보다 조금 더 넣으면 550ml구나.' 이렇게 이미 알고 있던 내용을 성찰하면서 새로운 정보를 꼼꼼하게 뜯어보는 과정이 성찰적 관찰이다.

　이처럼 성찰적 관찰을 할 수 있는 것은 이미 알고 있는 정보, 즉 사전 지식이 있기 때문이다. 완전하게 모르는 내용을 맞닥뜨리면 '성찰적'으로 관찰하는 것은 아예 불가능하다. 라면을 끓여본 적이 한 번도 없는 사람이 분말스프와 후레이크가 무엇인지 모르면서도 이 조리법을 이해할 수 있는 이유는 적어도 한글은 읽을 수가 있기 때문이다. 그렇다면 태국 라면은 어떨까. 나는 여행에서 기념품으로 태국 라면을 몇 개 사온 일이 있다. 집에 와서 라면을 끓이려고 보니 태국어를 전혀 모르기 때문에 뒷면의 조리법을 보아도 읽을 수가 없었다. 시각적으로 글씨를 '보는' 구체적 경험을 하면서도, 내용을 '이해하는' 성찰적 관찰이 불가능했던 것이다. 하지만 다행히도 그나마 의미를 짐작할 수 있는 부분이 두 군데 있었다. '350'과 '3~4'라는 숫자였다. 나는 그것이 '350ml'와 '3~4분'을 뜻할 거라 생각했고, 무사히 라면을 끓일 수 있었다. 이런 짐작이 가능한 것은 우리나라 라면을 끓여본 사전 지식이 있기 때문이다.

추상적 가설

조리법을 읽었으니 이제 행동으로 옮길 차례다. 우리는 행동으로 돌입하기 전에 머릿속으로 이것저것을 그려본다. '550ml의 물이 들어갈 만한 냄비가 있나?', '신선한 채소와 함께 먹으면 맛있다는데 지금 냉장고 안에 있는 파, 오이, 민트 잎사귀 중 여기에 해당하는 것은 무엇일까?' 이런 식으로 스스로에게 물음을 던지면서 이해한 내용이 맞는지 확인하는 과정이 추상적 가설이다.

활동적 실험

마지막으로 실행의 단계다. 머릿속에서 이해한 대로 행동으로 옮기는 것이다. 하지만 실제로 해보면 조금 전에 구상했던 그림과는 다른 결과가 나오는 경우가 많다. 물을 너무 많이 부었거나 시간에 맞춰 불 끄는 것을 깜빡 잊었기 때문이다. 만약 민트 잎사귀를 함께 넣었다면 어떨까. 그 맛은 상상에 맡기자.

활동적 실험을 거치면 결과물이 나온다. 싱거운 국물, 팅팅 불은 면발, 치약 맛이 나는 라면이다. 우리는 그것을 눈으로 보고, 코로 냄새를 맡고, 혀로 맛을 느낀다. 시각, 후각, 미각으로 접한 결과는 다시 구체적인 경험이 되고, 이 경험을 바탕으로 성찰적 관찰과 추상적 가설이 이어진다. 물을 덜 넣고, 5분을 맞추기 위해 알람을 사용하며, 민트 대신 파를 넣는다. 4단계의 순환이다.

그렇게 몇 차례 더 라면을 끓이면서 라면 끓이는 법을 마스터한다. 이제는 언제나 맛 좋은 라면을 끓일 수 있다. 완전히 학습한 것이다. 그동안 뇌 속에는 '라면 끓이는 법'을 담당하는 뉴런이 자랐고 시냅스가 연결되었다. '라면 끓이는 법'을 장기 기억에 확실히 저장했다는 뜻이다. 이렇게 하기 위해 기억 저장의 4단계 사이클을 온전히 반복했다는 점을 주목해야 한다. 여기서 만약 빠뜨린 과정이 있다면 라면 끓이는 법을 제대로 마스터할 수 없을 것이다. 이를테면 조리법을 읽고 생각만 할 뿐 실제로 끓여보지 않는다거나, 끓인 다음에 한 번도 어떤 맛인지 확인하지 않는다면 절대로 라면을 잘 끓이는 사람이 될 수는 없다는 말이다. 이런 사람이 끓여낸 라면은 싱겁거나, 불었거나, 어쩌면 치약 맛이 날지도 모른다. 대충 엉망으로 끓인 라면이라는 평가를 피할 수 없다.

　라면 끓이는 법을 공부로 바꿔서 생각해보자. 라면 끓이는 법을 마스터하는 과정은, 한 번도 공부하지 않은 과목을 마스터하는 과정과 똑같다. 우리는 책을 읽거나 강의를 듣는 일로 공부를 시작한다. 구체적 경험이다. 그러면서 동시에 사전 지식을 바탕으로 그 내용의 뜻을 이해하려고 애쓴다. 성찰적 관찰이다. 연습 문제를 풀거나 리포트 주제를 놓고 골똘히 생각하면서 '그 내용을 이런 식으로 적용하면 어떨까?' 하고 가늠한다. 추상적 가설이다. 실제로 문제집을 풀고, 답안지를 써보고, 리포트를 작성한다. 활동적 실험이다. 그리고 자신이 내놓은 결과물에 대한 피드백을 채점이나 첨삭, 혹은 칭찬 등의 형태로 받는다. 다시 이어지는 구체적 경험이다.

　이렇게 4단계 사이클을 거치면서 공부한 내용이 머릿속에 저장되고, 그 사이클을 반복하면서 기억이 점점 단단해진다. 만약 어떤 단계를 빠뜨린다면 공부한 내용은 머릿속에 온전히 들어가지 않는다. 싱겁거나, 불었거나, 치약 맛이 나는 라면처럼 대충 엉망으로 공부했다는 평가를 받는다. 학습 원리대로 공부하지 않으면 아무리 많은 돈과 시간을 공부에 쏟아부었다고 하더라도 우리의 실력은 결코 대충 엉망으로 끓인 라면 수준을 벗어날 수 없음을 기억해야 한다.

　기억의 저장 과정은 혼자 공부하는 방법을 이해하기 위한 배경지식이다. 이 부분을 알면 3장 공부 원칙 편이나 5장 멘탈 관리 편의 이야기를 받아들이기가 조금 더 수월할 것이다. 여기서 가장 중요한 점은, 뇌가 기억을 저장할 때는 특별한 매뉴얼이 있는데, 그것을 따르지 않으면 공부를 해도 머릿속에 들어가지 않는다는 사실이다. 많은 사람들이 놓치고 있는 그 부분이 바로 공부 잘하는 사람들이 차이를 만들어내는 지점이다.

혼자 하는 공부를 위한
뇌과학 원리 ❷
: 공부할 때 머릿속에서 일어나는 일

우리가
통신선을 설치한다면

학습 원리를 따라 공부를 할 때 우리의 머릿속에서는 과연 어떤 일이
벌어질까. 우리가 전화 통신선을 설치하는 회사의 총 책임자라고 생
각해보자. 우리나라에 전화기도 없고, 통신선도 아예 없는 상태라고
가정하고 처음으로 설치를 하는 것이다. 그러면 다음의 순서를 따라
우리나라 전역에 통신선이 확대된다.

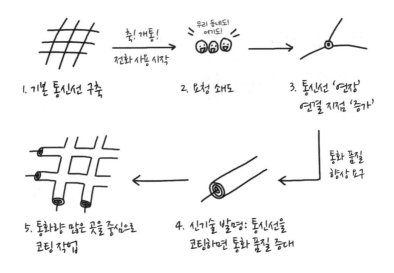

1. 기본 통신선 구축　2. 요청 쇄도　3. 통신선 '연장' 연결 지점 '증가'

축! 개통! 전화 사용 시작

우리 동네도! 여기도!

통화 품질 향상 요구

5. 통화량 많은 곳을 중심으로 코팅 작업

4. 신기술 발명: 통신선을 코팅하면 통화 품질 증대

❶ 우선 기본 통신선을 구축한다. 전화 판매는 통신선이 어느 정도 깔린 다음에 시작된다. 예를 들어 서울처럼 사람이 많은 지역부터 통신선을 설치한 뒤에 광고를 내는 것이다. '축! 서울 지역 개통 완료! 이제 당신도 전화를 사용할 수 있습니다!'

❷ 사람들이 전화를 사용하기 시작하면서 하나둘씩 요청이 밀려든다. 자기 동네에도 통신선을 놓아달라거나 다른 시도 간에도 통화가 가능하게 해달라는 요구들이다. 우리는 사람들의 요청을 바탕으로 통신선을 설치하는 작업을 계속한다. 즉, 사람들의 요구가 많은 곳부터 직원을 보내 통신선을 놓는 것이다.

❸ 통신선이 설치된 지역이 점점 늘어난다. 그 과정에서 두 가지 일이 생긴다. 통신선이 길어지고 통신선 간의 연결 지점이 증가한

다. 서울시 중랑구까지 설치되었던 통신선이 경기도 구리시까지 연장되고, 서울 지역의 통신선과 부산 지역의 통신선이 만난다. 통신선의 연장과 연결, 이 두 가지 작업을 통해 우리나라의 구석 구석까지 빠짐없이 통신선이 완비되면 드디어 전국의 모든 사람들이 전화로 소식을 주고받을 수 있게 된다.

❹ 그런데 전국의 통화량이 늘어나면서 사람들의 요구가 새로운 국면을 맞이한다. 통화 품질을 개선해달라는 불만이 접수되는 것이다. 이런 요구는 주로 통화량이 많은 구간에서 들어온다. 많은 사람들이 통신선을 사용하다 보니 과부하가 걸려 통화가 자꾸 느려지거나 끊기는 현상이 발생하기 때문이다. 우리는 문제를 해결하기 위해 개선 방법을 모색하다가 기막힌 해결책을 찾아낸다. 통신선을 특수한 물질로 감싸면 통화 품질이 좋아진다는 사실을 발견한 것이다. 구리선을 피복으로 감싸듯이 통신선을 특수 물질로 감싸면 전기 신호가 밖으로 새지 않고 고스란히 전달되었다. 더 두껍게 감쌀수록 효과는 더 컸다.

❺ 즉시 회사에 새로운 팀을 만든다. 통신선을 코팅하는 팀이다. 이 팀의 직원들은 이미 놓인 통신선을 찾아다니며 특수한 물질로 감싸는 일만 한다. 작업의 우선순위는 통화량에 따라 정해진다. 우리나라에 놓인 통신선들은 통화량에 비례해 점점 두꺼워진다. 결과적으로 어느 지역에 사느냐에 따라 각각 이용하는 통신 서비스의 수준이 차이가 난다. 두꺼운 통신선이 설치된 구간의 사람들

끼리는 통화 품질이 깨끗하고 연결도 빠른 반면, 아직 코팅이 되지 않은 구식 통신선을 사용하는 사람들은 그렇지 못한 것이다. 어쨌거나 우리는 꾸준히 한 가지 원칙, 사람들의 요구와 통화량에 따라 통신선을 연장 또는 연결하거나 코팅하는 작업을 계속해 나간다.

뉴런, 시냅스, 미엘린

만약 어렵지 않게 통신선 설치 이야기를 이해했다면 공부할 때 우리의 머릿속에서 일어나는 일을 이해하는 데도 아무 문제가 없다. 이 이야기는 그대로 우리의 머릿속에서 일어나는 일이기 때문이다. 우리나라 전체는 우리의 뇌를, 통신선은 뉴런을, 통신선 사이의 연결은 시냅스를, 그리고 코팅용 특수 물질은 미엘린Myelin을 말한다. 사람들 간의 전화 통화는 뇌 속에서 일어나는 정보의 전달이며 통신선이 확장되는 과정은 공부할 때 머릿속에서 일어나는 과정과 같다.

사람은 태어날 때 많은 뉴런을 가지고 태어난다. 앞으로 어떻게 사용될지 모르는, 무한한 가능성을 가지고 있는 뉴런들이다. 마치 전화판매를 개시하기 전에 미리 구축해놓은 통신망과 같다. 나이를 먹으면서 일부 뉴런이 저절로 사라지는 것은 사실이지만, 우리는 여전히

114

셀 수 없이 많은 뉴런을 가지고 있고, 평생 그러할 것이다. 잠재력이 계속 무한하다는 증거다.

공부는 '외부의 자극을 장기 기억에 저장하는 것'이라고 했다. 공부를 시작하면 우선 외부의 자극들이 밀려든다. 책에서 본 시각적 자극이든, 귀로 들은 청각적 자극이든 마찬가지다. 그 자극들은 뉴런을 타고 머릿속을 돌아다닌다. 이때 새로운 정보를 저장할 곳을 찾거나, 정보들끼리 인연을 맺는 과정에서 뉴런이 변한다. 새로운 뉴런이 만들어지고, 기존의 뉴런이 길어지며, 뉴런끼리 연결되어 시냅스가 생긴다. 마치 전화 사용자가 늘어나면서 통신선을 놓아달라는 요구가 빗발치는 것과 같다. 통신선이 설치된 지역이 점점 늘어나면 통신망이 확대된다. 통신선이 연장되고 통신선끼리 연결된다. 뉴런의 연장과 연결이다.

공부를 하는 동안 우리는 같은 내용을 반복해서 접한다. 인터넷 강의를 1.5배속으로 반복 청취할 수도 있고 책에서 외운 내용을 문제집에서 자꾸 만날 수도 있다. 이렇게 정확히 같은 것을 반복할 때 그 정보와 관련된 바로 그 뉴런에는 미엘린이라는 물질이 생긴다. 미엘린을 생물학적으로 설명하면 '뉴런의 축삭 돌기를 감싸고 있는 절연 물질'이지만, 이러한 설명보다 중요한 것은 미엘린의 역할이다. 뇌에서 정보는 뉴런을 타고 아주 약한 전기 신호의 형태로 전달된다. 구리선에 전기가 찌르르 흐르는 것과 같다. 그런데 전기 신호는 뉴런을 타고 전달되는 도중에 새어버리기도 한다. 당연히 정보가 중간에서 흐지 부지되거나 느리게 전달될 것이다. 하지만 우리가 무언가를 정확하게 반복하면 미엘린이라는 물질이 정보가 흐르는 뉴런의 표면을 감싸기 시작한다. 피복으로 구리선을 감싸듯이 말이다. 미엘린이 뉴런을 감싸면 전기 신호가 덜 새고, 그렇기 때문에 신호는 더 강하게 전달된다. 결국 정보는 뉴런을 타고 더 확실하고 빠르게 이동한다. 마치 통화량이 많은 구간을 중심으로 통화 품질을 개선하기 위해 통신선을 특수한 물질로 코팅하는 것과 같다.

　미엘린의 형성 과정을 '임진왜란'과 '1592년'을 예로 들어 설명해보자. '임진왜란이 1592년에 일어났다'라는 문장을 처음 읽으면 머릿속에 '임진왜란'과 '1592년'을 연결하는 가느다란 길이 생긴다. 그 길을 구성하는 뉴런에는 전기 신호가 약하게 흐를 것이다. 그래서 누가 "임진왜란이 언제 일어났지?"라고 물어도 "그게 언제였더라?" 하고 기억

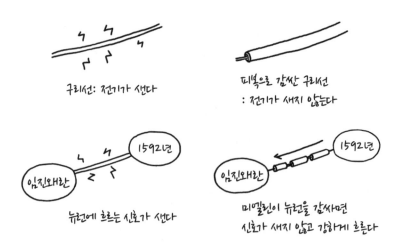

구리선: 전기가 샌다

피복으로 감싼 구리선
: 전기가 새지 않는다

뉴런에 흐르는 신호가 샌다

미엘린이 뉴런을 감싸면
신호가 새지 않고 강하게 흐른다

을 더듬어야 한다. 정보가 새어버린다는 말이다. 하지만 '임진왜란이 1592년에 일어났다'라는 내용을 반복해서 공부하면 뉴런의 표면을 미엘린이 조금씩 감싸게 되고 정보가 점점 더 온전하게 전달된다. '임진왜란'과 '1592년'을 연결한 길이 뚜렷해진다는 뜻이다. 그리고 계속 그 길을 통해 반복해서 정보를 주고받으면 미엘린이 점점 두꺼워져 '임진왜란'과 '1592년'이라는 정보 사이에는 굉장히 확실하고 빠르게 신호가 흐른다. 마침내 "임진왜란이 언제 일어났지?"라는 구체적인 질문을 받지 않더라도, 거북선이나 행주산성처럼 임진왜란과 관련된 무언가를 떠올리기만 해도 머릿속에서는 저절로 '1592년'이 생각나기에 이른다.

우리 뇌는 누구나
공부를 잘할 수 있다고 말한다

공부할 때 뇌에서 일어나는 일을 정리하면 다음과 같다. 사람들은 누구나 엄청나게 많은 뉴런을 뇌 속에 가지고 태어난다. 공부를 시작하면 정보가 뇌 속으로 흘러들어와 뉴런을 타고 이동한다. 정보들은 장기 기억에 저장되기도 혹은 그렇지 못하고 흩어지기도 한다. 우리가 계속 공부를 하고, 그 방식이 학습 원리에 들어맞는다면 뇌 속의 뉴런은 연장되고 연결된다. 우리나라 구석구석까지 거미줄처럼 통신망이

깔리듯 뉴런과 시냅스는 풍성해진다. 만약 뇌에 정확히 같은 정보가 반복되어 같은 뉴런에 전기 신호가 자주 흐르면 그 뉴런을 감싼 미엘린이 점점 두꺼워진다. 두꺼운 미엘린이 감싼 뉴런은 정보를 강하고 빠르게 전달하며, 뇌는 미엘린이 두꺼운 부분과 관련된 정보를 굉장히 잘 처리하게 된다.

이제 외부로 시선을 옮겨 다른 사람들을 떠올려보자. 우리 주위에는 숫자 암산이 빠른 사람이 있다. 영어 원서를 줄줄 읽는 사람도 있다. '법률 제정 절차'라는 말을 듣자마자 ① 국회의원 또는 정부의 법률안 제출 ② 국회 상임 위원회 심사 ③ 국회 본회의 의결 ④ 의결은 재적 의원 과반수 출석과 출석 의원 과반수 찬성 ⑤ 대통령 공포 ⑥ 공포 20일 경과 후 효력 발생'의 단계를 줄줄 외우는 사람도 있다. 하지만 그들이 특별한 재주를 타고나서 그런 것은 아니다. 그 어떤 사람도 처음부터 '사칙 연산 전용 뉴런'이나 '영어 독해 전문 뉴런'을 옵션으로 달고 태어나지 않는다. 누구나 태어날 때는 개통 준비를 마친 똑같은 통신망을 가지고 태어나는데, 다만 그들은 그 통신망으로 사칙 연산이나 영어 독해와 관련된 통화를 더 많이 했을 뿐이다. 마찬가지로 만약 어떤 분야든지 간에 보통 사람들보다 나은 지식이나 기술, 요령을 갖춘 사람이 있거든 그 역시 태어날 때부터 그것을 전문으로 다루는 뉴런을 가지고 태어난 것이 아니다. 그저 오로지 반복을 통해 그 부분의 뉴런, 시냅스, 미엘린이 발달되었을 뿐이다.

요컨대 공부할 때 머릿속에서는 뉴런이 길어지고, 뉴런끼리 연결되며, 뉴런을 감싼 미엘린이 두꺼워지는데, 정확히 같은 신호가 반복해서 흐를 때만 미엘린이 두꺼워진다. 여기서 기억해야 할 것은 이 이야기가 주는 의미다. 우리는 무한한 잠재력이 있는 뇌를 가지고 태어났다. 우리의 뇌는 공부를 할수록 성능이 좋아진다. 그러므로 뇌과학이 증명하건대, 우리도 똑같이 공부를 잘할 수 있다. 방법만 틀리지 않는다면 말이다. 그렇다면 우리가 잘못한 것은 무엇인지, 공부할 때 흔히 놓치고 있는 것들을 무엇인지 이어서 살펴본다.

우리가 놓치고 있던 것들 ❶

: '진짜 집중'의 의미

우리는 다른 사람들이
어떻게 공부하는지 전혀 알 수 없다

지금까지 기억이 저장되는 과정과 공부할 때 머릿속에서 일어나는 일을 살펴보았다. 뇌가 작동하는 매뉴얼이다. 이제부터는 학습 원리를 바탕으로 우리가 지금까지 매뉴얼의 어떤 부분을 놓치고 공부했는지 짚어보고자 한다. 우선 앞에서 이야기한 '우리는 사실 다른 사람들이 어떻게 공부하고 있는지 전혀 알 수 없다'라는 말의 의미를 좀 더 자세히 설명해본다.

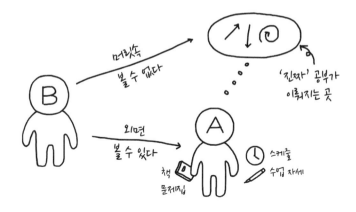

여기 A와 B가 있다. A는 공부를 굉장히 잘한다. B는 그런 A를 똑같이 따라 함으로써 A만큼 공부를 잘하겠다고 결심한다. 둘은 같은 교실에 있어 B는 A의 일거수일투족을 치밀하게 관찰할 수 있다. B가 살펴보니 A는 우선 수업 시간에 선생님의 설명을 굉장히 잘 듣는다. B에게는 그 모습이 새삼 의미 있게 다가온다. 수능에서 전국 수석을 차지한 학생들이 '교과서를 중심으로 학교 수업에 충실했다'라고 입을 모아 말했던 것도 떠오른다. B는 이제부터 수업 시간에 바른 자세로 집중하겠다고 결심한다. 또한 B는 A가 보는 책도 똑같이 보기로 한다. 참고서나 문제집을 고를 때도 일체의 고민 없이 A가 쓰는 것을 그대로 따라 산다. 그뿐만 아니다. A가 공부하는 스케줄 역시 놓칠 수 없다. 한 과목을 붙잡고 있는 시간이라든지, 하루에 나가는 진도도 얼추 비슷하게 하려는 것이다. 이제 B는 A와 같은 수업을 같은 자세로 듣고, 같은 참고서를 같은 속도로 본다고 생각하니 마치 든든한 내비

게이션을 따라가는 것 같아 마음이 편하다. A가 아는 것을 똑같이 알면 A와 같은 결과를 얻을 수 있을 테니 말이다. 그런데, 정말 그렇게 될까.

B가 모르고 있는 사실이 한 가지 있다. B뿐만 아니라 대부분의 사람들이 미처 깨닫지 못하고 있는 사실이다. 공부에 있어서 어떤 책을 보느냐, 누구의 강의를 듣느냐보다 중요한 것은 따로 있다. 바로 '작업하는 방식'이다. 명필은 붓을 탓하지 않고 좋은 목수는 연장을 탓하지 않는다는 말을 들어본 적이 있을 것이다. '작업을 하는 방식'은 도구가 아니라 사람에게 달려 있음을 강조하는 속담이다. 공부도 마찬가지다. 게다가 공부는 붓글씨나 목공예와 근본적으로 다른 지점이 있다. B가 A를 따라 하기 힘든 이유이며, A와 B의 차이가 '타고난 머리'라고 오해되는 원인이다. A가 '작업하는 방식', 즉 공부하는 방법은 눈에 보이지 않는다는 점이다.

공부는 머릿속에서 일어나는 일이다. 붓글씨는 어떻게 붓이 움직이는지 눈에 보이고, 목공예도 어떻게 연장을 다루는지가 눈에 보인다. 하지만 강의를 듣고, 밑줄을 긋고, 문제집을 푼다고 해도 공부 자체는 온전히 머릿속에서 이루어지는 작업이기 때문에 눈에 보이지 않는다. 단지 의자에 앉아 있는 자세, 정성이 깃든 노트 필기, 책장이 넘어가는 속도 등을 살펴 다른 사람의 작업 방식을 추정할 뿐이다. 그렇기 때문에 같은 교실에 똑같이 바른 자세로 앉아 있는 A와 B를 보면 사람들은 '같은 작업'을 하고 있다고 추정한다. 그리고 비슷한 성적이 나올 것이라고 예측한다. 하지만 그런 예측은 들어맞지 않는다. B는 A와의 간격을 쉽사리 좁히지 못한다. 많은 사람들이 여기서 '같은 작업'을 했음에도 불구하고 결과가 차이 나는 것은 '타고난 머리'가 다르기 때문이라고 쉽게 단정 지어버리지만, 지금까지 살펴본 바와 같이 그런 단정은 잘못되어도 한참 잘못되었다. 예측이 틀린 것은 전제 자체가 틀렸기 때문이다. A와 B가 하는 것이 '같은 작업'인지 아닌지는 다른 사람들은 알 수 없다. 그들의 진짜 움직임은 겉으로는 보이지 않는다.

만일 B가 '타고난 머리'를 핑계 삼아 포기하는 것이 아니라, 어떻게 해야 더 잘할 수 있을지를 고민해서 '작업하는 방식'을 개선한다면 어떻게 될까. B가 A와의 간격을 좁히는 일이 가능할까? 당연하다. 이는 우리가 다닌 학교에서, 우리가 속한 직장에서, 우리가 머무는 수험가에서 무수하게 일어나는 일이다. 그리고 그때가 되면 B는 겉모습뿐만 아니라 머릿속에서도 A와 비슷한 방식으로 공부를 하고 있을 것이다. 그 방식이 무엇인지 우리는 이미 앞에서 확인했다.

뇌의 기억 저장 매뉴얼을 따르고 뇌의 성능이 향상되는 방법을 따르는 것.

B의 이야기는 모든 사람들에게 해당된다. A처럼 되고 싶다면, 아니 A를 훌쩍 뛰어넘어 우리가 될 수 있는 최대한의 존재가 되려면 뇌가

작동하는 매뉴얼과 뇌의 성능이 향상되는 방법을 따라야 한다. 하지만 지금까지 그렇게 해오지 않았다. 바로 이 부분이 문제다. 공회전空回轉이라는 말이 있다. 자동차의 바퀴가 헛도는 것이다. 공회전을 하면 엔진에 부하가 걸리고 연료도 소모되지만 차는 한 발짝도 앞으로 나가지 않는다. 뇌가 일하는 방식을 따르지 않으면서 무작정 노력을 기울이는 것은 엔진이 과열되어 연기가 날 정도로 자동차 바퀴를 공회전시키는 것과 같다. 아무리 애를 써도 제자리를 벗어나지 못한다.

지금까지
공부를 못했던 이유

공부란 외부의 자극을 장기 기억에 저장하는 것이다. 뇌가 기억을 저장하는 과정을 충실히 따라야 공부한 내용이 머릿속에 잘 들어간다. 그리고 그 과정은 구체적 경험, 성찰적 관찰, 추상적 가설, 활동적 실험의 4단계로 이루어져 있다. 이와 같은 학습 원리 사이클에서 많은 사람들이 제대로 하지 않고 있는 부분을 한 가지 꼽자면 성찰적 관찰을 들 수 있다. 자세히 살펴보면 다음과 같다.

성찰적 관찰은 새롭게 받아들인 정보를 자기가 이미 알고 있는 지식과 비교 및 대조함으로써 새로운 정보가 뜻하는 바를 이해하는 단계다. 이러한 성찰적 관찰은 퍽 의식적으로 이루어져야 할 작업이다.

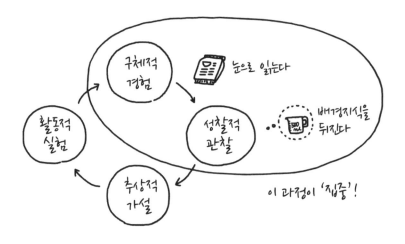

구체적
경험

눈으로 읽는다

성찰적
관찰

배경지식을
뒤진다

활동적
실험

추상적
가설

이 과정이 '집중'!

라면 끓이는 법을 배울 때 조리법 중에 '물 550ml를 끓인 후…'라는 내용이 있었다. 550ml의 양이 어느 정도인지 가늠하려면 일부러 머리를 굴려야 한다. 그래야지만 '500ml짜리 생수병보다 조금 더 많은 양이라는 나름의 깨달음을 통해 '550ml'라는 정보의 의미를 스스로 매듭짓고 넘어갈 수 있다. '물 550ml를 끓인 후…'라는 부분을 눈으로 읽는 동안 머릿속으로 그 의미를 떠올려보지 않고 지나간다면, 마치 난해한 영어 문장을 그냥 입으로만 줄줄 읽으면서 넘어가는 것과 같다. 당연히 머릿속에 그 의미가 들어갈 리 없다.

이처럼 **구체적 경험이 일어날 때 성찰적 관찰을 하도록 애쓰는 것, 이것이 바로 '집중'**이다. 사실 학교, 강의실, 군대, 직장 등 여러 곳에서 '집중하라'는 말을 많이 사용하지만 그 말이 무엇을 의미하는지 정확하게 아는 사람은 드물다. 그러면 어떻게 해야 집중하는 것일

125

까. 허리를 바짝 세우고 시선을 한곳으로 고정시키면 집중일까. 그렇지 않다. 말소리 하나하나를 귀에 똑똑히 새겨듣는 것이나, 글자 하나하나를 사진 찍듯이 외우는 것도 진짜 집중이 아니다. 진짜 집중이란 '550ml'라는 내용을 읽으면서 머릿속으로는 그 의미를 더듬는 것, 그래서 사전 지식을 뒤져 '500ml짜리 생수병'을 떠올리는 것이다. 그런데 안타깝게도 공부할 때 집중하지 않는 사람이 너무나 많다. 보다 정확히 이야기하면 오히려 제대로 집중하는 사람이 드물다. 제대로 집중하려면 책을 읽거나 강의를 듣는 동시에 뇌 속에서 '이 부분은 지난번에 배운 내용과 이렇게 연결되는구나', '이 내용은 저 내용과 이렇게 차이가 나는구나' 하는 생각을 부지런히 해야 한다. 그렇게 부지런히 집중하는 만큼만 기억 저장 사이클에 들어가기 때문이다.

사람들은 정말 공부를 못하는 학생을 보면서 아예 '이해가 되지 않는다'라는 반응을 보이는 경우가 있다. "얼마나 많이 설명했는데 그 쉬운 걸 이해 못하니?", "지금 네가 몇 학년인데 아직 그런 것도 모르니?"라며 어이없어 한다. 어떻게 그럴 수 있느냐고? 간단하다. 하루 12시간을 강의실에 앉아 있더라도 듣는 내내 성찰적 관찰을 하지 않으면 된다. 한마디로 우이독경牛耳讀經, 한 귀로 듣고 한 귀로 흘린다는 말이다. 그렇게 드라마 OST를 듣듯이 강의를 들으면 강의 내용이라는 청각적 정보가 기억 저장 사이클 안으로 편입되지 않는다. 아무리 오랜 시간을 책상 앞에 앉아 책을 읽고 강의를 들어도 성찰적으로 관찰하지 않는 한 아무 소용이 없다.

저절로
외워지는 것은 없다

종종 '시간이 지나면 저절로 외워지기를 기대하며' 공부하는 사람들이 있다. 무의식적인 반복으로 의식적인 성찰적 관찰을 때우려는 생각이다. 그런 사람들은 반복해서 책을 읽고 반복해서 강의 파일을 듣다 보면, 마치 『심청전』의 심봉사가 하루아침에 눈을 뜨듯 공부한 내용이 머릿속에서 저절로 확 트일 것이라고 생각한다. 하지만 그런 기대는 틀렸다. 공부는 그렇게 하면 안 된다. 그렇게 하는 공부가 100% 소용없다고 이야기하는 것은 아니다. 여가 시간에 취미로 쉬엄쉬엄 책을 읽는 사람은 그렇게 해도 아무 상관없다. 하지만 만약 시험을 보든, 취직을 하든, 실력을 기르든 간에 어떤 목적을 가지고 공부하고 있다면 그런 방식으로는 절대 성공할 수 없다. 심지어 '일부러 외우지 않아도 저절로 기억된다'라고 말하는 야마구치 마유山口真由의 『7번 읽기 공부법』에도 똑같이 적용되는 이야기다. 야마구치 마유는 도쿄대 재학 중 사법 시험과 고등 공무원 시험을 합격하고 대학을 수석으로 졸업한 사람이다. 그녀가 자신의 공부 방법으로 밝힌 노하우는 오로지 독학, 그리고 외워질 때까지 반복해서 읽기였다. 골치 아프게 낑낑대며 머리를 쓸 필요 없이, 많이 읽기만 한다면 저절로 외워진다니 누구나 귀가 솔깃할 만한 이야기다. 하지만 야마구치 마유의 노하우 안에도 이미 성찰적 관찰이 당당하게 들어 있다는 사실을 이미 귀를 빼앗겨버린 사람들은 눈여겨보지 않는다. 그녀는 『7번 읽기 공부법』에서 이렇게 말했다.

"능동적 읽기로 뇌를 작동시킨다. 머릿속에 그저 정보를 흘려 집어넣던 처음과는 달리 '이렇게 이해하면 될까?'라고 자문자답을 하면서 읽는다. 읽기 횟수가 증가함에 따라 수동적 읽기에서 능동적 읽기로 점층적인 변화가 이루어진다. 7번 읽기는 기계적으로 글자를 머릿속에 옮기기만 하는 작업이 아니다. 통독을 하는 중에도 의식하지는 않지만 사고는 정확하게 작동하면서 정보를 계속 정리하고 있다."

『7번 읽기 공부법』의 예를 보면서 애써 머리를 쓰지 않더라도 계속 반복만 하면 저절로 외워질 것이라 기대하는 사람들이 있지만, 정작 그녀는 느긋한 태도로 공부에 임한 적이 단 한 번도 없다. 무엇보다 '통독을 하는 중에도 계속 정보를 정리'한다는 표현에 주목해야 한다. 다시 말해 무조건 읽으면 무조건 외워진다고 말하는 야마구치 마유도 사실은 '그냥 읽기만' 한 것이 아니라는 말이다.

성찰적 관찰이 무엇인지, 집중해서 공부한다는 말이 무슨 의미인지 아주 명확하게 드러나는 대목이 하나 있다. 나는 이 대목만큼 성찰적 관찰 작업을 잘 표현한 부분을 보지 못했다. 사법 시험 합격기의 일부분이다. 이 합격기의 주인공은 학력고사에서 전국 수석을 차지하고, 서울대를 수석으로 입학한 뒤, 사법 시험 역시 수석으로 합격했다. 이쯤이면 '공부의 신'이라고 불러도 아깝지 않을 것이다. 그는 남들과 같은 교실에 앉아 있으면서도 남들과 다른 압도적인 결과를 어떻게 냈을까.

"나의 경우는 교과서를 읽으면서 그 페이지의 개념이나 법리가 몇 페이지에 나오는 무슨 내용과 관련이 있는지, 또는 그 근거를 나타내는 문장이 어느 것인지 등을 찾기 위해 노력하고, 교과서 자체에 있는 내용을 가지고 서로 연관시키며, 기본 개념이나 법리와의 관련 속에서 체계화시키려는 몇 마디 메모들을 기입했다."

합격기에서는 바로 이 대목을 가리켜 '나는 이렇게 집중했다'라고 말했다. 진짜 집중의 의미가 무엇인지 경험적으로 깨달았다는 이야기다. 밑줄 친 부분을 세어보자. 하나의 문장 안에 명백히 성찰적 관찰 작업임을 알 수 있는 표현이 몇 개나 들어 있는지 말이다. 끊임없이 현재 읽고 있는 새로운 정보를 이미 알고 있는 다른 정보들과 연관을 지어가며 공부했던 것이다.

'집중'하고 있음을 알 수 있는 표현: 능동적 읽기, 자문자답
근거는 무엇일까? 연관? 관련?

129

앞의 문장을 깊이 음미하지 않는 사람은 도덕 교과서처럼 당연한 말이 아니냐고 할지도 모른다. 하지만 실제로 실천하는 일이 얼마나 힘든지 알면 생각이 달라질 것이다. 일반적으로 법학을 공부하는 사람들은 법학 교과서를 앞에서부터 차례대로 쭉쭉 읽어나간다. 어떤 교수는 "방법론을 가지고 고민하지 말고 매일 도서관에 가서 하루 100페이지씩 읽어"라고 단순하게 조언하기도 했다. 시간당 10페이지를 읽는 속도로 꼬박 10시간을 책상에 붙어 있어야 읽어낼 수 있는 분량이다. 그런데 법학 서적은 대학 전공 서적 중에서도 특히 두꺼운 축에 속한다. 1,000페이지는 보통이고 2,000페이지가 넘는 책도 있다. 이 말은 곧 쉬지 않고 하루 10시간씩 공부해도 2,000페이지짜리 책 한 권을 읽어내는 데 20일이 걸린다는 뜻이다. 단지 한 과목의 교과서가 그렇다. 몇 과목의 교과서를 합쳐서 쌓으면 어마어마한 높이가 된다. 그저 전 과목을 한 번 쭉 읽기만 하는 데도 두 달이 훌쩍 넘어가는 것이다. 그래서 공부할 때 진도를 밀리면 안 된다는 부담감이 굉장히 심하다.

앞의 합격기에서는 교과서를 읽으면서 관련된 부분들을 계속 찾아보았다고 했다. 페이지를 앞뒤로 계속 넘겨보았다는 말이다. 당연히 진도가 거북이처럼 느려질 수밖에 없다. 당연한 듯 보이는 공부 방법을 실제로 실천하기 힘든 이유고, 실제로 실천하는 사람이 적은 이유이며, 동시에 합격기의 주인공을 '공부의 신'으로 만든 비결이다. 그러니 성찰적 관찰을 하느라 진도가 느려지더라도 걱정할 필요가 없다. 어차피 진정한 진도란 하루에 읽어 넘긴 페이지의 양이 아니라 머릿속에 저장한 정보의 양이다.

학습 원리 사이클을 온전히 따라야 공부한 내용이 머릿속에 저장된다. 그런데 많은 사람들이 성찰적 관찰 단계를 놓친다. 성찰적 관찰을 대충 하기 때문에 공부를 해도 기대만큼 실력이 오르지 않는다. 이런 실수를 되풀이하지 않으려면 혼자 공부할 때 어떻게 해야 할까. **진짜로 '집중'해야 한다.** 책을 읽고 강의를 들을 때 적극적으로 달려들고 흘려 넘기지 말아야 한다. 지금 보고 듣는 내용이 다른 어떤 부분과 연관되는지 계속 머리를 굴려야 한다. 귀찮아 보여도, 진도가 느려 보여도 바로 그 작업을 해야 머릿속에 들어간다. 편하지 않은 일이지만 이렇게 '집중'한다면 분명 달라진다. 생각하며 공부하는 느낌, 실력이 눈덩이처럼 불어난다는 느낌을 당장 체험할 것이다. 결과적으로는 지금까지보다 훨씬 적은 시간을 공부에 쏟으면서도 훨씬 많은 것을 머릿속에 남길 수 있다. 저절로 외워지는 것은 없다. 그러니 진짜로 '집중'하자.

우리가 놓치고 있던 것들 ②
: 배우고 또 익혀야 '진짜 공부'다

논어의 첫 구절과
학습 원리 사이클의 상관관계

『논어論語』의 첫 구절이다.

學而時習之 不亦說乎

학이시습지 불역열호

배우고 때때로 익히면 또한 즐겁지 아니한가.

『논어』는 공자의 제자들이 공자가 남긴 말을 모아 그것으로 만든 책이다. 공자가 누구인가. 공부가 좋아서 '먹는 것도 잊고 나이 드는 것마저 잊었다(發憤忘食 不知老之 발분망식 부지노지)'는 공부의 달인이다. 『논어』의 첫 구절은 그런 공자를 대표할 만하다. '배우고 때때로 익힌다'라는 한마디 안에 학습 원리 사이클이 응축되어 있기 때문이다. 공부할 때 학습 원리 사이클을 온전히 따르고 있는지 확인해보고 싶으면 '학이시습지'를 기억하면 된다.

이런 사람들이 있다. 공부를 굉장히 열심히 한다. 책상에도 오래 앉아 있고, 자세도 바르고, 노트 필기도 꼼꼼하다. 모범생 스타일이다. 그런데 막상 배운 부분을 설명해보라고 하거나, 궁금한 점을 질문하라고 하면 머릿속이 하얗게 백지가 된다. 한 발 더 나아가 과제 자체를 스스로 기획하는 프로젝트성 과제를 하게 되면 아예 '꿔다놓은 보릿자루'처럼 거의 아무것도 하지 못한다. 이런 사람들을 ①번 타입이라고 하자. 이와는 정반대의 사람들도 있다. 질문을 적극적으로 한다. 호기심이 많아 보인다. 조별 과제든 직장 내 아이디어 브레인스토밍이든 회의를 하게 되면 "이렇게 하면 어떨까? 저렇게 하면 안 될까?" 말도 많이 꺼낸다. 여기까지는 좋다. 그런데 무슨 말을 하는지 가만히 뜯어보면 그 내용이 엉망이다. 생각하지 않고 그냥 손에 잡히는 대로 집어던지듯이 말을 꺼낸다는 인상을 지울 수 없다. 이런 사람들을 ②번 타입이라고 하자.

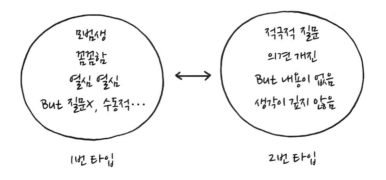

1번 타입   2번 타입

  의외로 이런 사람들이 많다. 완전한 ①번 타입이나 완전한 ②번 타입까지는 아니더라도, 대략 그런 타입에 속하는 사람이라고 기준을 낮춰 생각하면 훨씬 더 많이 찾을 수 있다. 자기 자신이 어디에 속할지 잠깐 생각해도 좋다. 둘 중 어디에도 속하지 않는다고 자신 있게 말할 수 있는 사람은 흔치 않다. 아무래도 주입식 교육이 주를 이루는 우리나라에서는 ②번 보다는 ①번 타입의 사람들이 조금 더 많긴 하다. 왜 이런 치우침이 나타날까? 학습 원리 사이클 중에서 한쪽 절반에만 치중하기 때문이다. 사실 뇌과학자들에 따르면 뇌의 구조는 학습 원리 사이클의 4단계를 2개씩 쪼개기 쉽다고 한다. '구체적 경험 - 성찰적 관찰'이 그 절반, '추상적 가설 - 활동적 실험'이 나머지 절반이다. 그래서 같은 묶음끼리는 작업이 다소 쉽게 이어지지만, 틈이 벌어진 곳, 즉 성찰적 관찰에서 추상적 가설로 이어지는 것은 조금 어렵다.

공부의 두 날개, 배움과 익힘

구체적 경험과 성찰적 관찰은 '배움'에 가깝다. 읽거나 들으면서 공부한 내용을 이해하는 과정이다. 책 읽기와 강의 듣기를 좋아하는 사람을 우리는 흔히 '배우기를 좋아하는 사람'이라고 한다. 구체적 경험을 할 때, 즉 읽거나 들을 때, 동시에 머릿속에서 성찰적 관찰, 즉 사전 지식과 비교 및 대조하는 것은 자연스럽다. 물론 성찰적 관찰도 의식적으로 이루어져야 하는 작업이긴 하지만 '물 550㎖'라는 내용을 읽을 때 머리를 조금만 굴려도 500㎖ 생수병은 자연스럽게 떠오른다.

추상적 가설과 활동적 실험은 '익힘'에 가깝다. 수학 공식이나 영어 문법을 이해했는지 확인하는 익힘 문제를 푼다고 생각해보자. 머리로는 '이렇게 대입해보면 되나?', '이 말이 이렇게도 해석되나?' 하고 끊임없이 가설을 세우는 동시에 손으로는 직접 펜을 움직이는 활동을 한다. 풀다가 막히면 다시 가설을 세우고 그 가설에 따라 다시 푸는 활동이 이어진다. 문제 풀이를 생각해보면 추상적 가설과 활동적 실험이 자연스럽게 이어진다는 것을 잘 알 수 있다.

배움은 배움끼리, 익힘은 익힘끼리 쉽게 이어지는 반면, 배움과 익힘 사이에는 뛰어넘어야 할 틈이 있다. 다시 말해 성찰적 관찰과 추상적 가설의 사이에는 문제 풀이나 프로젝트 과제 같은 어떤 계기가 필요하다는 뜻이다. '알고 있는 것들을 적용해 이 문제를 해결하라'는 외부의 지시가 없다면 스스로 '삼각형의 오심 정리'나 '현재 완료 시제와 과거 시제의 차이'를 떠올려보는 사람은 많지 않다. '미필적 고의에 대한 리포트를 제출하라'는 형법 교수의 지시가 없는데 혼자서 범죄 사례를 머릿속에서 꾸며본 뒤 미필적 고의인지 아닌지 판단하며 시간을 보내는 사람도 별로 없다. 요컨대 배운 것을 익히려면 일부러 애를 써야 한다는 뜻이다.

앞에서 이야기한 두 가지 타입의 사람들을 생각해보자. ①번 타입은 상대적으로 구체적 경험과 성찰적 관찰에 익숙한 사람들이다. 책에 있는 텍스트와 강의에서 들은 내용을 그대로 암기하는 것은 잘한다. 문제는 그렇게 긁어모은 지식들이 낱개 포장된 과자처럼 따로따로 돌아다닌다는 점이다. 그것들을 주물럭거려 재구성하는 일, 완전

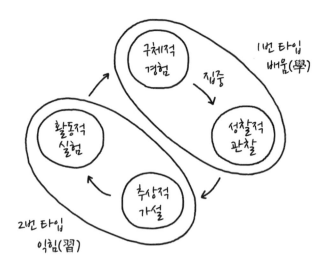

히 새로운 것을 기획하는 일은 굉장히 힘들어한다. 응용력과 기획력이 부족하다고도 할 수 있다. 이는 추상적 가설과 활동적 실험을 소홀히 했기 때문에, 즉 배움은 있었지만 익힘이 부족했기 때문에 나타난 현상이다. 공부할 때 의문점을 가져보지 않았든, 문제집을 많이 풀어보지 않았든, 리포트나 프로젝트처럼 기획이 필요한 과제를 멀리했든 이유는 다양할 수 있다. 이런 사람들이 ①번 타입에서 벗어나려면 자신이 지금까지 하지 않았던 작업들을 해야 한다.

반대로 ②번 타입은 추상적 가설과 활동적 실험은 열심히 하지만 상대적으로 구체적 경험과 성찰적 관찰이 약한 사람들이다. 배우지는 않으면서 혼자서 익히려고 애쓰는 식이다. 자료를 깊이 있게 찾아보는 일은 생략한 채 자기 생각만으로 리포트를 쓰는 사람과 같다. 이렇게 작성한 리포트는 소위 '썰'에 불과하다. 내용에 알맹이가 없다. 이런 사람들이 ②번 타입에서 벗어나려면 진득하니 책을 읽고, 강의를 듣고, 읽고 들은 것을 외우며 지식을 쌓아야 한다. 즉, 책상에 좀 더 붙어 앉아 흔히 생각하는 '공부'를 해야 하는 것이다. '집중'해서 공부하는 시간을 늘리는 것이 답이다.

새가 두 날개로 날듯 공부를 잘하려면 배움과 익힘이 모두 필요하다. 그것은 곧 학습 원리 사이클의 4단계를 모두 따르는 일이기도 하다. 배움과 익힘을 모두 갖추지 않는 한 공부를 잘할 수 없는데, 놀랍게도 바로 이런 상태를 공자는 2,500년 전에 이미 알고 있었다. 그래서 『논어』의 다른 부분에는 이런 경고가 등장한다.

學而不思卽罔 思而不學卽殆

학이불사즉망 사이불학즉태

배우기만 하되 생각하지 않으면 사리 판단이 어둡고,

생각만 하되 배우지 않으면 위험하다.

수동적으로 배우기만 할 뿐 그것을 자기 것으로 체화하지 않으면
그저 지식만 많은 사람이 되고, 혼자서 공상만 할 뿐 엄정하게 쌓아놓
은 지식을 습득하지 않으면 사람 잡는 돌팔이 의사처럼 위험해진다
는 의미다.

공부 잘하는 모든 사람은
일부러 틈을 뛰어넘는다

①번 타입과 ②번 타입에 대한 이야기를 통해 그동안 무엇을 놓쳤는
지 알 수 있다. 놓쳤던 부분을 다시 가져와야 한다. 어떻게 해야 혼자
공부할 때 배움과 익힘을 둘 다 놓치지 않을 수 있을까. 학습 원리 사
이클의 4단계를 모두 이행하는 핵심은 성찰적 관찰과 추상적 가설 사
이의 틈을 일부러 뛰어넘는 데 있다. 즉, 혼자서 공부할 때 익히려는
시도를 의식적으로 많이 하면 된다.
　방법이야 무수히 많지만, 그것들을 관통하는 원칙은 하나다. 무언가

를 배운 뒤에 알고 있는지 스스로 확인하는 것이다. ① 읽는다 ② 외운다 ③ 외웠는지 확인한다'의 원리가 여기에도 적용된다. 문제집을 풀고, 노트에 써보고, 친구에게 설명하고, 마인드맵을 그려보거나, 정리하는 글을 남길 수도 있다. 아니면 가장 간단하고 단순한 방법인 '책 덮고 공부하기'도 있다. 요컨대 ③번에 해당하는 모든 시도가 '익힘'에 속한다.

공부를 잘하는 모든 사람은 익힘에 강하다. 공부를 잘한다는 것 자체가 이미 배움과 익힘 사이에 놓인 틈을 뛰어넘어야 가능한 일이기 때문이다. 익히는 동안 자신이 부족했던 부분이 발견되고, 그 부분을 보충하면서 점점 완벽해진다. 공부를 잘하지 않을 도리가 없다. 익힘의 강력한 힘을 명확하게 보여주는 예를 살펴보자. 영화를 감상한 뒤에 수다를 떨어본 적이 있을 것이다. 혹은 책을 읽고 나서 독서 감상문을 썼던 경험도 있을 것이다. 그냥 보기만 하고 끝낸 영화와 수다를

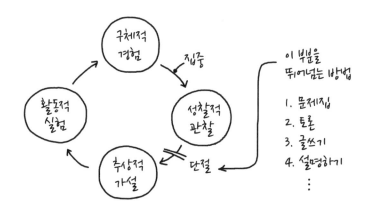

떤 영화 중 시간이 흐른 뒤에 어떤 것이 더 기억에 잘 남는가. 그냥 읽고 덮은 책과 독서 감상문을 썼던 책 중 시간이 흐른 뒤에 어떤 것이 더 기억에 잘 남는가. 대부분 후자다. 후자는 배움을 넘어 익힘의 단계까지 나아갔기 때문이다. 배우고 익혀야 비로소 학습 원리 사이클을 온전히 돌고 기억에 저장된다.

내가 대학생 때 학교에 보건소가 있었다. 가깝고 진료비도 쌌기 때문에 감기 같은 잔병치레를 할 때는 늘 보건소를 찾았다. 그곳에서는 젊은 공중 보건의들이 주로 진료를 했는데, 그들에게는 일반 병원의 의사들과는 확실히 다른 점이 한 가지 있었다. 바로 진료를 할 때 엄청나게 상세히, 심지어 내가 알아들을 수 없는 내용까지 설명해주는 것이었다. 예를 들어 몸살 때문에 보건소를 찾았을 뿐인데 이런 식으로 설명을 했다. "몸살입니다. 약은 A, B, C를 처방해드릴 텐데요, A는 어떤 성분으로 이루어졌고 특징은 이것인데 이런 부작용이 있고요, 같이 처방드리는 B는 어떤 성분인데……" 처음에는 보건소 의사들이 유난히 친절하다고만 생각했다. 그런데 어느 날 보건소를 같이 갔던 친구가 진료받는 모습을 보더니 이렇게 말하는 것이었다. "자기들 공부하려고 설명을 길게 하네." 가르치는 사람보다 더 잘 배울 수는 없다는 말이 있다. 남을 가르치는 것은 굉장히 강도가 높은 익힘 활동이다. 다른 사람을 가르치다 보면 자신이 확실하게 알고 있는 부분과 그렇지 않은 부분을 금세 알 수 있다. 그 어떤 사람도 자신의 머릿속에 있지 않은 것을 가르칠 수는 없기 때문이다.

그때 문득, 나도 고등학교 때 친구들에게 설명을 많이 해주었다는 사실이 기억났다. 질문을 받을 때마다 아주 상세하게 알려주곤 했는데, 심지어 연관된 내용이 있으면 물어보지 않더라도 적극적으로 가르쳐주었다. 왜 그랬을까. 물론 친구들과 잘 지내고 싶다는 생각이 기본이었다. 하지만 거기에 덧붙여 나는 그때도 한 가지를 더 알고 있었다. 한번 가르쳐보면 그 내용은 잘 잊어버리지 않는다는 사실을 말이다. 답을 얻은 친구들은 나에게 고마워했지만, 나도 역시 질문해준 친구들이 고마웠다. 자그마한 요령이다. 혼자 공부할 때 자꾸 잊어버리는 부분이 있으면 일부러라도 누군가에게 가르쳐보자. 가르친 것은 잊어버리지 않는다. 경영학자 애덤 그랜트Adam Grant는『기브 앤 테이크Give and Take』에서 "많이 주는 사람이 성공한다"라고 단언했다. 이 말은 공부에서도, 학습 원리적인 측면에서도 맞는 이야기다.

우리가 놓치고 있던 것들 ③

: 두루뭉술한 공부는 이제 그만

'정확히 같은 신호'를
'반복'한다는 것

점수가 비슷한 사람들 중에도 더 실력이 있는 사람이 있다. 같은 학과의 동기 중에도 더 실력이 있는 사람이 있다. 함께 과제를 하는 학점이 비슷한 친구 중에도 더 실력이 있는 사람이 있다. 우리는 그 사실을 안다. 점수나 등급이나 학점으로는 드러나지 않지만 분명 더 뛰어난 사람이 있다. 똑같은 공부를 하면서도 왜 이런 차이가 나는 것일까. 마지막으로 미엘린의 형성이라는 측면에서 지금까지 놓치고 있던 것을 짚어보려고 한다.

앞서 언급했듯 미엘린은 뉴런을 감싸고 있는 절연 물질이다. 미엘린이 두꺼워질수록 뉴런은 전기 신호가 새는 일 없이 빠르고 강하게 정보를 전달한다. 취업 면접에서 곤란한 질문을 받아도 요령 있게 대답하는 것, 수학 올림피아드에 나올 법한 어려운 문제를 만나도 쓱쓱 푸는 것, 두꺼운 인문학 고전을 흥미롭다며 술술 읽는 것. 세상에 존재하는 모든 탁월함들은 이 두꺼운 미엘린이 만들어낸 기적이다.

미엘린은 정확히 같은 전기 신호가 반복되어 뉴런을 타고 흐를 때 한 겹씩 두꺼워진다. 거듭 말하지만 **'정확히 같은 신호'의 '반복'**이다. 여기서 지금까지 놓치고 있던 것이 드러난다. '정확히 같은 신호'여야 하고 그것이 '반복'되어야 한다. 공부에 자신이 없는 것은 둘 중 하나, 또는 두 가지 모두를 놓치고 있기 때문이다. 그중 '반복'에 대해서는 3장 공부 원칙 편에서 상세하게 이야기하고, 여기서는 '정확히 같은 신호'에 주목하려고 한다. 정확히 같은 신호의 의미를 설명하기 위해 골프를 예로 들어보자.

골프 실력의 향상에 있어 가장 중요한 동작은 스윙이다. 간단해 보

'정확히 같은 신호'를 '반복'해야 미엘린이 형성된다

이지만 그 하나의 동작을 위해 사람들은 돈과 시간을 쏟아붓는다. 팔의 각도, 몸통을 돌리는 동작, 공을 때리고 난 후의 자세, 심지어 열 손가락으로 골프채를 어떻게 쥐는지까지 하나하나가 모두 중요한 문제다. 가장 이상적인 동작을 익히기 위해 사람들은 조금씩 자세를 교정하며 하루에도 수백 번씩 스윙 연습을 한다. 언제 어떤 곳에서 스윙을 하더라도 이상적인 동작과 똑같이 움직이는 것이 그들의 목표다. 실제로 실력 있는 골프 선수들은 동작이 한결같기에 스윙을 하는 장면을 수천 번 찍어 겹쳐놓아도 한 장면처럼 보인다. 이렇게 정확히 같은 동작을 하기 위해 끊임없이 교정을 받는데, 이것이 바로 정확히 같은 신호를 보내는 연습이다.

100점이라도
다 같은 100점이 아니다

공부를 할 때도 다르지 않다. 정확히 같은 신호를 보내야 그것과 관련된 뉴런의 미엘린이 두꺼워진다. 중학교 때 우리는 '삼각형 내각의 합은 180도'를 배웠다. 그런데 그 내용에 대해 보내는 신호의 정확도는 사람마다 다르다. 굉장히 정확하게 이해를 한 사람도 있을 것이다. 수학 교과서에 나온 대로 증명 과정을 쓰면서 삼각형 내각의 합이 180도라는 사실을 다른 사람들에게 설명할 수 있을 정도로 말이다. 하지만

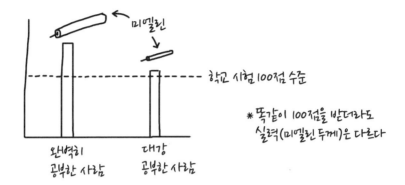

미엘린

학교 시험 100점 수준

＊똑같이 100점을 받더라도
실력(미엘린 두께)은 다르다

완벽히
공부한 사람

대강
공부한 사람

증명 과정을 대강 눈으로만 읽고 두루뭉술하게 이해한 뒤 삼각형 내각의 합은 180도라는 결론만 외우고 넘어간 사람도 있을 것이다. 당연히 이 두 사람의 뉴런에 형성된 미엘린의 두께는 다르다.

어쩌면 학교에서 치른 중간고사의 시험 문제는 완벽한 증명 과정을 묻지 않았을 확률이 높다. 문제가 쉬웠다는 말이다. 그래서 정확하게 같은 신호를 보낸 사람과 두루뭉술하게 신호를 보낸 사람이 똑같이 100점을 받았을지도 모르고, 구태여 정확하게 신호를 보내야 할 필요성을 느끼지 못했을 수도 있다. 하지만 같은 100점이라고 하더라도 두 사람의 실력은 절대로 같지 않다. 이번 시험에서 실력의 차이가 드러나지 않았을 뿐이다. 만약 문제가 어려웠다면 당장 점수에서 유의미한 차이가 났을 것이다. 이것이 수능에서 해마다 문제의 난이도에 따라 상위권에게 불리하니, 중위권에게 유리하니 소리가 나오는 이유다. 사람들은 당장 점수가 잘 나오면 기뻐하지만 그건 잘못된 태도다. 두루뭉술하게 공부하고도 성적이 괜찮았다면 그저 운이 좋았을 뿐이라고 생각해야 한다. 길게 보아 결국 성과는 자신의 진짜 실력에 수렴하기 때문이다.

문제가 어렵게 출제되고, 보다 능력 있는 사람들이 모인 집단에 속하고, 상급 학교와 높은 직급으로 올라갈수록 실력의 차이가 드러나기 마련이다. 중학생 때는 성적이 괜찮았는데 고등학생이 되자 슬슬 떨어지는 친구를 본 적이 있을 것이다. 동기로 입사했는데 연차가 쌓일수록 업무 실력이 쭉쭉 느는 사람을 본 적이 있을 것이다. 정체된 사람과 계속 올라가는 사람의 차이다. 10년 동안 짜장면을 만들어도 솜씨가 제자리인 동네 중국집 주방장이 있고, 허드렛일부터 시작했지만 일류 레스토랑의 셰프가 되는 사람이 있는 이유다. 매 순간 두루뭉술하게 대강 신호를 보낸 사람과 정확하게 같은 신호를 보낸 사람은 그렇게 차이가 난다. 미엘린은 거짓말을 하지 않는다.

혼자 공부하는 사람은 어떻게 해야 미엘린이 두꺼워질까. 두루뭉술하게 대강 하고 싶은 유혹을 이겨내고 정확한 신호를 보내는 것이 핵심이다. 첫째, 출발부터 정확하게 공부하는 습관을 들여야 한다. 예컨대 '엔트로피 법칙'이나 '한계 효용 체감의 법칙'처럼 처음 등장한 개념을 배울 때는 마치 시계를 분해했다가 제자리에 정확히 부품을 끼우는 장인의 심정으로 공부해야 한다. 단 하나의 낱말도 놓치지 말고 완벽하게 이해해야 한다는 뜻이다. 작은 부품이 하나만 빠져도 시계는 가지 않는다. 공부도 그렇게 엄격하게 해야 한다. 둘째, 시간을 만들어 일부러 정확하게 공부하는 연습을 하면 좋다. 예전에 영어 선생님이 한 줄 한 줄 쓰면서 독해하는 연습을 시킨 적이 있다. 한 문단쯤 되는 영어 문장을 주고 번역가가 된 듯 정확하게 우리말로 옮겨 쓰라는 지시였다. 처음에는 독해 문제를 푸는 것과 별 차이가 없을 줄 알았는데 직접 해보니 의외로 쉽지 않았다. 보통 수능 영어 문제나 토익 RC 문제를 풀 때는 지문을 대강 읽으면서 문제의 답을 맞히는 수준으로만 독해를 하기 쉽다. 시험에 대비하는 방식으로 공부하기 때문이다. 그런데 이런 식으로 계속하면 정확하게 독해하는 실력이 길러지지 않고, 나중에 긴 문장이나 영어 원서를 읽어야 할 때 따라가기가 어렵다. 이처럼 공부해야 할 모든 부분에 완벽을 기하기 어려운 경우에는 시간을 만들어 일부러 정확하게 같은 신호를 보내는 연습을 하는 편이 유용하다.

물론 정확히 같은 신호를 보내는 일이 쉽지는 않다. 요리사가 무를 1mm 간격으로 균일하게 써는 일이 어찌 쉽겠는가. 당연히 틀리지 않도록 집중해야 가능하다. 시계를 분해하듯 꼼꼼하게 공부하면 시간이 오래 걸린다고 걱정할 수도 있다. 하지만 우리는 뇌의 매뉴얼대로 공부할 수밖에 없다. 이 방법은 실력이 빨리 늘지만 진도가 느리고, 저 방법은 진도가 빠른 대신 기억에 잘 남지 않는다고 생각하면 안 된다. 그냥 이 방법은 효과가 있고 저 방법은 효과가 없는 것이다. 뇌가 움직이는 방식대로 하지 않아 효과가 없고 기억에 남지 않는데, 이런 상황에서 정해놓은 진도를 따라가는 것이 무슨 의미가 있을까. 정확히 같은 신호를 보내되, 그것을 더욱 빨리, 그리고 자주 보내는 방법을 찾는 것만이 우리에게 남은 선택지다. 장담하건대 지금까지 놓쳤던 이런 방법들을 적용시켜 혼자 하는 공부를 시작한다면 실력은 결국 더 빨리 향상될 것이다.

학습 원리

▶ 공부란 '외부의 자극을 뇌 속의 장기 기억에 저장하는 것'을 말한다.

▶ 감각 기억은 시각이나 청각 등 감각으로 잠깐 느낀 뒤 사라지는 기억으로 초단기 기억이라고도 한다. 단기 기억은 몇 분에서 몇 시간쯤 지속되는 기억으로 작업 기억이라고도 한다. 장기 기억은 하루 이상 지속되는 오래가는 기억이다.

▶ 기억이 저장되는 것은 물리적인 현상이다. 기억은 뇌 속의 뉴런에서 일어나는 일인데, 기억이 생기면 뉴런의 모양이 변한다. 뉴런과 뉴런의 연결 부분을 시냅스라고 한다.

▶ 기억의 저장은 4단계 '① 구체적 경험 ② 성찰적 관찰 ③ 추상적 가설 ④ 활동적 실험'이 하나의 사이클로 끊임없이 순환하면서 일어나는 바, 4단계를 온전히 거치지 않으면 공부를 해도 제대로 저장이 일어나지 않는다. 뇌가 기억을 저장하는 매뉴얼인 셈이다.

▶ 우리는 사실 다른 사람들이 어떻게 공부하고 있는지 전혀 알 수가 없다. 공부는 머릿속에서 이루어지는 작업이기 때문이다. 공부를 잘하려면 겉모습을 따라 할 것이 아니라 뇌의 매뉴얼을 따라 공부해야 한다.

▶ 사람은 많은 뉴런을 가지고 태어난다. 공부를 시작하면 외부의 자극이 뇌 안으로 들어오면서 뉴런이 변하고 시냅스가 생긴다. 그런 가운데 같

149

은 자극이 반복되면, 그 자극과 관계된 뉴런에 미엘린이 생긴다.

▶ 미엘린은 '뉴런의 축삭 돌기를 감싸고 있는 절연 물질'이다. 정확히 같은 신호가 뉴런에 흐를 때 뉴런을 감싼 미엘린이 두꺼워지고, 미엘린이 두꺼워질수록 뉴런에서 전달되는 신호가 빨라진다. 암산, 영어 독해를 비롯한 모든 분야에서 탁월함을 만드는 것은 뉴런과 미엘린이다.

▶ 미엘린은 정확한 신호가 반복될 때 두꺼워지므로 두루뭉술하게 공부를 하면 아무리 오랜 시간을 앉아 있어도 미엘린이 두꺼워지지 않는다. 개념을 정확하게 이해하고, 일부러 정확하게 공부하는 연습을 해야 한다.

▶ 구체적 경험이 일어날 때 성찰적 관찰을 하도록 애쓰는 것, 즉 지금 공부하는 내용이 다른 어떤 부분과 연관되는지 계속 생각하는 것이 '집중'이다. 성찰적 관찰을 하지 않으면 공부를 하더라도 뇌의 기억 저장 사이클에 들어가지 않으므로 머릿속에 남지 않는다. 생각하지 않는데 저절로 외워지는 것은 없다.

▶ 구체적 경험과 성찰적 관찰은 '배움'에 가깝다. 추상적 가설과 활동적 실험은 '익힘'에 가깝다. 우리 뇌는 구조상 '배움'과 '익힘'의 두 부분으로 쪼개지기 쉽게 생겼다. 하지만 공부를 잘하려면 배움과 익힘이 모두 필요하다.

▶ 공부를 잘하는 사람은 익힘에 강하다. 배움을 넘어 익힘으로 나아가고자 한다면 의식적인 시도를 해야 한다. 토론, 글쓰기, 문제집 풀이, 다른 사람을 가르치기, 책을 덮고 공부하기 등이 익힘에 속한다.

▶ 더 많이 '집중'하고, 미엘린에 정확한 신호를 '반복'하고, 자기가 모르는 부분을 '골라내어' 익혀야 뇌의 매뉴얼을 따르는 공부라고 할 수 있다. 그리고 이것들은 모두 혼자 공부할 때 더 효과적인 공부 방법이다.

지금 공부하는 내용이 다른 어떤 부분과 연관되는지
계속 생각하는 것이 '집중'이다.
집중하지 않으면 공부를 하더라도 머릿속에 남지 않는다.
생각하지 않는데 저절로 외워지는 것은 없다.
더 많이 '집중'하고, 미엘린에 정확한 신호를 '반복'하고,
자기가 모르는 부분을 '골라내어' 익혀야
뇌의 매뉴얼을 따르는 공부라고 할 수 있다.
그리고 이들은 모두 혼자 공부할 때 가장 잘할 수 있는 일들이다.

CHAPTER 3

공부 원칙

원칙이 요령을 이긴다

──────『혼자하는 공부의 정석』세 번째 편은 '공부 원칙'이다. 이제 구체적으로 어떻게 공부해야 하는지를 이야기할 차례다. 여기서는 자잘한 요령이 아니라 굵직굵직한 원칙을 중심으로 접근한다. 원칙을 실천하기 위한 세부적인 요령들을 함께 제시하겠지만 핵심은 원칙에 있다. 왜 요령이 아닌 원칙일까. 간단하다. 원칙이 요령을 이기기 때문이다. 세상에는 수많은 공부법들이 있지만, 대부분 핵심적인 원칙을 개별적인 상황에 적용시켜 만들어낸 요령에 불과하다. 얼핏 보아 대단히 효과적인 것처럼 느껴져도 실제로 따라 해보면 별로 만족스럽지 않다. 자신에게 맞는 공부법을 찾으려는 노력이 지금껏 효과가 없었던 이유는 원칙이 아닌 요령들 사이에 매몰되었기 때문이다. 방향을 모르면 방황한다.

첫 번째 원칙은 '운동'이다. 단언컨대 공부의 시작이 운동이어야 하는 이유를 설명한다. 두 번째 원칙은 '목표'다. 목표를 설정하는 방법과 그 목표를 뚜렷하게 만드는 방법을 제시한다. 세 번째 원칙은 '반복'이다. 모든 공부법을 포함한 단 하나의 궁극적인 비결인 반복의 힘을 살펴본다. 네 번째 원칙은 '몰입'이다. 몰입의 3가지 조건을 통해 공부의 질을 비약적으로 높이는 방법을 이야기한다. 마지막 원칙은 '틈틈이'다. 잘 것 다 자고 놀 것 다 놀면서도 공부를 잘할 수 있는 요령을 보여준다.

이 가운데서 코로나로 인해 갑자기 혼자 공부하는 시간이 늘어난 이들이 특히 주목해야 할 원칙은 운동과 몰입이다. 신체의 활동량이 줄어들면 뇌도 덜 활성화된다. 의식적으로 몸을 움직이는 시간이 반드시 필요하다. 또한 혼자 있는 시간은 곧 방해받지 않고 몰입도를 끌어올릴 수 있는 시간이다. 몰입의 원칙을 적용하기에 이보다 더 좋은 기회는 흔치 않다.

이상의 5가지가 혼자 공부하는 모든 사람을 위한 공부 원칙이다. 흔들리지 않는 원칙이 무엇인지 알고 실천하는 사람은 공부하는 방법을 고민할 필요가 없다. 방향이 맞으면 반드시 닿을 것이기 때문이다.

혼자 하는 공부의 원칙 ❶
운동

: 운동하지 않았다면 책을 펴지 마라

단언컨대
공부의 시작은 운동

무라카미 하루키, 정조 대왕, 레오나르도 다빈치, 마오쩌둥, 도올 김용옥, 버락 오바마…

모두 훌륭하고 유명한 사람들이다. 살았던 시대도, 나라도 다른 이들의 공통점은 무엇일까? 모두 운동에 일가견이 있다는 점이다.

『상실의 시대』와 『1Q84』를 쓴 무라카미 하루키는 영국 도박사들이 노벨 문학상 수상자를 예측할 때 해마다 1, 2등을 다투는 세계적인 소설가다. 하지만 동시에 그는 유명한 마라토너이기도 하다. 매년 보스

턴 마라톤을 비롯한 마라톤 풀코스에 참여하며, 달리기에 대한 책도 펴냈다. 하루키는 어느 에세이에서 이미 자신의 묘비명에 새길 글귀를 정해두었다고 밝혔다. "작가, 그리고 러너Runner. 적어도 끝까지 걷지는 않았다." 1949년생인 그는 예순 살이 넘어서는 마라톤도 모자라 수영과 사이클을 덧붙인 철인 3종 경기로 종목을 확장했다.

수원 화성을 건설하고 조선 후기의 르네상스를 이끌었던 개혁 군주 정조 대왕은 사실 당대 최고의 무인이기도 했다. 조선 시대에는 활을 쏘는 단위를 순巡이라고 불렀다. 화살 5발이 1순이다. 조선 시대의 국방 체계에서 가장 중요한 무기는 활이었는데, 보통 3순, 즉 15발을 쏘아 그중에서 8발을 과녁에 맞추면 활을 잘 쏘는 사람으로 인정받았다. 그렇다면 정조 대왕의 활쏘기 실력은 어땠을까. 공식 기록에 의하면 그는 10순, 즉 50발의 화살을 쏘아 49발을 명중시켰다고 한다. 나머지 한 발도 못 맞춘 것이 아니다. 49발을 연달아 맞춘 이후에 마지막 한 발은 겸손의 의미로 일부러 다른 곳에 쏘았다.

레오나르도 다빈치Leonardo da Vinci는 화가이자 과학자, 공학자로서 만능형 천재의 대표적인 사람이다. 하지만 그토록 천재적인 생산성을 뒷받침하기 위해 얼마나 몸을 튼튼하게 단련했는지는 잘 알려져 있지 않다. 레오나르도 다빈치는 굉장히 힘이 세어서 한 손으로 말고삐를 컨트롤할 수 있었다고 전해진다. 피렌체에서 힘으로 둘째가라면 서러워할 장사였던 것이다.

마오쩌둥毛澤東은 파란만장한 삶을 살다 간 중국의 국가 주석이다.

베이징의 천안문 정중앙에 걸려 있는 거대한 초상화 속 인물이 바로 마오쩌둥이다. 한번은 그가 건강이 좋지 않다는 소문이 돌았다. 권력자의 중병설은 언제나 큰 이슈가 되기 마련이다. 그래서 그는 자신이 멀쩡하다는 것을 보여주기 위해 옷을 벗고 양쯔강에 뛰어들었다. 무려 30리(약 12km)를 유유히 헤엄쳐 양쯔강을 건넌 뒤 이렇게 일갈했다. "사람들은 양쯔강이 크다고 한다. 크다고 해서 무서워할 건 없다. 이 세상에는 큰 것들이 많다. 따지고 보면 별것도 아닌 것들이다." 이 사건이 있었던 날은 1966년 7월 12일, 그때 마오쩌둥의 나이는 73세였다.

도올 김용옥은 책과 강의를 통해 많은 가르침을 준 우리 시대의 철학가이자 사상가다. 1948년생인 그가 2000년 이후 펴낸 책만 꼽아도 50권이 훌쩍 넘는다. 강의와 방송을 병행하며 쏟아낸 지적 결과물들이다. 어떻게 그렇게 많은 일들을 할 수 있었을까. 그 비결은 철저한 체력 관리에 있었다. 도올 선생의 집에는 체력 단련용 평행봉이 있다. 학교 운동장에나 있을 법한 철제 평행봉이다. 그는 지금도 그 평행봉 위에 올라가 스윙을 하고 물구나무를 선다.

마지막으로 미국 최초의 흑인 대통령 버락 오바마Barack Obama의 이야기다. 그는 자서전 『내 아버지로부터의 꿈Dreams from My Father』에서 젊은 시절에 자신은 상습적인 마약 복용자였으며 성적 역시 좋지 않았다고 고백했다. 그러던 어느 날, '육체의 건강이 정신의 건강을 낳는다'라는 말에 느낀 바가 있어 매일 3마일(약 5km)을 달리기 시작했다. 그렇게 시작한 운동이 오바마의 삶 전체를 바꾸었다. 그가 대통령이 되기 전, 선거 운동을 하며 전국을 돌아다닐 때 수행원들이 해야 할 가장 중요한 일 중 하나는 헬스클럽 예약이었다. 꼭두새벽이나 한밤중이라도 오바마가 매일 90분의 운동을 거르지 않았기 때문이다. '운동하지 않은 날은 버린 날이다'라고 단언할 정도였던 오바마는 대통령 취임식을 하던 당일에도 백악관에서 운동을 했다.

'혼자 하는 공부의 원칙'을 이야기하면서 공부와는 거리가 멀어 보이는 '운동'으로 문을 연 것을 다소 의아하게 생각할지도 모르겠다. 실은 나도 운동의 중요성을 깨닫기 전에는 공부와 운동이 아무 관계가 없는 줄 알았다. 고등학교 시절이었다. 공부를 굉장히 잘하는 사람들은 당연히 운동을 안 하는 '샌님'일 거라 생각하면서 '혹시 나중에 서울대 들어가면 운동부 주장을 하는 건 아닐까?' 하고 농담했던 기억이 난다. 그즈음 내가 담임 선생님에게 허락을 받고 야간 자율 학습 중인 밤 9시에 학교 운동장을 20바퀴씩 뛰었기 때문일 것이다. 그렇게 달리고 나면 공부가 잘됐다. 나는 단지 내가 그렇게 땀을 흘려야 공부가 잘되는 특별한 체질인 줄 알았다. 진리를 경험하면서도 그것이 진리인 줄 몰랐던 셈이다.

'공부만 잘하는 샌님'이라는 나의 선입견이 얼마나 말도 안 되는 착각인지는 대학에 들어간 후에 바로 깨달았다. 막상 대학을 와보니 나의 운동 실력은 동기들 사이에서 중간에도 미치지 못했던 것이다.

157

샌님은커녕 운동을 잘하고, 즐기고, 챙기는 사람들이 수두룩했다. 수능에서 전국 수석을 차지했던 선배는 고등학교 때부터 헬스클럽을 다녀 몸이 액션 영화배우 같았고, 재학 중에 공인 회계사 시험에 합격한 다른 선배는 아예 보디빌딩 대회에 나가 입상을 했으며, 어린 시절 수영 선수까지 했던 동기는 스포츠 댄스나 발레 같은 춤을 끊임없이 배우러 다녔다. 아침에는 교내 복합 체육 시설에 학생들이 가득했고, 저녁에는 4km짜리 캠퍼스 순환 도로에서 달리기를 하는 기숙사생들이 줄을 이었다. 나는 그제야 알았다. 땀을 흘려야 공부가 잘 되는 것은 나뿐만 아니라 모든 사람에게 해당되는 이야기라는 사실을 말이다.

혼자 공부하는 모든 사람을 위한 첫 번째 공부 원칙은 운동이다. 단언컨대 공부의 시작은 운동이며, 공부를 잘하고 싶은 사람은 운동부터 해야 한다. 한번 생각해보자. 조금 전에 언급한 유명한 사람들이 바쁜 일정 중에 '운동까지 했음에도 불구하고' 성공한 것일까? 아니다. 정반대다. 그들은 운동을 했음에도 불구하고 성공한 것이 아니라, '운동을 했기 때문에' 성공할 수 있었다. 여기서 운동이 꼭 헬스클

그들은 운동을 <u>했음에도 불구하고</u> 성공했다
(X)
↓
그들은 운동을 <u>했기 때문에</u> 성공했다
(O)

158

럽을 다니거나 수영장에 등록하는 일을 의미하지는 않는다. 엄청나게 많이 걷든, 집에서 맨손 체조를 하든, 쉴 새 없이 몸을 움직이든 무관하다. 혹시 지금 운동하지 않고도 성공한 사람이 갑자기 생각난다면 이 말을 해주고 싶다. 만약 그 사람이 지금부터라도 운동을 한다면 더 크고 더 오래 성공을 유지할 수 있을 거라고.

운동을 잘하는 사람이 공부도 잘한다

혼자 공부하는 모든 사람은 만사를 제쳐놓고 운동을 첫 번째 공부 원칙으로 삼아야 한다. 많은 사람들이 이를 간과하면서 운동을 그저 '하면 좋은 것' 정도로 생각하고 있다. 이렇게 첫 단추부터 잘못 꿰기 때문에 사람들의 실력은 제자리를 맴돈다. 운동이 이토록 중요한 이유는 간단하다. 모든 독립의 기초는 경제적 독립이듯, 모든 능력의 기본은 육체적 능력이기 때문이다. 공부, 예술, 영업, 인간관계, 집안 살림살이 등 분야를 막론하고 어떤 것이든 간에 무언가를 잘하고 싶으면 육체적인 탁월성이 먼저다. 약한 체력을 가지고 지속적으로 높은 수준의 탁월성을 내는 것은 말 그대로 불가능하다.

정말 그렇다는 사실을 살펴보기 위해 머리만 있으면 될 것처럼 보이는 일을 두 가지만 꼽아보자. 먼저 바둑이다. 바둑은 근력, 지구력,

유연성 같은 낱말과는 관계가 없고 그저 가만히 앉아서 바둑알을 들 힘만 있으면 둘 수 있을 것 같다. 과연 그럴까? 나는 옛날에 '왜 최고로 강한 바둑 기사가 흰 수염이 긴 할아버지가 아니라 말끔한 젊은 사람인지'가 궁금했다. '바둑을 잘 두려면 경험이 많아야 하고, 경험은 세월에 비례해서 쌓이니, 나이가 많을수록 잘 두어야 하는 것이 아닐까?' 하고 생각했던 것이다. 이 의문은 우리나라 바둑의 초대 국수國手 조남철 선생이 했던 말을 듣고 풀렸다. "나이가 들면 체력이 떨어져 30수 앞을 내다보기 힘들다. 젊은 사람들에게 체력에서 밀린다. 그래서 나이가 들수록 등산이라도 하면서 체력을 기르는 사람이 승률이 높다."

다음으로 글쓰기를 보자. 글쓰기 역시 가만히 앉아서 펜만 움직이면 충분하고, 오로지 머리만 있으면 된다고 사람들은 흔히 생각한다. '지적인 노동'이라는 말이 그런 생각을 대변하는 표현일 것이다. 하지만 정작 글을 쓰는 작가들의 이야기는 전혀 다르다. 원래 재즈 바를 경영했던 무라카미 하루키가 가게를 접고 전업 작가의 길로 들어서면서 제일 먼저 결심한 일이 하루 10km 달리기였다. 그는 『직업으로서의 소설가』에서 '지속성을 유지하기 위해 제일 중요한 것은 육체적인 단단함'이라고 말했다. 『노인과 바다』를 쓴 어니스트 헤밍웨이 Ernest Hemingway는 아예 권투로 몸을 단련했고, 소설가 김연수 역시 스스로를 일컬어 '달리는 소설가'라고 부른다. 글쓰기에 있어서 운동이 얼마나 중요한지는 소설가 조정래의 사례를 보면 더 확연히 깨달을 수 있다. 그는 대하소설 3부작 『아리랑』, 『태백산맥』, 『한강』을 완성하기 위해 22년 동안 하루 15시간씩 글을 썼다. 그렇게 긴 시간 동안 체력을 유지하고 글을 쓰는 리듬을 잃지 않기 위해 가장 중요하게 생각한 것은 운동이었다. 무슨 운동을 어떻게 했을까. 따로 운동할 시간을 만들기는 어려웠다. 그래서 간단한 맨손 체조를 하루 3번씩 했다. 아침, 점심, 저녁. 심지어 외국에 있을 때도 운동할 시간이 되면 호텔 로비에서라도 맨손 체조를 절대로 거르지 않았다.

원래 웹툰으로 나왔고 드라마로 제작되어 큰 인기를 끌었던, 만화가 윤태호의 『미생』에는 주인공에게 이렇게 조언하는 스승이 나온다. "이루고 싶은 일이 있거든 체력을 길러라." 정말로 원하는 것이 있으면 체력부터 길러야 한다. 공부를 잘하고 싶다면 운동부터 시작해야 한다. '공부만 잘하는 샌님'이라는 이미지는 현실과 맞지 않을뿐더러 오히려 공부를 방해하는 위험한 착각이다. 그런 선입견을 가지고 있으면 자신도 모르는 사이에 운동에서 멀어질 수 있기 때문이다. 공부만 잘하는 샌님은 없다. 만약 있다면 당장 이렇게 말해주어야 한다. 그렇게 해서는 오래 못 간다고, 운동을 해서 체력을 기르면 공부를 더 잘할 것이라고.

사람들은 흔히 운동을 하면서 공부를 잘하는 사람을 보고 이렇게 말한다. "저 친구는 운동까지 하면서 공부를 잘해." 아니다. 그 말은 틀렸다. '운동까지 하면서' 공부를 잘하는 것이 아니라 실은 **'운동을 하기 때문에' 공부를 잘하는 것**이다. 마음을 다잡고 혼자 공부를 시작하는 모든 사람은 당장 운동화의 끈부터 묶어야 한다. 운동을 하지 않았다면 아예 책을 펴지 말아야 한다. 운동을 '만사 제쳐두고 제일 먼저 해야 하는 일'로 여기는 거다.

수험가에는 어떤 시험이든 정규 과목 외에 '운동'이라는 과목이 하나 더 있는 것으로 생각하라는 말이 있다. 커다란 성공을 거둔 사람들은, 공부를 잘하는 사람들은, 나의 대학 동기들은 경험적으로 이것을 알고 있었다. 그리고 이것이 특별한 몇몇 사람들에게만 해당되는 이야기가 아니라는 사실을 객관적으로 입증해주는 연구 결과들이 있다.

미국 하버드대의 뇌의학자 존 레이티John Ratey 교수가 쓴 『운동화 신은 뇌Spark』에는 놀랄 만한 이야기가 나온다. 미국 일리노이주에 있는 네이퍼빌 203학군의 이야기다. 이곳에서는 아침 7시부터 수업이 시작된다. '0교시 체육 수업'이라고 불리는 시간이다. 이 수업은 일반적인 체육 시간과는 조금 다르다. 학생들은 농구 드리블이나 뜀

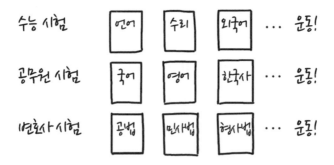

틀 넘기를 배우는 대신에 심장 박동 측정기를 달고 운동장을 달린다. 특정한 운동 기술을 배우는 것이 아니라 땀을 흘리는 유산소 운동을 하는 것이다. 이 수업에서는 결승선에 몇 등으로 들어왔는지, 혹은 트랙을 몇 분에 뛰었는지는 전혀 중요하지 않다. 학생들의 성적은 오로지 얼마나 열심히 했느냐에 달려 있으며 열심히 한 정도는 심장 박동 측정기에 숫자로 표시된다. 네이퍼빌 203학군에서 이처럼 특별한 수업을 시작한 이유는 단순히 학생들의 건강을 돌보기 위해서였다. 비만 학생의 비율이 심하게 늘어나자 이에 대한 대책으로 시작된 수업이었다. 애초에 목표한 대로 학생들의 허리둘레가 줄어드는 데는 그리 오래 걸리지 않았다. 그런데 예상하지 못했던 결과가 그다음에 이어졌다. 학생들이 갑자기 공부를 잘하기 시작했던 것이다.

성적의 향상이 운동 때문이라는 사실은 1교시 읽기 수업의 결과로 증명되었다. 어느 날, 교사들은 0교시 체육 수업을 받은 학생들이 그렇지 않은 학생들보다 읽기 능력이 빠르게 향상된다는 사실을 발견했다. 그래서 이 현상이 체육 수업과 관련이 있는지를 알아보기 위해 일부 학생들의 읽기 수업을 8교시로 옮겼다. 즉, 운동 효과가 사라진 다음에 읽기 수업을 듣게 했던 것이다. 그랬더니 실제로 1교시에 읽기 수업을 듣는 학생들이 8교시에 듣는 학생들보다 성적이 좋았다. 똑같은 읽기 수업을 수강했는데도 말이다. 운동을 한 뒤에 공부하는 것이 효과가 크다는 명백한 증거였다.

비슷한 메시지를 주는 다른 결과들이 계속 이어졌다. 대학 입학시

163

험에서 네이퍼빌 203학군의 학생들은 일리노이주 학생들의 평균 점수를 앞지르기 시작했다. 203학군의 학생들에게 들인 교육비가 일리노이주의 다른 학교에 비해 적었음에도 불구하고 결과가 더 좋았다. 가장 놀랄 만한 결과는 팀스TIMSS(Trends in International Mathematics and Science Study)였다. 팀스는 국제 교육 성취도 평가 협회에서 4년 주기로 실시하는 수학, 과학 성취도 변화 연구다. 이따금 뉴스에서 '우리나라 학생들의 학업 실력이 세계 몇 등이다'라는 기사를 본 적이 있을 텐데, 그것이 바로 팀스에 응시한 결과다. 1999년 팀스에는 전 세계 23만 명의 학생들이 응시했고, 그중 미국 학생들은 5만 9,000명이었다. 네이퍼빌 203학군의 학생들은 학업 성취도를 객관적으로 평가받을 목적으로 미국 학생들 사이에 섞이지 않고 따로 참여했는데, 소수의 우수한 학생들만을 추리지 않고 203학군 전체 학생의 97%가 응시하도록 했다. 결과가 어떻게 나왔을까. 놀랍게도 네이퍼빌 203학군의 학생들은 과학에서는 세계 1등, 수학에서는 싱가포르와 우리나라에 이어서 6등을 차지했다. 그해 미국의 팀스 성적은 과학 18등, 수학 19등이었다.

그 뒤로 운동과 공부의 상관관계를 조사하는 연구가 이어졌다. 그리고 운동하는 사람이 공부를 잘한다는 결과가 계속 쏟아졌다. 대표적으로 방대한 연구 결과를 하나만 더 언급하자면 다음과 같다. 미국 캘리포니아주에서는 2000년대에 5년 연속으로 100만 명이 넘는 학생들의 자료를 조사한 일이 있다. 폐활량, 체지방률, 근력, 유연성 등

네이퍼빌 203학군
✔ 아침 7시 0교시 체육 수업
✔ 달리기, 사이클 등 유산소 운동
✔ 심장 박동수로 평가

→

✔ 읽기 능력 향상
✔ 대학 입학시험:
　네이퍼빌 203 평균 > 일리노이주 평균
✔ TIMSS:
　네이퍼빌 203 　　　　 미국 평균
　과학 1등, 수학 6등 > 과학 18등, 수학 19등

학생들의 체력 검사 기록이 들어 있는 자료였다. 이 연구 결과에 따르면 운동 능력이 뛰어난 학생들의 성적이 그렇지 못한 학생들에 비해 2배나 높았다. 예를 들어 체력 검사에서 하나의 항목만 통과한 학생들의 수학 평균 점수가 35점이었던 반면, 모든 항목을 통과한 학생들의 수학 평균 점수는 67점이었다. 결과는 명확했다. 네이퍼빌 203학군이나 100만 명이 넘는 캘리포니아주의 사례를 보면 운동과 공부는 밀접한 관계가 있었다. 간단히 말해서 운동을 하는 사람이 공부를 잘했다. 그렇다면 왜 이런 결과가 나왔을까. 도대체 왜 운동을 하면 공부를 잘하게 될까.

운동하는 사람이
공부를 잘하는 과학적인 이유

운동을 해야 공부를 잘할 수 있는 이유는 이미 과학적으로 밝혀졌다.

이 부분을 정확하게 설명하려면 부득이하게 뇌과학적인 용어를 사용해야 한다. 하지만 우리가 직류 전기나 교류 전기라는 말을 몰라도 전등을 켜는데 아무 문제가 없듯이 아래에 이어질 설명을 100% 이해하지 못해도 운동화 끈을 묶고 땀을 흘리는 데는 아무 문제가 없다. 그저 지금까지 운동을 하지 않았다면 이제부터 시작하는 것으로 충분하다. 운동을 해야 공부를 잘할 수 있는 이유는 3가지다.

1. 운동을 하면 그때 우리 뇌는 최고의 상태가 된다.
2. 운동을 하면 뇌의 시냅스에서 신경 전달 물질의 양이 늘어난다.
3. 운동을 하면 뉴런이 자란다.

뇌가 최고의 상태가 된다

누구나 운동을 하면 기분이 좋아진다는 사실을 안다. 규칙적으로 운동을 하지 않는다면 산책이나 등산을 떠올려보면 된다. 사람들은 그 이유를 운동하는 동안 뭉친 근육이 풀어졌거나 스트레스를 주는 것들을 잊어버려서라고 짐작한다. 하지만 뇌과학자들에 따르면 명확한 이유가 있다. 운동으로 인해 뇌에 신선한 혈액이 공급되어 뇌가 최고의 상태로 변하기 때문이다.

 뇌는 우리 몸에 필요한 전체 에너지의 약 30% 정도를 사용하는 기관이다. 그 에너지는 혈액을 통해서 공급된다. 우리 몸에서 혈액은 택배 배달과 쓰레기 수거의 역할을 동시에 하고 있다. 심장에서 출발해 몸의 구석구석에 신상품인 산소와 영양분을 배달한 다음, 돌아올 때는 쓰레기들을 싣고 온다는 이야기다. 그런데 이런 혈액의 업무 처리가 언제나 똑같이 원활하지는 않다. 배달이 느리거나 쓰레기 수거가 시원찮을 때도 있다. 혈액 순환이 잘 안 되는 순간이다. 이로 인해 산소가 부족하고 피로 물질이 몸 구석구석에 쌓이면 온몸이 찌뿌둥하다. 만일 뇌에 이와 같은 현상이 발생하면 어떻게 될까. 그것은 마치 지저분한 엔진 오일이 들어 있는 자동차와 같다. 왠지 차가 잘 안 나간다. 머리가 잘 돌아가지 않는다는 뜻이다. 공부가 안 되고, 아이디어가 떠오르지 않으며, 의욕이 사라진다. 이런 순간에는 공부는 말할 것도 없고, 많은 일들이 부정적으로 보이며, 모든 문제가 더 커다랗게 느껴진다.

공부는 뇌로 하는 작업이다. 나무를 베기 전에 도끼날을 갈듯이 공부를 하기 전에는 당연히 뇌를 최고의 상태로 만들어놓아야 하지 않을까. 머리가 팽팽 돌아가고, 의욕이 넘치며, 할 수 있다는 기분이 충만한 상태로 매일 공부를 해야 한다. 그 방법이 바로 운동이다. 시간이 없다는 핑계로 운동하지 않고 매일 책상에만 붙어 있는 사람은 마치 시간이 없다는 핑계로 정비되지 않은 차를 끌고 매일 카레이싱 대회에 나가는 사람과 같다. 최고의 상태로 달릴 수 없으니 공부를 해도 머릿속에 들어가지 않고 의욕은 점점 떨어진다. 그러므로 혼자 공부하는 모든 사람은 일단 운동부터 해야 한다. 운동을 해서 뇌를 최고로 만든 다음, 그 상태에서 책을 펼쳐야 한다. 스스로 판단하건대 머리의 컨디션이 별로 좋지 않거든 당장 자리에서 일어나 뇌에 산소와 영양분을 공급하도록 하자. 매일 이렇게 하는 습관을 들인다면 지금까지와는 다른 사람이 된 듯한 기분으로 공부를 할 수 있다.

신경 전달 물질이 증가한다

운동을 하면 뇌의 시냅스에서 신경 전달 물질의 양이 늘어난다. 앞서 시냅스는 뉴런이 연결되는 부분이라고 했다. 뇌 안에서 정보는 나뭇가지처럼 생긴 뉴런을 타고 이동한다. 뉴런 내부에서 이동할 때는 구리선을 따라 전기가 흐르듯 전기 신호라는 형태로 이동하지만 뉴런과 뉴런 사이인 시냅스에서는 조금 다르다. 두 개의 뉴런이 딱 붙어 있는 것이 아니라 약간 떨어져 있다. 마치 액션 영화에서 배우가 뛰어넘어야 하는 지붕들처럼 조금씩 떨어져 있다는 말이다. 여기서는 더이상 전기가 흐를 수 없으므로 정보를 화학 물질의 형태로 던져서 주고받는다. 지붕과 지붕 사이에서 쪽지를 돌에 묶어서 던진다고 생각하면 된다. 이렇게 정보가 적혀 있는 쪽지와 그 쪽지를 얼마나 어떻게 주고받을지를 결정하는 물질들을 통틀어 '신경 전달 물질'이라고 한다. 우리를 흥분하게 만드는 도파민Dopamine, 안정시키는 세로토닌 Serotonin, 인지 작용과 관련 있는 노르에피네프린Norepinephrine 등이 신경 전달 물질의 대표적인 예다.

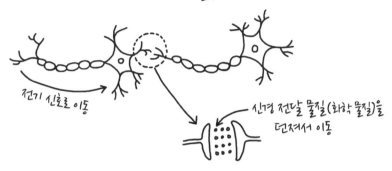

뇌 안에서 정보의 이동 ⌈ 전기 신호: 뉴런 내
                    ⌊ 화학 물질: 서로 다른 뉴런 사이(시냅스)

전기 신호로 이동

신경 전달 물질(화학 물질)을
던져서 이동

　운동을 하면 신경 전달 물질의 양이 늘어난다. 정확히 말하면 양이
늘어날 뿐만 아니라 신경 전달 물질들 사이의 밸런스도 맞춰진다. 지
붕 사이에서 더 많은 쪽지를 더 효율적으로 주고받으니 뇌의 움직임
이 좋을 수밖에 없다. 게다가 여러 가지 감정적인 문제들도 사라진
다. 우리가 겪는 감정적인 문제들은 신경 전달 물질의 밸런스가 깨
져서 오는 경우가 많기 때문이다. 실제로 미국 듀크대의 과학자들은
2000년 10월 「뉴욕 타임즈The New York Times」에 항우울제로 쓰이
는 약보다 운동의 효과가 더 크다는 연구 결과를 발표하기도 했다.
여기에 대해 뇌의학자 존 레이티는 만약 운동만큼 효과가 좋은 항우
울제가 개발된다면 100년에 한 번 있을 정도의 큰 성공으로 대접받
을 것이라고 덧붙였다.
　혼자 공부를 하는 사람은 우울증이나 불안감 같은 감정 소비에 에

너지를 빼앗겨서는 안 된다. 또 한편으로는 눈앞의 공부에 집중할 수 있을 정도로 알맞은 뇌의 각성이 필요하다. 한마디로 '의자에 엉덩이가 착 붙어서 책이 머리에 쏙쏙 들어오는 상태'가 되어야 한다. 그런 상태는 신경 전달 물질의 조절로 만들어지는데, 운동만큼 그 일을 끝내주게 잘하는 것은 없다. 혼자 공부를 하는 모든 사람이 공부를 시작하기 전에 운동부터 해야 하는 이유다.

뉴런이 성장한다

캐나다 맥길대에서 일하던 한 심리학자가 자녀들에게 며칠 동안 애완동물로 삼으라고 실험용 쥐 몇 마리를 집으로 가져갔다. 실험실 규정이 느슨하던 시절이었다. 그런데 그 일이 뜻밖의 결과를 가져왔다. 집에서 실컷 뛰어논 뒤에 다시 실험실로 돌아왔을 때 쥐들의 학습 능력이 월등히 좋아졌던 것이다. 미국 캘리포니아대 노화 연구소에서도 비슷한 연구 결과가 발표되었다. 쥐들을 여러 그룹으로 나누어 각각 2일, 4일, 7일 동안 쳇바퀴 위에서 달리게 했고, 비교 집단의 쥐들은 운동을 시키지 않았다. 그러고 나서 쥐들의 뉴런을 관찰했더니 운동을 한 쥐의 뉴런이 더 많이 성장했을 뿐만 아니라 성장의 정도까지 운동량에 비례한다는 사실이 밝혀졌다.

2장 학습 원리 편에서 기억이 물리적인 현상이라고 설명한 바 있다. 뉴런이 늘어나면 기억이 저장될 공간이 늘어난다. 비유하자면 창고가 더 많이 지어지는 셈이다. 또 뉴런이 늘어나면 더 많은 정보가 머릿속을 돌아다닐 수 있게 된다. 앞서 전화 통신선이 더 많이 설치되면 통화량이 늘어난다고 했던 이야기를 떠올려보자. 그런데 쥐들에게서 관찰되었듯이 운동을 하면 뉴런이 더 빨리 자란다. 이 말은 곧 창고가 늘어나고 통신선이 더 많이 깔린다는 의미다. 당연히 뇌의 성능이 더 좋아질 수밖에 없다.

다만 무작정 뛴다고 누구나 천재가 될 수 있다는 뜻은 아니다. 일단 운동을 하면 뉴런은 자란다. 하지만 그 뉴런은 아직 자신의 역할이 정해지지 않았다. 비어 있는 창고, 사용하지 않은 통신선이다. 그런데 새롭게 생겨난 뉴런은 일정 시간 동안 자기의 할 일을 찾지 못하면 곧 사라진다. 사용할 일이 없으니 창고와 통신선을 철거하는 셈이다. 따라서 그렇게 되기 전에 새로 만들어진 뉴런에 역할을 부여해야 하는데, 역할을 부여하는 방법이 바로 외부의 자극이다. 악기를 처음 배우든, 가보지 않은 곳을 여행하든, 기술을 새롭게 익히든 무언가 외부의 자극을 주어야 새롭게 만들어진 뉴런이 계속 남아 있을 수 있다. 그리고 여기서 말하는 '외부의 자극을 장기 기억에 저장하는 것'이 바로 공부다.

요컨대 이런 이야기다. 운동을 하면 뉴런이 새로 생기는데, 공부를 해야 그 뉴런이 사라지지 않는다. 운동과 공부를 계속하면 점점 머리가 좋아지고 결과적으로 공부를 잘하게 된다. 만약 운동을 좋아하지만 공부에는 자신 없는 사람이 있다면 지금부터 자신감을 가져도 좋

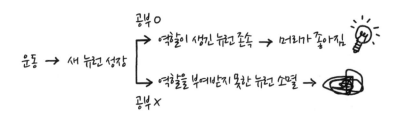

다. 운동이야말로 공부의 가장 좋은 친구이기 때문이다. 운동을 좋아하는 사람의 뇌는 새로운 뉴런을 잘 만들어내는 뇌다. 이런 사람이 본격적으로 공부에 매달리면 운동은 하지 않고 '공부만 하는 샌님'보다 공부를 잘할 수 있다. 반대로 '공부만 하는 샌님'들은 이 점을 명심해야 한다. 운동을 해야 공부하는 내용이 들어갈 뉴런이 생긴다는 사실을 말이다. 부지런히 농사를 지어도 저장할 창고가 부족하다면 수확한 농작물의 태반은 썩어버릴 수밖에 없다.

혼자 공부하는 사람을 위한 운동 가이드

만일 지금까지 운동의 효과에 대해서 한 번도 들어본 적이 없었다면 굉장히 기뻐하면 된다. 우리 안에 내장되어 있지만 한 번도 켜지 않은 로켓 엔진을 발견한 셈이나 마찬가지이기 때문이다. 그렇다면 혼자 공부하는 사람은 구체적으로 어떻게 운동을 해야 할까.

172

◉ 운동 원칙

① 매일 운동한다

② 운동부터 하고 공부한다

③ 뇌의 컨디션이 좋지 않다고 느껴지면 바로 운동한다

위의 원칙을 바탕으로 혼자 공부하는 사람이 운동할 수 있는 방법을 제시한다. 실천에 무리가 없으면서도 효과적인 방법이므로 이 중에서 가능한 것을 골라 직접 해보고 각자의 상황에 맞게 개선하면 된다.

체육 시설에 매일 간다

나는 퇴근하는 길에 항상 헬스클럽을 들린다. 거의 매일이다. 야근을 하거나 회식이 있는 날도 웬만하면 빠지지 않으려고 한다. 운동을 굉장히 많이 하는 것은 아니다. 보통 40분 정도를 하고 길어야 60분을 넘지 않는데, 정말로 가기 싫은 날은 아예 '단 15분만 운동하자'라는 마음으로 발걸음을 옮긴다. 어떤 사람들은 '회사에서 종일 일하고 피곤할 텐데 운동까지 가다니 대단하다'라고 생각할지도 모른다. 하지만 지금까지 이야기했듯이 사실은 정반대다. 누구나 퇴근 무렵에는 당연히 지치기 마련이다. 엔진 오일이 지저분한 자동차처럼 피로 물

질이 뇌에 쌓여 있기 때문이다. 이 상태로 집에 가서 저녁밥을 먹으면 늘어지기 십상이다. 맥주라도 한 캔 따게 되면 완전히 답이 없다. '나를 위한 시간'이라며 퇴근 후에 야심차게 세워놓은 계획들을 '내일부터'라고 미루어버리는데, 내일이 되면 또 다른 '내일부터'가 기다리고 있을 뿐이다. 왜 그럴까. 피로 물질이 쌓인 뇌는 좋은 상태가 아니기 때문이다. 그런 뇌에서 의욕과 의지가 생길 리 만무하다.

운동할 곳이 있다면 매일 가자. 직장인이라면 퇴근하고 운동부터 간다. 피로하고 의욕이 없을수록 더욱 운동하러 가야 한다. 이미 피로한데 어떻게 운동까지 하느냐고 저항하는 마음이 든다면 아직까지 운동의 효과를 이해하지 못한 것이다. 적당한 운동은 방전이 아니라 충전이다. 운동을 해야 뇌에 산소와 영양분이 공급되므로 피곤할 때 운동을 하는 것은 배터리가 얼마 남지 않은 스마트폰을 충전기에 꽂는 것과 같다.

시간이 없으면 짧게라도 한다

나는 이따금 소설가 조정래의 에피소드를 생각하면서 맨손 체조를 한다. 신발을 신을 필요도 없다. 의자에서 일어나 방에서 하면 된다. 그까짓 맨손 체조가 무슨 대단한 효과가 있냐 싶겠지만 막상 해보면 확연히 느낌이 다르다. 유튜브에 '국민 체조', '청소년 체조' 등과 같은 영상이 많다. 각각 5분 남짓이다. 나는 동영상의 음악 소리에 맞춰 맨손 체조를 두 번 반복한다. 기껏해야 10분이다. 하지만 단 10분만 운동을 해도 뇌가 눈에 띄게 생생해진다. 특히 공부하기 싫을 때 하면 효과가 크다. 믿겨지지 않는다면 직접 해보면 된다. 효과를 체험하는 데 필요한 시간은 단 10분이다. 여기서 이야기하는 운동으로 머슬마니아 대회에 나갈 수는 없지만 책의 다음 페이지를 눈을 반짝이며 읽을 수는 있다. 대학 친구 한 명은 기숙사에 살 때 매일 방에서 팔 굽혀 펴기를 450개씩 했다. 헬스클럽에 가려면 시간이 많이 걸리고, 그렇다고 운동을 안 할 수는 없으니 택한 차선책이었다. 하루에 팔 굽혀 펴기 450개를 어떻게 할까. 이런 식이었다.

❶ 탁상시계를 앞에 놓고 초침이 숫자 12를 가리킬 때마다 팔 굽혀 펴기 15개를 한다. 대략 20초쯤 걸린다.

❷ 다시 초침이 12를 가리킬 때까지 40초 정도를 쉰다.

❸ 그런 식으로 하루에 30분, 모두 450개의 팔 굽혀 펴기를 한다.

시간과 장소는 모두 핑계다. 마음만 먹으면 우리는 방 밖으로 나가지 않고도 얼마든지 운동을 할 수 있다.

틈틈이 5분만 한다

얼마 전에 나는 스마트밴드를 선물 받았다. 운동하는 사람을 위한 심

박수 체크 기능이 있는 밴드다. 재미있게도 이 밴드는 1시간에 한 번씩 알람이 울린다. 일어나서 250보를 걸으라고 울리는 알람이다. 이런 기능은 꽤 유용하다는 생각이 들었다. 따로 시간을 내어 운동을 해도 좋지만 이렇게 틈틈이 조금씩 하는 운동도 큰 도움이 되기 때문이다. 단 5분만 운동을 해도 집중력이 반짝 살아난다. 다음은 나와 친구들이 실제로 실천하는 방법이다.

❶ 일을 하다가 집중력이 떨어지는 느낌이 들면 회사 계단을 오르내린다. 지하 1층에서 옥상까지 총 8층 건물이다. 두 번 왕복하는 것만으로도 기분 전환에 충분하다.

❷ 오전과 오후 각각 한 번씩 빈 회의실에 들어가 스쿼트를 한다. 20개씩 나누어 5세트 정도를 하면 집중력이 살아난다.

❸ 화장실 옆 휴게실에 간단한 운동 기구들이 있는데, 화장실을 갈 때마다 턱걸이를 10개씩 한다. 이렇게 간단한 규칙만으로도 하루에 수십 개의 턱걸이를 할 수 있다.

❹ 서류를 복사하든 지하철을 기다리든 서 있을 때는 습관처럼 발뒤꿈치를 들었다 놓았다 반복하며 종아리 운동을 한다. 틈틈이 운동하기 위해 세운 규칙이다.

별로 대단한 방법이 아닐 수는 있다. 하지만 이렇게 틈틈이 운동하는 습관이 있는 사람과 그렇지 않은 사람의 차이는 크다. 캘리포니아

주 100만 명의 학생들을 예로 들 필요도 없이 내가 분명히 말할 수 있다. 그 차이가 무엇인지 알고 싶다면 몸으로 느껴보면 된다. 집중력이 떨어지는 느낌이 들 때 5분만 운동을 해보자. 그리고 다시 책상에 앉으면서 어떤 기분인지 느껴보자.

벼락치기 공부에는 운동이 핵심이다

부득이하게 벼락치기 공부를 해야 할 때 어떻게 해야 되냐는 질문을 받는 경우가 종종 있다. 틈틈이 하는 운동은 바로 그때 제일 빛을 발한다. 벼락치기 공부에서 가장 중요한 것은 단거리 달리기를 하는 듯한 팽팽한 긴장감을 벼락치기 기간 동안 이어나가는 일이다. 다시 말해 불안감이나 걱정에 휘둘리지 않고 뇌를 최고의 상태로 유지하는 것이 성공의 핵심이다. 이것을 가능하게 해주는 최선의 도구가 틈틈이 하는 운동이다. 집중력이 줄어드는 느낌을 받거나, '지금 이렇게 한다고 의미가 있을까?'라는 부정적인 회의감이 들 때마다 그 느낌을 운동하라는 신호로 받아들여야 한다. 혹은 알람을 맞춰두고 아예 일정 시간마다 5분씩 운동을 해도 좋다.

특히 혼자 공부하는 사람에게 운동이 중요한 까닭

혼자 공부를 할 때는 의심이나 불안, 외로움 같은 부정적인 감정에 휩

싸이기가 쉽다. 그러한 위험 요소가 혼자 하는 공부의 수많은 장점들을 집어삼키는 경우가 많다. 멘탈을 잘 관리할 수만 있다면 혼자 하는 공부의 절반이 끝난 셈이나 다름없다. 부정적인 감정이 들 때 거기에 점점 빠져들지 말고, 그저 우리의 뇌 상태가 조금 나빠졌을 뿐이라고 가볍게 생각해야 한다. 신선한 혈액이 충분히 공급되지 않았고, 신경 전달 물질의 양이 줄어들었으며, 그것들 사이의 밸런스가 무너졌다고 말이다. 그저 스마트폰의 배터리가 바닥나 빨간색 경고등이 켜진 것과 차이가 없다. 우리가 할 일은 단지 충전기를 꽂듯이 약간의 운동을 하는 것뿐이다. 다시 한 번 말하지만 혼자 공부하는 모든 사람에게 단언컨대 공부의 시작은 운동이다.

혼자 하는 공부의 원칙 ❷
목표

: 목표가 뚜렷하면 공부는 저절로 된다

목표는 평범한 고등학생을
어떻게 변화시켰나

혼자 공부하는 모든 사람을 위한 두 번째 공부 원칙은 목표 설정이
다. 공부를 잘하려면 우선 목표부터 세워야 한다. 먼저 굉장히 유명한
사례를 간단히 살펴본다.

1953년 미국 예일대에서는 졸업생을 대상으로 설문 조사를 진행
했다. '당신은 목표를 가지고 있습니까?' 결과는 이랬다. 대학을 졸업
할 당시에 별다른 목표가 없는 졸업생이 27%, 간단한 목표를 가지고
있는 졸업생이 60%, 구체적인 목표가 있는 졸업생이 10%, 구체적인

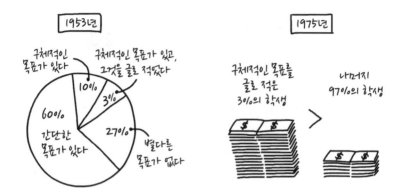

1953년

구체적인
목표가 있다

구체적인 목표가 있고,
그것을 글로 적었다

10%

3%

60%
간단한
목표가 있다

27%

별다른
목표가 없다

1975년

구체적인 목표를
글로 적은
3%의 학생

나머지
97%의 학생

$ $ > $ $

목표를 글로 적은 종이를 가지고 있는 졸업생이 3%였다. 그로부터 22년이 지난 1975년에 그 졸업생들의 경제적인 수준을 조사해보았더니, 구체적인 목표가 있을 뿐만 아니라 그것을 종이에 적어두기까지 했던 3%의 졸업생들이 가진 돈이 나머지 97%를 합친 것보다 많았다.

이 연구 결과는 단지 목표 설정의 위력을 보여주는 하나의 사례일 뿐이다. 놀라움을 주는 다른 이야기들을 얼마든지 만날 수 있다. 빌 클린턴Bill Clinton은 로스쿨 재학 시절부터 자신의 목표를 종이에 적어두는 습관이 있었다. 그는 불과 32살에 최연소 주지사가 되었고, 결국 미국의 대통령이 되어 두 번의 임기를 성공적으로 마쳤다. 무명 시절에 영화배우 짐 캐리Jim Carrey는 문구점에서 산 수표 용지에 직접 천만 달러라고 쓰고, 그 돈을 개런티로 받는 사람이 되겠다고 아버지와 약속했다. 그는 14년 뒤 영화 〈배트맨 포에버Batman Forever〉

로 그 꿈을 이루었다. 이와 비슷한 수많은 사례들에 대해 세계적인 동기 부여가 앤서니 라빈스Anthony Robbins는『거인이 보낸 편지Notes from a Friend』에서 이렇게 정리했다.

"정말 대단한 성공을 거둔 유명 인사들에게는 공통점이 있었다. 그들의 성공은 똑같은 첫 번째 단계로 시작했다. 바로 목표를 세우는 것이다."

공부 역시 성공과 다르지 않다. 목표를 세우면 공부를 잘할 수 있다. 목표를 세우는 일이 공부와 무슨 관계가 있을까? 물론 목표 설정이 공부 방법 자체는 아니다. 그러나 일단 목표를 세우면 그 목표가 공부하는 방법을 알려준다. 파리에 가서 에펠 탑을 보겠다는 목표를 세우면 그 목표에 도달할 수 있는 방법이 온갖 루트로 귀에 들어오듯이 말이다. 운동을 통해 뇌를 최고의 상태로 만들었다면, 이제는 목표를 명확하게 할 차례다. 혼자 공부하는 사람들의 두 번째 공부 원칙이 목표 설정인 이유다.

어쩌면 '목표라고? 나는 이미 목표가 있는 걸' 하고 대수롭지 않게 생각할 수도 있다. 대학 입학이나 시험 합격, 자격증 취득이나 어학 공부처럼 우리도 알고, 주위의 사람들도 아는 당연한 목표가 있을지도 모른다. 문제는 그 목표가, 책상머리에 목표를 붙여두었다는 사실조차 잊어버릴 정도로 흐릿해진 경우가 많다는 점이다. 목표를 가지라는 말을 흘려듣게 되는 이유이기도 하다. 그런 의미에서 흥미로운 이야기가 하나 있다. 우리가 가진 목표는 어떻게 점점 뚜렷해지는지, 그리고 그 목표로 인해 우리가 어떻게 달라질 수 있는지를 생생하게 보여주는 사례다.

서울대 공대 황농문 교수는 『몰입』이라는 책에서 아들의 실제 경험을 소개했다. 당시 아들은 고등학교 2학년이었다. 교내 동아리에서 부장을 맡았는데 2학기에 있을 학교 축제 준비에 한 달 넘게 집중하다가 그만 기말고사를 말도 안 되게 망쳐버렸다. 원래 반에서 3등 정도를 했는데 기말고사 성적이 얼마나 안 좋았는지 내신 성적으로는 지금까지 목표로 하던 학교를 아예 갈 수 없는 상태가 되어버렸다. 대학 입시까지 남은 기간은 1년. 그는 자포자기한 아들에게 수능에 총력을 기울여 낮은 내신 점수를 만회하는 수밖에 없다며 이렇게 권유했다. "수능에서 전국 수석을 목표로 하자." 처음에 아들은 죽어라고 공부만 하라는 뜻인 줄 알고 깜짝 놀랐다. 반에서 3등 정도 했던 학생에게 전교 수석도 아니고 전국 수석을 목표로 하라니 도대체 얼마나 미친 듯이 공부하라는 말일까. 하지만 그는 고개를 저었다. "무리해서 공부할 필요는 없다. 평소와 똑같이 해도 된다. 다만 전국 수석이라는 목표만큼은 조금도 흔들리지 않도록 굳게 다짐하자. 하루에 몇 번씩 이 다짐을 되새기자."

일단 그렇게 하기로 했다. 당장은 큰 변화가 없었다. 아들은 이제껏 그랬듯이 텔레비전을 보고 컴퓨터 게임을 했다. 그런 모습에 호통을

치지는 않았다. 다만 딱 한 가지, 황농문 교수는 아들에게 틈틈이 목표를 상기시키는 대화를 건넸다. 이를테면 출근길에 학교에 데려다 주면서 "잠은 충분히 잤니? 전국 수석을 하려면 잠이 부족해서는 안 된다. 자정 이전에는 잠자리에 들어라", "전국 수석이 되면 기자들이 인터뷰를 하러 올 텐데, 무슨 말을 하고 싶니?"라고 말을 하는 식이었다. 그렇게 한 달 정도가 지났을 때 재미있는 변화가 일어났다. 아들이 스스로 컴퓨터 게임을 끊은 것이다. 저녁 식사 후에 소화를 시킨다며 텔레비전 앞에 앉아 있던 시간도 없어졌다. 자정이 넘었으니 공부를 그만하고 잠을 자라고 해도 오히려 "아주 조금만 더 보고 잘게요"라고 고집을 부렸다. 심지어 "친구들은 새벽 2시까지 독서실에 있다는데 일찍 잠을 자면 어떻게 따라잡을 수 있겠어요?"라고 불평까지 했다.

목표 지향 메커니즘의 원리

어떻게 이런 변화가 일어났을까. 황농문 교수는 그것을 '**목표 지향 메커니즘**'이라고 설명했다. 우리 몸은 다세포로 이루어져 있다. 수많은 세포들이 생명을 유지하려면 군대처럼 지휘관의 지시에 따라 일사불란하게 움직여야 한다. 집에 불이 나서 뛰어야 하는데 다리가 말을 들지 않는다거나, 위에 음식물이 없는데 위액이 멈추지 않고 쏟아지는 등 몸의 각 부분이 제멋대로라면 생명을 유지하기 어려울 것이다. 그렇다면 몸 전체에 지시를 하는 지휘관은 누구일까. 당연히 뇌다. 따라서 우리 몸은 뇌가 일단 '이것이 목표다'라고 설정을 하면 맹목적으로 그 목표를 따라가게 되어 있다. 생물학적으로 그렇다.

여기서 몸이 목표를 향하도록 채찍질하는 기능이 필요하다. 그것이 바로 '기분'이라는 피드백이다. 목표에 가까워지면 긍정적인 피드백이 오고, 목표에서 멀어지면 부정적인 피드백이 온다. 즉, 목표에 가까워지면 기분이 좋아지고, 멀어지면 나빠진다는 뜻이다. 한일전 축구 시합을 생각해보자. 우리나라가 경기를 잘하면 기분이 좋다. 반대로 경기가 잘 안 풀리면 분통이 터지고 심지어 욕설을 하는 사람도 있다. '우리나라가 반드시 이겨야 한다'라는 목표가 뇌 안에 있기 때문이다. 고등학생이 시험을 잘 보거나, 직장인이 인사 고과를 잘 받았을 때 기분이 좋아지는 이유도 똑같다. 뇌 안에 대학 입시나 승진 같은 목표가 있기 때문이다. 만일 대학에 진학할 생각이 아예 없거나 곧 회사를 그만두고 창업을 할 계획이라도 기분이 그렇게 좋을까? 이렇듯 목표가 있을 때 온몸이 맹목적으로 그것을 추구하고 거기에 기분이라는 피드백이 동원되는 전 과정이 목표 지향 메커니즘이다.

앞선 이야기에서 아들에게 일어난 변화를 목표 지향 메커니즘의 관점에서 생각해보면 이렇다. 우선 '전국 수석'이라는 목표를 처음 접했을 때는 그것이 진짜 자신의 목표라고 생각하지 않았다. 어떤 뉴런

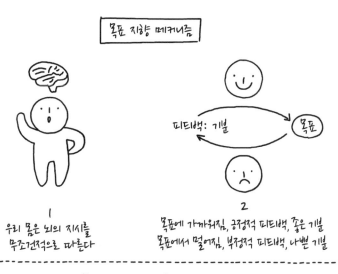

목표 지향 메커니즘

1
우리 몸은 뇌의 지시를
무조건적으로 따른다

2
목표에 가까워짐, 긍정적 피드백, 좋은 기분
목표에서 멀어짐, 부정적 피드백, 나쁜 기분

피드백: 기분

목표

1 + 2 목표가 생기면 기분이라는 피드백이 동원되어
온몸이 목표를 추구하게 되어 있다

에 '전국 수석을 한다'라는 생각이 처음 생길 때는 그 뉴런을 타고 움직이는 전기 신호가 약하다는 뜻이다. 그런데 틈틈이 목표와 관련된 생각을 떠올릴수록 '전국 수석' 뉴런에 전기 신호가 반복된다. 뉴런이 성장하고 시냅스가 연결되며 뉴런을 감싼 미엘린이 두꺼워지는 것이다. 이 과정을 통해 자신도 모르는 사이에 '전국 수석'이라는 생각이 마음속에 자리를 잡으면서 진짜 자신의 목표가 되어간다. 이것이 목표가 뚜렷해지는 과정이다.

목표가 뚜렷해지면 목표 지향 메커니즘이 작동하기 시작한다. 전국 수석이라는 목표에 가까워지면 기분이 좋고, 목표에서 멀어지면

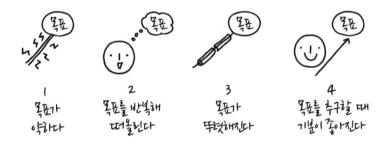

기분이 나쁘다. 예를 들어 시간이 가는 줄 모르고 공부에 집중했을 때나 졸음을 참고 수학 문제 하나를 더 풀어냈을 때 문득 기분이 좋아진다. 반대로 컴퓨터 게임을 하면 무의식중에 기분이 나빠진다. 다만 지금까지 즐기던 습관이 있으므로 기분이 확 나빠지는 대신 '예전보다 재미가 덜하네' 정도로 느낄 뿐이다. 그래서 슬슬 컴퓨터 게임을 멀리하게 된다. 아들이 한 달 만에 저절로 텔레비전과 게임을 멀리하고 공부에 몰두하는 사람으로 바뀐 까닭은 이런 원리다. 변화를 만든 동력이 인내심이나 극기력이 아니라는 점이 중요하다. 아들은 그저 더 기분이 좋은 쪽을 따랐을 뿐이다.

아들은 나중에 어떻게 되었을까. 황농문 교수는 이렇게 말했다. "결국 목표했던 전국 수석은 하지 못했다. 하지만 전교에서 수석을 했고, 원래 꿈꾸었던 학교에 무난하게 합격했다." 여기에 덧붙이고 싶은 이야기가 있다. 황농문 교수가 '전국 수석'의 목표와 함께 아들에게 강조했던 원칙이 하나 더 있었다. 우리가 이미 알고 있는 원칙이다. "매일 빠짐없이 30분 이상 운동할 것."

혼자 공부하는 사람을 위한
목표 설정 가이드

혼자 공부하는 모든 사람들을 위한 두 번째 공부 원칙이 목표 설정인 이유는 다음과 같이 정리할 수 있다. 공부를 잘하려면 올바른 방법과 공부량이 필요하다. 노력하지 않고 저절로 공부를 잘할 수 있는 마법은 없다. 서울에서 부산을 가기 위해 경부 고속 도로를 탔으면 누구나 똑같이 422km를 달려야 한다. 다만 선택지는 단 두 가지, 그 거리를 힘든 줄 모르고 즐겁게 갈 것이냐, 하기 싫은데도 억지로 갈 것이냐 뿐이다. 그런데 알다시피 공부는 마라톤이다. 1~2km도 아닌 먼 거리를 괴로움을 참고 끝까지 달릴 수 있는 사람은 많지 않다. 굉장한 인내심의 소유자가 아닌 이상 힘들지 않게 가는 방법을 택해야 한다. 그 방법이 바로 목표 설정이다. 목표가 있으면 저절로 공부를 하게 되는데, 우리 몸이 생물학적으로 그렇게 되어 있기 때문이다. 그렇다면 혼자 공부하는 사람은 구체적으로 어떻게 목표를 세워야 할까.

● **목표 설정 원칙**

❶ 뚜렷한 목표를 가진다

❷ 목표를 반복해 되새긴다

❸ 목표가 뚜렷하면 공부는 저절로 된다

앞의 원칙을 바탕으로 혼자 공부하는 사람이 목표를 설정하는 방법을 제시한다. 대표적으로 널리 쓰이는 방법이므로 이 중에서 마음에 드는 것을 골라 스스로에게 적용하면 된다.

'뚜렷한' 목표가 핵심이다

목표는 무엇이든 상관없다. 다만 뚜렷해야 한다. 특별한 경험 때문에 남다른 목표를 가지게 된 사람들을 보면서 내심 '나도 저렇게 근사한 목표가 있으면 힘이 날 텐데……' 하고 부러워하는 사람들이 있다. 하지만 그럴 필요가 없다. 힘을 주는 것은 '근사한' 목표가 아니라 '뚜렷한' 목표이기 때문이다. 그렇다면 어느 정도가 되어야 뚜렷한 목표를 가지고 있다고 할 수 있을까. 지금 자신이 뚜렷한 목표를 가지고 있는지 테스트를 해보자.

❶ 스마트폰을 꺼내 알람으로 5초를 설정한다.
❷ 다음 문장을 읽은 뒤에 시작 버튼을 누른다.
❸ 눈을 감고 마음속으로 자신이 원하는 목표를 정확한 문장으로 말한다.
❹ 시작!

즉시, 짧은 시간 안에, 정확하게 목표를 말할 수 있어야 뚜렷한 목표다. 예로부터 '별똥별에 소원을 빌면 이루어진다'라는 말이 있다.

이 말은 별똥별이 떨어지는 모습을 본 뒤에 곰곰이 생각해서 소원을 빌면 이루어진다는 의미가 아니다. 별똥별이 떨어지는 순간, 그 별똥별이 사라지기 전에 소원을 빌면 이루어진다는 말이다. 별똥별은 몇 초 만에 사라질까. '앗! 별똥별이다. 소원을 빌어야 해. 가만있자, 내 소원은 뭐였지?' 하고 머릿속을 뒤지면 이미 별똥별은 없다. 얼마나 간절한 마음으로 항상 소원을 품고 다녀야 별똥별이 떨어지기 전에 빌 수 있을까. 그 정도가 되어야 뚜렷한 목표다. 그 정도로 뚜렷한 목표를 가지면 공부는 저절로 된다.

대표적인 목표 설정 방법

▶ SMART 목표 설정법

가장 일반적인 목표 설정 방법이다. 목표를 SMART하게 세우면 달성 가능성이 높아진다고 한다. SMART란 다음의 약자다.

- S(Specific) : 구체적일 것
- M(Measurable) : 측정이 가능할 것
- A(Achievable) : 성취할 수 있을 것
- R(Realistic) : 현실적일 것
- T(Time-based) : 달성 시기가 있을 것

이를테면 '독서'를 예로 들어보자. 단순히 '인문 고전을 많이 읽고 싶다'라는 생각을 가지고 있다면 SMART 목표 설정법을 적용해 이런 식으로 목표를 세울 수 있다.

"『논어』를(구체적), 매일 10페이지씩(측정 가능, 성취 가능), 출퇴근 시간에 지하철에서(현실적) 한 달 안에 읽겠다(달성 시기)."

▶ BHAG 설정법

『좋은 기업을 넘어 위대한 기업으로』의 저자 짐 콜린스는 'BHAG'를 가져야 성공할 수 있다고 조언한다. '비헤이그'라고 발음되는 BHAG 는 '크고 위험하고 대담한 목표Big Hairy Audacious Goal'의 약자다. 평범한 목표는 평범한 노력으로 이어지지만, 말만 들어도 짜릿하고 거대한 목표는 단숨에 마음을 사로잡아 거대한 노력을 가능하게 하기 때문이다. BHAG의 대표적인 예는 1961년 미국 대통령 존 F. 케네디John F. Kennedy가 의회 연설에서 밝혔던 달 탐사 선언이다. "미국은 60년대가 끝나기 전에 인간을 달에 보내고 무사하게 귀환시켜야 합니다." 그가 이 선언을 했을 때는 허무맹랑한 소리처럼 들렸지만, 실제로 미국은 불과 8년 만에 달에 아폴로 11호를 보냈다.

▶ 초과 달성 전략

BHAG 설정법과는 정반대로 100% 실천 가능한 최소한의 목표를 잡은 뒤에 늘 그것보다 조금 더 하는 '초과 달성 전략'을 세울 수도 있다. 세계적인 경영학자 피터 드러커Peter Drucker는 이렇게 말했다.

"효율적인 경영자는 실시 가능한 것을 찾는다. 그러면 대개의 경우 거의 틀림없이 시간과 수단이 허락하는 이상의 많은 일을 수행할 수 있다는 사실을 발견하기에 이른다."

특히 목표 달성에 늘 실패하는 끈기가 부족한 사람에게 초과 달성 전략은 효과적이다. 이를테면 '출근길에 영어 단어 1개 외우기'처럼 정말 작은 목표를 정하는 식이다. 이 목표를 달성한 사람은 대부분 이 이상의 목표를 달성하기 마련이다.

▶ 카이젠 전략

카이젠은 '개선改善'을 뜻하는 일본어다. 자동차 회사 도요타를 비롯한 일본의 기업들은 카이젠 정신으로 일본 경제의 황금기를 만들었다. 카이젠 전략은 어제보다 조금이라도 더 나아지는 것을 목표로 삼는다. 먼 미래에 달성할 거창한 목표를 세우는 것이 아니라 '지속적인 개선'이 목표인 것이다. 미국 프로 농구NBA의 팻 라일리Pat Riley 감독은 카이젠 전략으로 성공한 대표적인 사람이다. 그는 늘 선수들에게 자신의 최고 기록을 1%만 향상시켜보라고 지도했다. 단 1%, 작지만 지속적인 개선에 목표를 맞춘 것이다. 이 방법으로 그는 훗날 NBA

의 '올해의 감독상' 최다 수상자로 명예의 전당에 올랐다. 카이젠 전략을 시도하고 싶다면 어제의 자신과 비교를 하면 된다. 예를 들어 어제는 오전에 100분을 공부했다면 오늘은 101분을 공부할 목표를 세우는 식이다. 무조건 어제보다 나은 내가 되는 것이 핵심이다.

뚜렷해질 때까지 목표를 반복한다

앞서 이야기한 고등학생 아들의 예를 떠올려보자. 굳이 무리하지 않고 평소와 똑같이 생활해도 좋다. 다만 자신의 목표만큼은 절대로 잊어버리지 말고 틈나는 대로 반복하며 되새긴다. 텔레비전을 보아도 좋고 컴퓨터 게임을 해도 좋으니, 그것을 하는 동안 '합격'이라는 목표를 무의식 저편에 놓아버리지만 않으면 된다. 그러면 합격이라는 목표를 멀어지게 만드는 텔레비전과 게임이 조금씩 재미가 없어진다. 하지만 억지로 끊으려고 애쓸 필요는 없다. 우리의 마음은 말을 듣지 않는 청개구리와 같아서 억지로 금지하면 더 하고 싶고, 일부러 눈을 가리면 더 사로잡히기 때문이다. 목표를 반복해서 새기기 위한 방법은 많다. 매일 아침 이미지 트레이닝을 하거나, 매일 밤 자정마다 무릎을 꿇고 기도를 올리거나, 스마트폰의 배경 화면을 목표로 설정할 수도 있다. 아니면 조선 시대의 학자 남명 조식이 허리춤에 방울을 차고 다니면서 늘 그 소리로 자신을 일깨웠듯 손목에 팔찌나 묵주를 차고 볼 때마다 목표를 떠올려도 좋다.

특히 혼자 공부하는 사람에게 목표 설정이 중요한 까닭

혼자 공부를 할 때는 뚜렷한 목표의 설정 자체가 공부의 성패를 가르는 경우가 많다. 목표가 뚜렷하지 않으면 아예 공부를 그만둘 위험이 크기 때문이다. 같이 공부하는 친구가 있거나 돈을 내고 등록한 학원이 있으면 공부의 효율은 논외로 하더라도 어쨌든 목표를 상기시켜줄 자극이 주위에 존재하는 셈이다. 혼자 공부하는 사람은 자극을 스스로 부여해야 하는데, 특히 슬럼프가 왔을 때는 그것이 쉽지 않다. 그래서 슬럼프가 길어지면 아예 목표 자체가 흐려져 공부를 그만둘 수도 있다. 이런 위험을 방지하기 위해 혼자 공부하는 모든 사람들이 반드시 해야 할 것이 두 번째 공부 원칙인 목표 설정이다. 목표를 정하고 틈날 때마다 상기해야 한다. 몸은 놀아도 괜찮지만 머릿속에서는 목표를 잊지 말아야 한다. 목표를 뚜렷하게 만들면 그 목표가 우리를 힘껏 밀어줄 것이다.

혼자 하는 공부의 원칙 ③
반복

: 모든 공부법들이 숨긴 궁극의 비결

생물학적으로
공부는 반복이 답이다

혼자 공부하는 모든 사람을 위한 세 번째 공부 원칙은 반복이다. 지금까지 뇌를 최고의 컨디션으로 만들고(운동), 마음을 공부하고 싶은 상태로 세팅하는(목표) 방법을 살펴보았다. 여기까지는 공부를 시작하기 전의 준비 단계였다. 이제 드디어 공부 자체에 뛰어들 차례다. 혼자 공부하는 모든 사람들은 어떻게 공부를 해야 할까. 어떻게 해야 책 속의 내용을 머릿속에 저장할 수 있을까. 간단하다. '반복'이다. 단언컨대 반복은 단 하나의 궁극적인 공부 방법이다. 책이든, 강의든,

그 어디서든 접할 수 있는 수많은 공부법들은 대부분 '어떻게 반복할까'에 대한 나름의 요령들이다. 현미경 위에 우리가 아는 모든 공부 방법을 올려놓으면 그 뒤에 숨어 있는 '반복'이라는 공통된 원칙이 확실히 보인다. 반복이야말로 모든 공부법들이 등 뒤로 숨긴 단 한 가지 궁극의 비결이다.

왜 반복일까. 우리는 이미 뇌과학을 통해 반복이 답일 수밖에 없는 이유를 알고 있다. 미엘린의 형성 과정 때문이다. 무언가를 잘한다는 것은 뉴런을 감싸고 있는 미엘린이 두꺼워졌다는 뜻이다. 그리고 미엘린은 정확한 자극을 반복할 때 두꺼워진다. 요컨대 생물학적으로 우리 뇌는 반복해야 잘할 수 있도록 되어 있다는 이야기다. 사칙 연산이건, 영어 지문 독해건, 압박 면접에서 대답을 하는 일이건 모든 것이 그렇다. 너무나 명명백백한 일이라 어쩔 수가 없다. 뇌가 그러하니 받아들이는 수밖에. 무조건 반복이 답이다. 다른 길은 없다.

대신 여기에서 공부에 대한 진실이자 희망을 두 가지 발견할 수 있다. 첫째, 아무리 공부를 잘하는 사람도 반복하지 않고 머리에 넣을 수는 없다는 것. 둘째, 아무리 공부에 자신감이 없는 사람도 알 때까지 반복하기만 한다면 결국 잘하게 된다는 것. 이 두 가지 당연한 원리를 이미 130년 전에 실험으로 밝혀낸 사람이 있다. 기억과 망각을 연구한 독일의 심리학자 헤르만 에빙하우스Hermann Ebbinghaus다. 에빙하우스는 망각 곡선과 기억 곡선을 통해 반복의 힘을 널리 알린 사람이다.

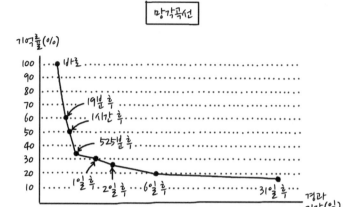

먼저 망각 곡선이다. 에빙하우스는 자신이 피실험자가 되어 알파 벳 3개로 이루어진 무의미한 낱말들, 예를 들면 DAT, POC, BUK 같 은 낱말들을 2,000개 이상 만들어서 외웠다. 100% 암기를 마친 그 순간에는 기억이 완전했을 것이다. 하지만 시간이 지날수록 잊어버 리는 낱말이 늘어났고, 그것들을 다시 완전히 암기하는 데 걸리는 시 간도 길어졌다. 에빙하우스는 잊어버린 낱말들을 재학습하는 데 걸 리는 시간을 망각의 정도로 간주하고 망각 곡선을 그렸다.

우리는 망각 곡선의 의미를 알아야 한다. 사람은 학습을 끝낸 순간 부터 바로 망각이 시작된다는 점, 그리고 망각은 예외가 없는 현상이 라는 점이다. 즉, 망각은 당연한 현상이기 때문에 아무리 공부를 잘하 고 아무리 암기를 잘하는 사람의 머릿속에서도 어김없이 망각이 일 어난다는 사실이 중요하다. 단지 그들은 기억 속에서 흩어져가는 정

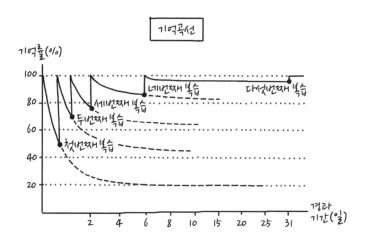

보를 붙들어 매기 위해 '보다 나은 노력'을 하고 있을 뿐이다. 그 노력은 당연히 더 많은 반복이다.

다음으로 기억 곡선이다. 에빙하우스는 망각한 낱말들을 재학습하는 데 걸리는 시간을 측정했다. 여기서의 재학습이 바로 복습이다. 오랜만에 복습할수록 그 시간이 오래 걸리는 것은 당연하다. 그런데 예상 밖의 흥미로운 일이 복습 뒤에 일어났다. 복습을 할수록 망각 곡선의 기울기가 완만해지더니, 나중에는 거의 기울어지지 않는 망각 곡선이 그려진 것이다. 복습을 거듭할수록 잊어버리는 정도는 덜해지고, 결국 거의 잊어버리지 않는 장기 기억이 된다는 뜻이다.

기억 곡선이 시사하는 바는 명확하다. 한 번 공부하면 잊어버린다. 하지만 두 번, 세 번 반복해서 공부하면 점차 덜 잊어버리고, 언젠가는 완전히 기억하는 상태에 도달한다. 에빙하우스는 DAT, POC,

BUK처럼 무의미한 낱말들도 거의 다 외우지 않았는가. 무언가를 머릿속에 완전히 넣고 싶다면 반복이 답이다. 만일 주위에 유달리 머릿속에 잘 넣는 사람이 있다면 그는 그저 더 많이 반복한 사람이다. 보이지 않는 곳에서, 혼자서 말이다.

10번을 쓰자
저절로 외워졌다

1장 자기 신뢰 편에서 언급했던 중학교 3학년 남학생의 이야기를 떠올려보자. 뒤에서 3등이었는데 진짜 3등이 된 학생 말이다. 내가 그 학생에게 알려준 공부 방법이 바로 반복이었다. 수업이 끝난 뒤, 하루를 마감할 때, 그리고 일주일을 마칠 때 3번을 반복하게 하자 공부 기초가 전혀 없던 학생도 공부한 내용이 머릿속에 들어왔고, 그 덕분에 공부에 재미가 붙었다. 이 학생의 성적 향상은 에빙하우스 덕이었다.

반복하면 외워진다. 나도 이 간단한 진리를 뚜렷하게 체험한 일이 있다. 고등학교 때 한문 과목이었다. 나름 시험을 열심히 준비했는데도 부수나 획수 같은 작은 부분까지는 완벽하지 않아 늘 한두 개씩 틀렸다. 그런 일이 자꾸 반복되자 화가 났다. 그래서 아예 시험 범위에 있는 본문을 다 외워버리자고 결심했다. 사실 본문을 전부 외운다고 해도 그 양은 얼마 되지 않았다. 한시漢詩는 5언 절구絶句가 20자,

7언 율시律詩가 56자에 불과하다. 『논어』나 『맹자孟子』의 구절이 나온 본문도 글자 수는 기껏해야 수십 자 안팎이었다.

어떻게 외울까를 고민하다가, 일단 본격적으로 암기를 하기 전에 그것을 베껴 써야겠다고 생각했다. '10번쯤 베껴 쓰면 꽤 많이 익숙해질 테니 그다음에 본격적으로 외워야지.' 책과 연습장을 펴고 한 글자 한 글자 쓰기 시작했다. 아니, 쓴다는 말보다는 따라서 그렸다는 표현이 적절할 것이다. 그런데 재미있는 일이 일어났다. 2번쯤 '따라 그릴' 때는 아무 일도 없었는데, 4번, 5번 거듭할수록 본문의 글자를 '대강 보고 쓰게' 되더니, 7~8번이 넘어가자 본문을 '보지 않고도 줄줄 썼던' 것이다. 처음에 목표한 대로 10번을 채우자 이미 본문이 다 외워졌다. 나 스스로도 신기했다.

애초에 '암기하려고' 10번을 쓴 것은 아니었다. 그저 '익숙해지려고' 10번을 반복했는데, 실제로는 10번을 반복하는 동안 본문 전체가 '저절로' 암기되었다. 모든 챕터들이 그랬다. 10번을 넘기지 않고 머릿속에 다 들어왔다. 본문을 통째로 암기하고 나니 새로 나온 한자나 구문의 해석을 따로 공부할 필요가 전혀 없었다. 그 이후로 나는 한문 시험에서 거의 틀리지 않았다. 정말 가능할까 궁금하다면 시험 삼아 한번 해보면 된다. 한시나 『논어』의 한 구절을 골라서 10번을 쓰는 거다. 물론 처음에는 '따라 그릴' 각오로 해야 한다. 하지만 반복이 거듭될수록 '보지 않고 쓰는' 자신을 만나게 될 것이다. 그것은 우리의 뇌가 이미 가지고 있는 능력이다.

혼자 공부하는 사람을 위한
반복 가이드

혼자 공부하는 모든 사람들을 위한 세 번째 공부 원칙이자 모든 공부법들 뒤에 숨어 있는 궁극의 비결은 반복이다. 사실 이것은 굉장한 축복이다. 충분히 반복할 각오만 되어 있다면 이 세상에서 마스터하지 못할 것은 없다는 증거이기 때문이다. 명상가이자 소설 『단』의 실제 주인공이었던 봉우 권태훈 선생은 "가고 가고 가면 마침내 닿게 되고, 실천하고 실천하고 실천하면 마침내 깨닫게 된다(去去去中知 行行行裏覺, 거거거중지 행행행리각)"라고 늘 강조했다. 반복하면 결국 잘할 수밖에 없다는 의미가 함축된 말이다. 뒤에서 3등이었지만 진짜 3등이 된 학생처럼 우리는 누구나 기적의 주인공이 될 수 있다.

⬤ **반복 원칙**

① 자신이 아는지 모르는지 확인하며 반복한다

② 이미 아는 부분은 제쳐두고 모르는 부분을 골라내어 반복한다

③ 알 때까지 반복한다

다음에 제시될 여러 가지 방법을 보면서 그중에서 '어떤 방법이 최

고로 효과적일까?' 하고 심각하게 고민할 필요는 없다. 마치 '세상의 모든 무술 중에서 무엇이 최고일까?'처럼 답이 없는 물음이다. 더 강한 무술이 아니라 더 강한 사람이 있을 뿐이기 때문이다. 반복하는 방법도 마찬가지다. 더 좋은 방법을 사용하는 사람이 공부를 잘하는 것이 아니라 더 많이 반복하는 사람이 잘하게 되어 있다. 다음의 방법 중에서 실천 가능한 것을 골라 최대한 반복하면 된다.

반복해서 읽는다

몇 번을 읽는지 회독 수를 세어가며 반복하는 것은 가장 기본적인 공부 방법이다. 예전에 사법 시험을 준비하던 거의 모든 고시생들은 '시험 전까지 몇 회독'을 목표로 잡고 공부를 했다. 이를테면 학원을 다니는 수험생은 '예비 순환 반, 1순환 반, 2순환 반, 모의고사 반' 등의 강의를 따라가며 회독 수를 올렸고, 혼자서 공부하는 수험생도 '석 달 안에 1회독, 두 달 안에 2회독' 하는 식으로 계획을 짰다. 공무원 시험이나 임용고시를 비롯한 모든 시험의 수험생들이 비슷할 것이다. 사실 이렇게 반복해서 읽는 방식의 공부는 동서고금을 막론하고 존재했다. 몸을 흔들며 사서삼경을 외는 우리의 옛 선비나 탈무드를 읽는 유대인 랍비의 모습을 떠올려보면 알 수 있다. 조선 시대에는 아예 서산書算이라고 해서 책 읽은 횟수를 기억하기 위한 도구도 있었다.

  알 때까지 반복해서 읽는 방법이 기본이다. 여기서 두 가지만 강조하고 싶다. 첫째, 반복하는 횟수를 높게 잡아야 한다. 알 때까지 반복하라고 이야기해도 공부를 잘해본 경험이 없는 사람은 반복 횟수의 목표치를 낮게 잡는다. 기껏해야 두어 번 반복하면 외워질 것이라고 생각하는 식이다. 그래서 실제로 그쯤 반복하고도 머릿속에 별로 들어간 것이 없으면 당황하는 동시에 실망한다. 고시생들을 보자. 학원에서는 대개 1년에 7회독 정도의 일정을 제시한다. 고시에 도전하는 사람들은 그래도 대부분 공부에 어느 정도 자신이 있는 사람들이다. 그런데도 목표치가 7회독이다. 그것도 합격을 보장하는 기준이 아니고 그저 합격의 가능성을 높이기 위한 기준치다. 공부를 잘하는 사람들은 절대로 2~3번 읽고 외워지리라 기대하지 않는다. 하지만 6~7번 이상 읽으면서 못 외울 것이라고 두려워하지도 않는다. 그동안의 공부 경험을 통해 몇 번쯤 반복하면 외워진다는 것을 대략 알기 때문이다. 공부에 자신이 없다면 우선 반복 횟수의 최저치를 높게 잡고 시작해야 한다. 나는 고등학교 때 한문 시험 공부를 시작하면서 아예 10번을 반복하려고 마음먹었었다.

둘째, 멍하니 기계처럼 반복하는 것이 아니라 적극적으로 자신이 아는지 모르는지를 확인하면서 모르는 부분을 골라내어 반복해야 한다. 『7번 읽기 공부법』의 저자 야마구치 마유가 마치 배경 음악을 듣듯이 멍하니 반복해도 내용이 머릿속에 들어온다고 주장한 것이라 생각한다면 엄청난 착각이다. 그녀는 이렇게 말했다.

"7번 읽기는 내용을 직접적으로 설명하는 한 종류의 문장을 반복해서 훑어보고 확인을 거듭하며 자신의 머리로 이해하는 방법이다. 처음에는 표면적으로 글자를 쫓아가면서 그대로 복사하는 작업이기 때문에 분명 '따라 하기'에 지나지 않는다. 그러나 인지가 이해로 진행되면서 '따라 하기'에서 벗어나 자기 나름대로 재구축할 수 있는 힘을 익힌다."

이 말에는 그녀의 머릿속에서 무슨 일이 일어났는지를 알려주는 키워드가 두 개 들어 있다. '확인'과 '재구축'이다. 반복해서 쭉쭉 읽어나가는 동안 '여기는 내가 모르는 부분이구나'라고 '확인'하고, '이 내용은 저 내용과 이렇게 연결되는구나' 하고 '재구축'했다는 이야기다. 이 점을 놓치고 멍하니 반복하면 회독 수를 잔뜩 채우더라도 속담 그대로 '낫 놓고 기억자도 모르는' 사람이 된다.

반복해서 쓴다

일본의 와세다 학원에서는 암기할 때까지 파란펜으로 무작정 쓰는 '파란펜 공부법'을 가르친다. 따로 설명할 필요가 없을 정도로 그저 내용이 외워질 때까지 쓰는 것이 공부법의 전부다. 나도 학창 시절에 '깜지'를 쓰며 공부한 경험이 있다. 연습장을 새카맣게 만든다고 해서 '깜지'다. 몇몇 선생님들은 아예 '깜지 몇 장 써오기'를 숙제로 내기도 했다. 나는 중학교 때 '깜지'가 된 연습장을 모으거나 모나미153 볼펜 하나를 며칠 만에 다 쓰는지 기록을 재면서 뿌듯해했었다. 실제로 이렇게 쓰면서 외우면 머릿속에 잘 들어간다. 특히 영어 단어나 국사 연대표처럼 단순한 암기를 할 때 효과가 크다.

왜 쓰면서 공부하면 효과가 클까. 읽기와 쓰기 사이에는 근본적인 차이가 있기 때문이다. 읽기는 기본적으로 수동적인 행위다. '해석'이든 '재구축'이든 의식적으로 생각을 하지 않으면 얼마든지 멍한 상태로 글을 읽을 수 있다. 하지만 쓰기는 다르다. 백지에 무언가를 쓰려면 매 순간 머릿속에서 무언가를 끄집어내야 한다. 생각하지 않고 국사 연대표를 쓸 수는 없다. 쓰기는 읽기에 비해 능동적인 행위다. 내가 한문 시험 공부를 할 때 10번을 쓰고 나자 외워졌던 것은 이 때문이다. 한 획 한 획 쓸 때마다 아는지 모르는지를 확인하면서 모르는 부분을 적극적으로 반복한 셈이기 때문이다. 꼭 외우고 싶은 것이 있다면 연습장에 반복해서 쓰자. 중학생으로 돌아간 것처럼 '깜지'를 만드는 것이다. 반복해서 쓰면 반드시 외워진다.

책을 덮고 반복해서 떠올린다

반복해서 읽는 방법은 시간 소모가 적지만 수동적으로 될 위험이 있고, 반복해서 쓰는 방법은 효과가 크지만 시간이 오래 걸린다. 둘의 장단점을 극복할 수 있는 방법이 책을 덮고 반복해서 떠올리기다. 한 챕터를 공부한 다음에 책을 덮는 것이다. 혹은 표제어나 제목만 보이도록 책을 가려도 좋다. 그리고 무슨 내용인지 떠올려보는 것이 전부다. 반복이 꼭 물리적인 회독 수만을 의미하지는 않는다. 책을 읽음으로써 한 번, 책을 덮고 그 내용을 떠올려봄으로써 또 한 번이다. 더욱이 이렇게 떠올리는 것은 쓰기처럼 능동적인 행위이기 때문에 굉장히 효과가 크다. 만약 매 챕터를 마칠 때마다 책을 덮고 그 내용을 한 번 떠올리는 식으로 공부를 한다면 장담하건대 그 어떤 것이라도 마스터할 수 있다.

　내가 이렇게 자신 있게 단언하는 이유는 사실 이것이 퍽 괴로운 방법이기 때문이다. 실제로 지속할 수 있는 사람이 많지 않을 거라는 이야기다. 잘 납득이 되지 않는다면 지금 당장 시도하면 알 수 있다. 하나의 챕터를 '평소처럼' 공부한 후에 책을 덮고 방금 무엇을 공부했는지 떠올려보자. 생각 이상으로 상당히 괴로울 것이다. 잘 떠오르지도 않는다. '평소에' 하던 공부가 얼마나 허술했는지를 증명하는 일이기도 하다. 너무 좌절할 필요는 없다. 다음부터는 책을 덮고 떠올렸을 때 제대로 기억이 날 만큼 공부하면 되니까. 만약 우리가 책을 덮었을 때 떠올릴 수 있을 정도로 공부하며 진도를 나간다면, 그리고 이런 방식을 습관화하기만 한다면 우리는 더 이상 이런저런 공부법을 찾아볼 필요가 없는 사람이 된다. 이미 '할 수 있다'라는 자신감으로 충만할 것이기 때문이다.

특히 혼자 공부하는 사람에게 반복이 중요한 까닭

공부를 혼자 해야 하는 이유이자 혼자 공부하는 사람이 가진 가장 커다란 장점이 바로 반복이다. 생물학적으로 공부는 반복이 답이다. 한번 생각해보자. 반복하는 방법 중에서 여럿이 같이하는 것이 하나라도 있는지. 공부가 시간과의 싸움이라고 말하는 이유는 반복이 시간과의 싸움이기 때문이다. 같은 시간 안에 얼마나 더 반복하느냐가 미엘린의 두께를 정하고, 미엘린의 두께가 당락을 가른다. 의식적으로 읽고, 새카맣게 쓰고, 책을 덮고 떠올리는 가장 기본적인 반복의 요령들은 모두 혼자 하는 일이다. 당연히 혼자 공부하는 시간이 많아야 공부를 잘할 수 있다.

지금 머릿속으로 굉장히 공부를 잘하는 사람의 이미지를 떠올려보자. 그 사람이 치열하게 공부하는 모습을 상상하는 거다. 다 그려졌는가. 지금 그 사람은 어떤 모습으로 공부하고 있는가. 눈에 불을 켠 채 혼자서 책을 붙들고 있는 모습인가. 그렇다. 바로 그것이 우리가 해야 할 일이다.

혼자 하는 공부의 원칙 ④
몰입

: 몰입의 3가지 조건

공부량
= 공부 시간×몰입도

혼자 공부하는 모든 사람을 위한 네 번째 공부 원칙은 몰입이다. 최
고의 컨디션인 뇌로(운동), 공부할 의지가 충만한 상태에서(목표), 알
때까지 반복하되(반복), 공부를 할 때는 매 순간 몰입해서 해야 한다.
우선 몰입이 무엇인지, 왜 몰입해야 하는지를 알아보고, 몰입할 때 머
릿속에서 일어나는 일을 살펴본 뒤에 몰입도를 높일 수 있는 방법을
이야기하고자 한다.

몰입이 의미하는 바를 과학적으로 처음 밝힌 사람은 세계적인 심리학자 미하이 칙센트미하이Mihaly Csikszentmihalyi다. 그는 평범한 사람들이 더 나은 삶을 살 수 있는 방법에 대해 고민하던 중 운동선수나 외과 의사들이 종종 경험하는 '시간이 가는 줄도 모르고 무언가에 몰두하는 상태'에 주목했다. 이런 상태에서는 의식의 차원이 지극히 높아지고, 모든 일이 물 흐르듯 저절로 이루어지며, 자기 자신조차 잊어버리는 특별한 경험을 한다. 칙센트미하이는 이런 물아일체의 상태에 '흐름'을 뜻하는 'Flow'라는 이름을 붙였는데, 이 Flow를 우리말로 번역한 것이 바로 '몰입'이다.

몰입은 굉장히 특별한 경험처럼 보이지만 사실은 누구나 얕든 깊든 몰입을 경험한다. 나는 언젠가 검도 시합에 나갔을 때 득점 부위인 상대방의 손목이 허공에 정지된 것처럼 훤히 보였던 적이 있다. 그 시합 중에 내가 몰입을 경험한 것이었음을 나중에 깨달았다. 아마 운동을 하는 거의 모든 사람들은 비슷한 체험담을 듣거나 직접 경험했을 것이다. 야구를 할 때 공이 수박처럼 크게 보였다던가, 수영을 할 때 물이 손에 잡히는 듯 느껴졌다는 식이다. 그저 컨디션이 아주 좋은 날

> FLOW
> '흐름'
>
> ✓ 시간이 가는 줄 모르고 몰두하는 상태
> ✓ 자기 자신조차 잊어버리는 경험
> ✓ 운동선수, 외과 의사들이 종종 경험
> ✓ FLOW의 번역이 '몰입'

이라고 생각했겠지만 사실 그것이 바로 몰입 경험이다. 그런가 하면 일상에서 경험할 수 있는 보다 짧은 몰입도 있다. 버스나 지하철에서 스마트폰으로 게임을 하다가 내려야 할 정류장을 놓쳤다거나 군대에서 실탄 사격을 할 때 조준선 정렬을 하는 순간 팔꿈치가 아프다는 생각조차 잊었던 것도 몰입이다. 반면에 아주 깊은 몰입의 예는 다음과 같다. 커다란 배를 부두에 정박하는 도선 일을 하는 분이 들려준 이야기다. 크기가 어마어마한 배들을 험한 파도 속에서 사고 없이 도선하는 일은 매 순간 엄청난 긴장을 요구한다. 언젠가 그분이 선배가 도선을 지휘하는 장면을 지켜볼 때였다. 당시 선배는 담배를 손에 들고 있었는데, 얼마나 집중을 했던지 담배가 타들어가는 것도 까맣게 몰랐다. 불씨가 손가락을 태우는 중인데도 말이다.

공부할 때 일부러 몰입에 들어가도록 애써야 하는 이유는 무엇일까. 몰입할 때의 공부량은 그냥 공부할 때와 차원이 다르기 때문이다. 사람들은 같은 시간을 책상에 앉아 있으면 같은 양을 공부할 거라고 짐작하지만 사실은 전혀 그렇지 않다. 똑같이 독서실에서 하루 10시간을 보내고, 똑같이 회사에서 일주일에 40시간을 근무해도 생산성은 사람마다 천양지차다. 왜 그럴까. 공부량은 시간과 몰입도의 적분 값이기 때문이다. 거칠게 공식으로 표현하자면 다음과 같다.

공부량 = 공부 시간 × 몰입도

　사람의 공부 시간에는 한계가 있다. 아무리 열심히 공부한다고 해도 기껏해야 하루에 24시간이니 말이다. 하지만 몰입도에는 한계가 없다. 바둑을 두는 내내 몇 십 수 앞을 내다보는 이세돌 9단이나 온몸이 마비되었지만 암산만으로 천체 물리학의 난제들을 풀어내는 스티븐 호킹Stephen Hawking 박사를 떠올려보자. 똑같은 사람이지만 훈련을 통해 몰입의 수준을 극한까지 끌어올린 예다. 앞의 공식에 대입해보면 몰입도에 한계가 없다는 것은 곧 공부량에 한계가 없다는 뜻이며, 공부량에 한계가 없다는 말은 어떤 목표든지 달성할 수 있다는 뜻이다. 따라서 늘 하던 대로 그냥 공부하는 사람과 매번 의식적으로 몰입도를 높이려고 애쓰는 사람은 합격과 불합격, 혹은 성공과 실패만큼 차이가 크다.

　공부를 하려고 마음먹은 이상, 잘해야 하지 않을까. 똑같이 책상 앞에서 시간을 보낼 바에야, 목표하는 것을 이루는 편이 낫지 않을까. 어차피 노력하기로 결심했는데, 우리가 가진 잠재력이 무엇인지 한번 확인해보아야 하지 않을까. 그냥 공부해서는 안 된다. 몰입해야 한다. 정말 다행스러운 사실은 다른 모든 공부 원칙들이 그렇듯이 몰입 역시 원리를 이해하고 그대로 조금만 따라 해보면 누구나 경험할 수 있다는 점이다.

몰입할 때
머릿속에서 일어나는 일

먼저 몰입할 때 머릿속에서 무슨 일이 일어나는지를 살펴본다. 역시 뇌과학적인 설명이 등장하겠지만 그저 몰입도가 높아진다는 것이 무엇을 의미하는지 그 윤곽을 이해하는 정도면 충분하다. 이른 새벽에 지구 반대편에서 열리는 한국 팀의 월드컵 축구 경기를 보려고 텔레비전을 켰다고 가정했을 때, 머릿속에서 몰입도가 올라가면 일어나는 일은 다음과 같다. 조금 전까지 우리는 자고 있었다. 수면 중에도 뇌가 활동을 하긴 하지만 어쨌든 축구와 관련된 영역은 전혀 활성화되지 않았다. 뉴런과 시냅스에 신호가 오가지 않았다는 말이다. 그러다가 맞춰놓은 알람 소리에 일어나 텔레비전을 켜면 그 순간 시각과 청각 등으로 축구와 관련된 자극이 쏟아져 들어온다. 이제 축구 규칙, 축구 선수, 상대 팀 전적, 본선 진출을 위한 경우의 수 등 축구와 관련된 기억들이 머릿속에서 깨어나기 시작한다. 뉴런에 하나둘씩 전기 신호가 흐르고 시냅스가 활성화되는 것이다. 이때 뇌를 자기 공명 영상MRI으로 촬영하면 군데군데에서 알록달록한 색깔이 나타난다. 축구 경기 시청과 관련된 뇌의 영역, 즉 뉴런과 시냅스가 활성화된 지점들이다. 우리가 잠에서 완전히 깨고, 점점 더 축구 경기에 몰두할수록 활성화된 영역은 넓어진다. 몰입도가 높아진다는 것은 이처럼 관련된 뉴런과 시냅스가 점점 더 많이 활성화됨을 의미한다. 그리고 상당히 많은 뉴런과 시냅스가 활성화되면 그때 우리는 보다 깊은 몰입에 들어간다.

재미있는 사실은 일단 몰입도가 올라가면 쾌감이 따라온다는 점이다. 시냅스의 연결 부위에서 신경 전달 물질인 도파민이 나오는데, 이것이 쾌감을 선사한다. 공부든, 수다든, 게임이든 그 무엇이든 간에 일단 몰입을 하면 재미있게 느껴지는 이유다. 반대로 몰입도가 낮으면 아무것도 재미가 없다. 이를테면 야구 규칙을 하나도 모르는 사람을 데려다가 한국시리즈 최종전이 펼쳐지는 야구장의 VIP 좌석에 앉

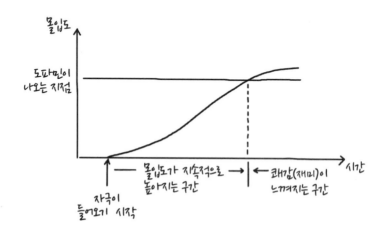

히더라도 그 사람은 지루해할 것이 틀림없다. 머릿속에 야구와 관련된 뉴런과 시냅스가 별로 없으므로 경기를 보아도 몰입도가 올라가지 않기 때문이다.

이제 공부 원칙으로서 몰입이 왜 중요한지 충분히 이해할 수 있을 것이다. 공부는 원래 재미없는 것이 아니다. 공부에 몰입하지 않기 때문에 재미없는 것이다. 많은 중고등학생들은 수학을 원수처럼 여기지만 헝가리의 전설적인 수학자 폴 에어디쉬Paul Erdős는 평생 집도, 직업도, 가족도 없이 수학의 세계에 빠져서 희열을 느끼며 살았다. 그리고 같은 맥락에서 나는 또 한 가지를 장담할 수 있다. 내가 경험한 바도 그렇고, 주위 친구들을 보아도 그렇다. 사실 공부를 잘하는 사람들은 공부를 좋아하거나, 적어도 공부가 별로 괴롭지 않다. 적게 공부해서 그런 것이 아니다. 많이, 열심히 하는데도 그렇다. 오히려 자신감이 없거나 어중간하게 대충 할 때 공부가 괴롭다. 지금까지 설명한 몰입의 원리를 생각해보면 자연스러운 이야기다. 열심히 해야 몰입도가 높아지고, 몰입하면 쾌감을 느끼는데, 몰입하는 사람은 공부를 잘할 수밖에 없기 때문이다. 청소가 하기 싫어서 미루다가 어느 순간 포기하는 심정으로 '하는 수 없지. 이왕 이렇게 된 거 최대한 빨리 끝내자'라고 적극적으로 달려들면 순식간에 괴로운 마음이 사라지면서 오히려 재미있게 느껴지는 것도 같은 이유다.

해야 할 공부가 있어서 그것을 잘하고 싶다면, 그리고 즐겁게 공부하고 싶다면 공부를 피하지 말고 정면으로 부딪혀야 한다. 전 세계적으로 4,000만 부가 넘게 팔린 미우라 켄타로三浦建太郎의 만화『베르세르크』에는 이런 말이 나온다. "도망쳐서 도착한 곳에 낙원은 없다." 어차피 해야 할 공부라면 온몸을 다해 그 속으로 뛰어드는 편이 낫다. 당장 공부로 머릿속을 꽉 채울 각오부터 하는 거다. 그것이 잘하는 길이고, 동시에 즐겁게 하는 길이며, 결과적으로 가장 빨리 공부를 끝내는 길이다.

혼자 공부하는 사람을 위한 몰입 가이드

몰입을 의도적으로 경험할 수 있다는 것은 정말 대단한 일이다. 식사로 놓아둔 오믈렛이 차갑게 식도록 끼니조차 잊은 채 연구했다는 아이작 뉴턴Isaac Newton의 일화를 들으면 사람들은 '역시 천재는 달라'라고 생각하지만, 스마트폰으로 게임을 하다가 내려야 할 정류장을 지나친 적이 있는 사람들도 사실 뉴턴과 똑같은 뇌 구조를 가지고 있다. 약간의 연습을 통해서 의도적으로 몰입에 들어가는 법을 익힌다면 누구나 게임을 하듯이 몰입해서 공부를 할 수 있는 것이다. 만일 누가 불러도 모르고, 내려야 할 정류장을 지나칠 정도로 공부에 몰두하는 방법을 어렵지 않게 익힐 수 있다고 생각해보자. 우리가 하지 못할 공부가 무엇이 있을까. 성적이나 합격 따위에 겁먹을 이유가 어디에 있을까. 혼자 공부하는 모든 사람들을 위한 네 번째 공부 원칙이 '몰입'인 이유다. 혼자 공부하는 사람은 구체적으로 어떻게 몰입도를 높일 수 있을까. 칙센트미하이가 밝힌 몰입의 조건 안에 그 힌트가 있다. 몰입의 조건을 알고, 그것을 공부에 적용한다면 몰입도를 의식적으로 높일 수 있다.

⬤ **몰입 원칙**

① 의도적으로 몰입도를 높인다

② 공부하기 싫다면 몰입도가 낮은 상태임을 깨닫는다

③ 최대한 몰입해야 잘하고, 즐겁게 하고, 빨리 끝낼 수 있다는 사실을 명심한다

이제 몰입도를 높이는 방법을 몰입의 조건을 통해 알아본다. 이 조건들이 갖춰지면 우리는 몰입을 경험한다.

⬤ **몰입의 3가지 조건**

① **명확한 목표**

몰입은 명확한 목표를 가진 활동에서 일어난다. 스포츠, 컴퓨터 게임, 카드놀이 등은 몰입하기 쉬운 대표적인 활동이다. 목표와 규칙이 명확하면 무엇을 해야 하는지 고민할 필요가 없으므로 그저 매 행동에 집중할 수 있다.

❷ 신속한 피드백

잘하고 있는지 못하고 있는지에 대한 피드백이 신속할수록 몰입에 들어가기 쉽다. 게임을 할 때는 매 순간 성공적으로 움직였는지 아닌지를 안다. 적의 공격을 막았는지, 보너스 점수를 얻었는지, 제대로 폭탄을 떨어뜨렸는지 아는 데는 채 1초도 걸리지 않는다. 피드백이 신속하게 오면 잠시도 거기에서 눈을 뗄 수가 없다.

❸ 과제의 난이도와 실력의 밸런스

몰입은 너무 쉽지도, 그렇다고 아주 어렵지도 않은 과제가 주어지고 그것을 위해 자신의 실력을 온통 쏟아부을 때 일어나는 현상이다. 농구 시합을 생각해보자. 어린이 초등학생들과 농구 시합을 하면 너무 싱거워서 재미가 없다. 반대로 국가 대표 선수들과 시합을 한다면 그때는 아예 상대가 되지 않기 때문에 재미가 없다. 실력이 비슷한 상대와 엎치락뒤치락할 때 우리는 손에 땀을 쥔다.

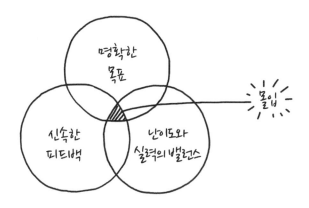

이렇게 3가지가 몰입의 조건이다. 몰입해서 공부한다는 것은 이 3가지 조건들을 갖춘 상태로 공부한다는 뜻이다. 반대로 그냥 대강 공부한다는 것은 이 조건들에 맞게 하고 있는지 신경 쓰지 않는다는 의미다. 이 간단한 차이가 공부량의 차이를 만들고, 결국 성적과 당락의 차이를 만든다. 다행스러운 것은 3가지 조건을 갖추는 일이 그저 약간의 연습이 필요한 요령일 뿐이라는 사실이다. 혼자 공부할 때 몰입의 3가지 조건을 어떻게 적용할 수 있는지 방법을 제시한다.

목표를 명확하게 세우는 방법

공부를 시작하기 전에 목표를 명확하게 해야 한다. 여기서 목표는 장기 목표(이를테면 '자아실현')나 단기 목표(이를테면 '시험 합격')가 아니다. 당장 '이번 시간에 무엇을 할 것인가'와 같은 초단기 목표다. 명확하다 못해 바늘 끝처럼 뾰족한 정도가 되어야 몰입의 조건에 알맞은 명확한 목표라고 할 수 있다. 목표를 명확하게 만드는 방법은 다음과 같다.

▶ 장기 목표에서 출발해 역으로 초단기 목표를 세우는 방법

- 종이 위에 자신이 10년 안에 이루고 싶은 커다란 목표를 적는다.
- 그 목표를 달성하기 위해 1년 뒤의 자신이 무엇을 이루어야 하는지 적는다.
- 1년 뒤의 목표를 달성하기 위해 1달 뒤의 자신이 무엇을 이루어야 하는지 적는다.
- 1달 뒤의 목표를 달성하기 위해 1주 뒤의 자신이 무엇을 이루어야 하는지 적는다.
- 1주 뒤의 목표를 달성하기 위해 오늘 자신이 무엇을 이루어야 하는지 적는다.
- 오늘의 목표를 달성하기 위해 1시간 안에 자신이 무엇을 이루어야 하는지 적는다.

  이제 끝났다. 1시간 안에 이루어야 할 그것이 초단기 목표다.

▶ SMART 목표 설정법으로 초단기 목표를 세우는 방법

SMART 목표 설정법을 적용해 우리가 지금 당장 해야 할 아주 작은 목표를 만드는 것이다. 예를 들어 '15개의(측정 가능) 영어 단어를(구체적) 지하철이 신림역에서 강남역까지 이동하는 동안(달성 시기) 수첩으로 만든 단어장을 보며(현실적) 암기한다(성취 가능)'라는 식이다.

▶ **학습 목표를 의식하며 초단기 목표를 세우는 방법**

앞선 두 가지 방법이 시간 제한에 중점을 두었다면 이 방법은 공부 내용에 방점이 찍혀 있다. 교과서의 한 챕터를 읽기 전에 '이 챕터에서 내가 무엇을 알아야 하는가?'를 자문하고 공부를 시작한다. 사실 공부할 때 챕터의 제목을 눈여겨보지 않고 바로 본문부터 읽는 사람들이 많다. 그물을 두고 맨손으로 고기를 잡겠다고 달려드는 사람이나 마찬가지다. 먼저 제목을 보고 문제의식을 가진 뒤에 본문으로 들어가야 한다. 무엇에 대한 이야기인지, 무엇을 찾아야 하는지, 어떤 내용이 등장할지 말이다. 이렇게 매 챕터마다 제목을 통해 학습 목표를 세울 수 있는데, 그것이 곧 초단기 목표다.

피드백을 신속하게 받는 방법

공부를 하는 동안 피드백을 신속하게 받아야 한다. 운동선수는 코치로부터 실시간으로 피드백을 받는데, 공부를 할 때는 그것이 현실적으로 쉽지 않다. 선생님의 칭찬이나 시험 성적표는 강도 높은 피드백이 될 수 있지만 신속함과는 거리가 멀다. 혼자 공부할 때는 어떻게 최대한 신속하게 피드백을 받을 수 있을까. 두 가지 방법이 있다.

▶ 문제집 풀이

문제집은 훌륭한 피드백 도구다. 하나의 챕터를 공부한 뒤 즉시 문제집을 꺼내 해당 챕터에 대한 문제를 풀어본다. 이때 복잡한 응용문제보다는『수학의 정석』에 나오는 예제나 유제처럼 간단한 문제가 적합하다. 내용 확인을 중점으로 두되, 모든 부분을 빠짐없이 다루는 문제집을 고른다. 나는 암기 과목을 공부할 때 교과서의 한 챕터를 읽고 나서 곧바로 문제집의 같은 챕터 풀기를 원칙으로 삼았다.

▶ 책을 덮고 확인하는 방법

한 챕터를 공부한 뒤에 책을 덮거나 손으로 가리고 지금 공부한 내용이 머릿속에 온전히 들어갔는지 확인한다. 종이에 써볼 수도 있고, 머릿속으로 떠올려볼 수도 있으며, 누군가에게 설명하듯이 말해볼 수도 있다. 성공적으로 해냈다면 잘하고 있는 것이고 그렇지 않다면 아닌 것이다.

과제의 난이도와 실력의 밸런스를 맞추는 방법

공부 내용의 난이도와 실력의 밸런스가 맞지 않으면, 너무 쉬워서 지루하거나 너무 어려워서 의욕이 떨어진다. 공부하다가 몰입도가 낮아졌다고 느껴질 때는 잠깐 멈춰서 왜 밸런스가 무너졌는지 찾아내야 한다. 달리는 자동차에 이상이 있으면 갓길에 멈춰 서듯이 말이다.

실력은 쉽게 변하지 않으므로 해결책은 두 가지 중에 하나다. 난이도를 낮추거나 혹은 높이는 것이다.

▶ 과제의 난이도를 낮추는 방법

목표를 하향 조정하거나 과제를 쪼개면 된다. 먼저 목표를 하향 조정하는 예는 이렇다. 고급 레벨의 영어 회화 반에서 쉬운 레벨로 바꾸거나, 1시간 안에 독파할 페이지 수를 줄이는 것이다. 과제를 쪼개는 예는 이렇다. 나는 대학 때 국제법 연구 모임에 들어가기 위해 입회 테스트를 치른 적이 있었다. 시험 문제는 국가 간의 분쟁 사례가 나온 영어 원서를 보면서 그에 대한 해결책을 내놓는 것이었다. 시험 시간은 하루 종일이었다. 예상치 못한 난이도의 문제에 당황했던 나는 한참 동안 아무것도 못한 채 식은땀을 흘렸다. 아무리 읽어도 무슨 내용인지 이해가 가지 않았다. 그러다가 문득 일단 할 수 있는 것부터 하자는 생각이 들었다. 그래서 법리 검토나 해결책 도출은 제쳐두고 우선 영어 지문을 우리말로 번역해 한 줄 한 줄 옮겨 쓰기 시작했다. 그렇게 해야 할 일을 작게 쪼개자, 그 순간 갑자기 흥미가 확 살아나는 것을 느꼈던 기억이 생생하다.

▶ 과제의 난이도를 높이는 방법

어떤 과제에도 예외 없이 적용 가능한 만능 비법이 한 가지 있다. 바로 제한 시간을 두는 것이다. 한 자리 수의 덧셈처럼 정말 쉬운 문제도 제한 시간만 두면 무한히 어려워진다. 나는 군 입대 직후 논산 훈련소에서 속옷과 양말을 정리하는 일도 얼마든지 힘들 수 있다는 사실을 경험했다. 어느 저녁 점호 시간이었다. 굉장히 엄했던 조교가 생활관 사람들 전원에게 관물대의 서랍을 빼서 뒤집어엎은 다음, 1분 안에 속옷과 양말을 정리하라고 시켰다. 1분 안에 다 하지 못하자 다시 뒤집어엎고는 제대로 할 때까지 계속 반복했다. 그때 고작 속옷과 양말을 정리하면서도 모두가 땀을 비 오듯 흘렸다.

특히 혼자 공부하는 사람에게 몰입이 중요한 까닭

앞서 살펴본 '반복'처럼 '몰입'도 혼자 공부하는 사람에게 엄청나게 유리한 공부 원칙이다. 혼자 공부하면 몰입에 들어가도록 공부 방법을 섬세하게 조정하기가 쉽기 때문이다. 목표를 명확하게 다듬고, 책을 덮은 채 아는지 확인해보고, 과제의 난이도를 자신에게 맞게 조절하는 일은 모두 혼자 하는 작업이다. 게다가 다른 사람과 함께 있으면 그 사람을 의식하게 되어 아무래도 온전히 몰입하기가 쉽지 않다. 그냥 대강 공부해서는 안 된다. 몰입도가 높아지도록 의식적으로 애써야 한다. 그것이 공부를 잘하는 길이고, 즐겁게 하는 길이며, 동시에 가장 빨리 끝내는 길이다.

혼자 하는 공부의 원칙 ⑤
틈틈이

: 실컷 자고 실컷 놀면서 공부하는 방법

**언제 어디서나 할 수 있는
마법의 공부**

공부량 = 공부 시간 × 몰입도

앞서 몰입도를 높이는 방법을 살펴보았으니 이제는 공부 시간을 늘
릴 방법을 알아볼 차례다. 하루는 24시간이지만 그 안에서도 시간의
밀도를 높일 수 있다. 그것이 바로 **혼자 공부하는 모든 사람을 위한
다섯 번째 공부 원칙 '틈틈이'**다. 틈틈이 하는 공부는 기본적으로 발

상의 전환에서 나온다. 공부는 교실이나 독서실처럼 적절한 환경을 갖춘 다음에 하는 것이 아니라, 언제 어디서든 상관없이 하는 것이라는 발상의 전환이다. 초등학교 때 동그라미에 그렸던 하루 생활 계획표를 떠올려보자. 식사 시간, 목욕 시간, 등하교 시간 등을 정한 뒤에 남는 자리에 '공부 시간'이라고 썼다. 그때는 그것이 최선의 계획표라고 생각했다. 하지만 더 좋은 방식은 그 시간들을 제외한 뒤에 공부하는 것이 아니라, 그 시간에도 공부하는 것이다. 이렇게 생각을 바꾸면 언제 어디서든 공부할 수 있는 창의적인 방법들이 저절로 떠오른다. 이를 실천하는 것이 '틈틈이 하는 공부'다.

고등학교 1학년 때 나는 명문대에 들어간 사람들의 합격 수기 모음집을 읽은 적이 있다. 거기서 거의 모든 이들이 합격의 비결로 '자투리 시간 활용'을 꼽아 굉장히 신기하다고 생각했다. 그런데 얼마 지나지 않아 본격적으로 공부를 시작한 뒤에, 왜 다들 합격 수기에 그런 말을 썼는지 바로 이해할 수 있었다. **틈틈이 하는 공부**는, '하면 좋은 방법'이 아니라 **'하지 않으면 안 되는 방법'**이었던 것이다. 고등학교 시절 틈틈이 하는 공부는 두 가지 면에서 확실한 도움이 되었다.

첫째, 충분히 잠을 잘 수 있었다. 나는 사실 잠이 많다. 3~4시간만 자면서 버티는 초단기 수면은 아예 다른 세상 이야기고, 아침형 인간이 되어 새벽 공부를 하려는 시도 역시 성공한 일이 없다. 고등학교 3학년 때도 마찬가지였다. 하루 8시간은 꼬박꼬박 자야 했는데, 만일 잠이 모자라면 다음 날 여지없이 졸았다. 그렇게 잠을 많이 자면서도 비교적 공부를 잘한 것은 순전히 틈틈이 공부하는 요령을 알았기 때문이다. 둘째, 등하교 시간이 길었지만 피해를 보지 않았다. 나는 학교와 집이 멀었다. 초등학교 4학년 때부터 고등학교를 졸업할 때까지 매일 등하교에 2시간을 썼다. 많이 걸어야 했고, 심지어 버스도 두 번을 탔다. 하지만 나는 늘 그 시간을 책을 읽거나 오답 노트를 보는 시간으로 활용했다. 덕분에 등하교 길이 멀어 공부에 불리하다거나, 시간을 버린다는 생각으로 스트레스를 받은 일이 한 번도 없었다.

틈틈이 하는 공부의 전형적인 모습이 알버트 아인슈타인Albert Einstein의 유명한 일화에 담겨 있다. 한번은 어떤 기자가 아인슈타인과의 약속 자리에 지각을 했다. 세계적인 인물을 기다리게 했으니 기자는 무척이나 당황했을 터였다. 거듭 사과를 전하는 기자에게 아인슈타인은 정말로 아무렇지 않다는 듯 이렇게 말했다.

"정말 괜찮습니다. 나는 언제 어디서나 풀어야 할 문제를 가지고 다니거든요."

차이를 만들고
몰입을 유지하는 비결

왜 틈틈이 공부를 해야 할까. 아니, 틈틈이 공부하지 않으면 안 되는 이유는 무엇일까. 혼자 공부하는 모든 사람들이 반드시 틈틈이 공부해야 하는 이유는 두 가지다.

첫째, 차이를 내기 위해서다. 『이상한 나라의 앨리스』의 후속편인 『거울 나라의 앨리스』에는 앨리스가 붉은 여왕과 이야기를 나누는 장면이 나온다. 아무리 달려도 계속 제자리에 머물러 있는 상황을 이상하게 여긴 앨리스에게 붉은 여왕은 이렇게 대꾸한다.

"있는 힘껏 달려도 제자리에 머물 수밖에 없어. 어디론가 가고자 한다면 그보다 두 배는 빨리 뛰어야지."

우리 사회의 많은 부분은 경쟁으로 이루어져 있다. 시험도, 입학도, 취업도, 승진도 경쟁이다. 선호하는 곳은 한정되어 있고 원하는 사람이 많다면 필연적으로 경쟁이 일어날 수밖에 없다. 물론 경쟁의 원리가 아닌 다른 원리가 보다 중요한 분야도 있고, 경쟁이 보다 덜한 분야를 선택하는 사람도 있다. 하지만 지금 자신이 들어가고자 하는 문이 공급보다 수요가 많은 좁은 문이라면 경쟁은 확실히 받아들여야 할 현실이다.

영화배우 덴젤 워싱턴Denzel Washington은 어느 대학의 졸업 축사에서 "차이를 만들어내겠다는 열망을 품어라Aspire to make a difference"라고 강조했다. 만약 우리가 경쟁이 치열한 트랙 위를 달리면서 원하는 결과를 얻고 싶다면 차이를 만들어내야 한다. 함께 경쟁하는 다른 사람들과 구분되는 차이 말이다. 어떻게 차이를 만들어 낼 수 있을까. 하루 중에 공부하도록 주어진 공식적인 공부 시간은 대개 비슷하다. 그 시간에 열심히 하는 것만으로는 차이를 만들어내기 어렵다. 기껏해야 열심히 하지 않으면 뒤처질 뿐이다. 차이를 만들어 내려면 '공부 시간'이라고 아무도 생각하지 않는 시간, 당연히 '버리는 시간'이라고 여기는 시간에 공부를 해야 한다. 틈틈이 하는 공부가 선택이 아닌 필수인 이유다.

둘째, 몰입도를 유지하기 위해서다. 몰입도가 높다는 것은 관련된 뉴런과 시냅스가 활성화되었다는 뜻이다. 그런데 지금 몰입하고 있는 주제 이외의 것에 주의가 분산된다면 몰입도는 순식간에 뚝 떨어진다. 텔레비전의 슬픈 드라마를 보면서 눈물을 흘리다가 실수로 리모컨을 눌러서 홈쇼핑 채널로 바뀌면 감정이 확 깨져버리듯이 말이다. 공부도 마찬가지다. 글을 쓰느라 혹은 수학 문제를 푸느라 한창 집중하던 찰나에 친구에게 연락이 오면 몰입도가 떨어진다. 다시 책상에 앉아 조금 전과 같은 몰입 상태로 들어가려면 시간이 필요할 뿐만 아니라 힘도 많이 든다. 이렇게 몰입도를 올렸다가 떨어뜨렸다가를 반복하며 하는 공부는 무척 비효율적이다. 이어달리기에서 바통을 넘겨줄 때마다 완전히 멈춰 선 후에 다시 달리는 셈이다.

사실 하루 종일 끊이지 않고 몰입도를 유지하는 것은 쉬운 일이 아니다. 식사든, 청소든, 누가 부르는 경우든 몰입도를 떨어뜨리는 방해물들이 도처에 널려 있기 때문이다. 그렇다고 조선 시대에 사서삼경

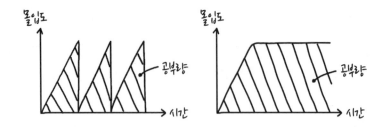

몰입도가 오르락내리락하는 공부는 비효율적이다

을 읽듯이 산속의 절에 들어가 인연을 끊고 공부만 할 수도 없다. 이 문제에 대한 해결책이 틈틈이 하는 공부다. 틈틈이 공부를 하면 다른 일을 하더라도 몰입도가 0으로 떨어지는 것만은 막을 수 있다. 그 차이는 마치 고속 도로가 막힐 때 아예 멈춰 서는 것과 느리더라도 천천히 가는 것의 차이와도 같다. 자투리 시간에도 틈틈이 공부를 해야 한다는 말에 '꼭 그렇게까지 해야 될까?' 하고 불평하는 마음이 들면 아예 멈춰 선 고속 도로를 생각해보자.

혼자 공부하는 사람을 위한
틈틈이 공부 가이드

여기서 틈틈이 하라는 말을, 인간관계를 다 끊고, 먹지도 씻지도 않은 채 비인간적으로 공부하라는 이야기로 오해해서는 안 된다. 생각

228

해보면 혼자 공부하는 모든 사람을 위한 다섯 번째 공부 원칙인 '틈틈이'는 사실 굉장히 멋진 노하우다. '실컷 자고, 실컷 놀면서도' 공부를 잘할 수 있는 비결이기 때문이다. 혼자 공부하는 사람은 구체적으로 어떻게 틈틈이 공부를 할 수 있을까.

◯ 틈틈이 공부 원칙

❶ 언제 어디서든 어떻게 공부할 수 있을지 생각한다

❷ 단 1분만 있어도 공부한다

❸ 차이는 틈틈이 하는 공부에서 난다는 사실을 명심한다

사실 틈틈이 하는 공부란 '공부할 여건이 안 될 때' 하는 공부다. 그러므로 책상 앞에 앉아 있거나 시간이 넉넉할 때처럼 '공부할 여건이 될 때' 하는 방식과 똑같이 하면 비효율적이다. 예를 들어 지하철을 탈 때 두꺼운 전공 교과서를 읽을 수는 있지만, 그것보다 더 나은 방법들이 있다는 말이다. 틈틈이 하는 공부의 강점은 '보기 좋게 체계적으로' 하는 데 있지 않고, '조악하더라도 빈틈없이' 하는 데 있다. 다음은 혼자 공부하는 사람이 어떻게 틈틈이 공부할 수 있을지에 대한 방법이다.

수첩을 활용한다

나는 고등학교 때 수첩을 유용하게 썼다. 사용법은 이랬다. 영어 단어든, 국사 연대표든, 물리 공식이든 가리지 않고 머릿속에 잘 외워지지 않는 모든 것을 수첩에 적어 언제나 그 수첩을 가지고 다니면서 보고 또 보았다. 화장실에 갈 때나 버스를 기다리며 서 있을 때도 예외가 아니었다. 정성을 들여 예쁘게 쓸 필요도 없었다. 다 외워졌다 싶으면 미련 없이 수첩을 버렸다. 틈틈이 하는 공부의 핵심은 '보기 좋게 체계적으로' 하는 것이 아니라 '조악하더라도 빈틈없이' 하는 것이라는 사실을 다시 한 번 기억하자. 특히 지하철이나 버스를 탈 때는 두꺼운 책을 펴는 것보다 수첩을 보는 편이 훨씬 효율적이다.

암기 카드를 활용한다

수첩보다 한 걸음 더 나아간 도구가 암기 카드다. A4 용지를 16등분하면 명함 정도의 크기가 되는데, 이것이 훌륭한 암기 카드가 된다. 일일이 자르기가 귀찮다면 아예 작은 크기의 '더블에이 미니박스'를 추천한다. 암기 카드의 사용법은 간단하다. 공부하다가 잘 외워지지 않는 모든 것을 암기 카드에 적는다. 주의할 점은 한 가지, 한 장의 암기 카드에는 가급적 하나의 정보만을 적는다. 영어 단어 하나, 화학식 하나, 혹은 '국민의 4대 의무' 정도의 정보량에서 그치는 편이 좋다.

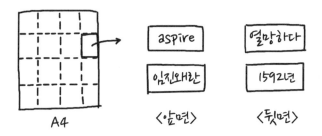

<앞면>   <뒷면>

A4

카드의 한 면에 'aspire', 다른 한 면에 '열망하다'라고 쓰면 카드 하나
하나가 곧 문제가 된다. 이런 암기 카드를 수시로 만들어 쌓아두고 틈
틈이 몇 장씩 집어서 주머니에 넣으면 끝이다. 다 외웠다고 생각하면
그대로 버리면 된다.

스마트폰을 활용한다

요즘 스마트폰이 없는 사람은 거의 없다. 하지만 스마트폰을 공부하
는 데 잘 쓰는 사람 역시 거의 없다. 대학원생이었던 동생은 운이 좋
게도 유럽으로 교환 학생을 가게 되었다. 문제는 영어 실력이었다. 교
환 학생을 준비할 시간은 촉박했고 영어 실력은 턱없이 부족했다. 자
칫하면 수업조차 따라가지 못할 형편이었다. 그래서 동생은 자투리
시간에 틈틈이 스마트폰의 단어장 애플리케이션으로 영어 단어를 공
부하기 시작했다. 책상에 앉아 있을 때는 전공 공부를 하느라 한가하
게 단어를 외울 시간이 없었기 때문이다. 우리는 스마트폰으로도 얼

마든지 훌륭하게 공부할 수 있다. 불가능하지 않다. 스마트폰으로 틈틈이 뉴스도 보고, 게임도 하고, SNS도 하지 않는가. 스마트폰으로 영어 공부를 했던 동생은 무사히 교환 학생을 마쳤다.

머리를 활용한다

암기 카드나 스마트폰조차 볼 수 없는 경우가 있다. 이를테면 목욕을 하는 중이거나, 만원 지하철에 꽉 끼어 있는 경우다. 한창 열심히 공부할 때는 그런 시간도 신경이 쓰일 뿐더러, 실제로 그런 시간까지 신경이 쓰여야 목표가 뚜렷한 사람이다. 이렇게 아무것도 볼 수 없는 자투리 시간에는 최후의 수단인 머리를 활용하면 된다.

▶ 되새김질 공부를 한다

소는 소화를 위해 이미 삼킨 풀을 다시 게워내어 되새김질을 한다. 공부도 마찬가지다. 이미 머릿속에 넣은 것을 게워내어 되새김질한 내용은 기억에 굉장히 잘 남는다. 머릿속에 집어넣기만 하는 것보다(Input), 꺼내는 연습을 같이할 때(Output) 공부 효과가 크기 때문이다. 자투리 시간에는 그저 알고 있는 것들을 떠올려보자. 최근에 외운 영어 단어를 회상해도 좋고, '국민의 4대 의무가 뭐였지?' 하고 스스로에게 묻고 답해도 좋다. '오늘 나는 무엇을 공부했지?'라고 스스로에게 묻는 습관을 가진다면 대단히 훌륭하다.

▶ 머릿속으로 문제를 푼다

아인슈타인을 따라 하는 방법이다. 방정식 같은 대수 문제나 선을 그려야 하는 기하 문제에는 적합하지 않지만, 확률 문제를 비롯해서 문제 자체를 암기하기가 어렵지 않은 경우도 종종 있다. 나는 어찌해야 할지 도무지 길이 보이지 않는 어려운 문제는 그대로 외워두었다가 버스 안에서 머릿속으로 이리저리 떠올려보곤 했다. 그러면 꼭 풀어내야 한다는 부담이 없어서 좋았고, 심지어는 머릿속으로 게임을 하는 느낌까지 들었다.

▶ 아이디어를 떠올린다

자투리 시간은 기획안이나 과제물의 주제 구상처럼 아이디어를 떠올리기에 좋다. 아이디어는 어차피 책상 앞에 앉아 있다고 해서 더 잘 나오는 것이 아니기 때문이다. 나는 첫 책인 『365 공부 비타민』을 그렇게 썼다. 365개의 에피소드가 들어가는 책이었기 때문에 특히 많은 아이디어를 떠올려야만 했다. 그래서 걷든, 먹든, 마시든 틈이 날 때마다 아이디어를 구상했고, 거기서 떠올린 아이디어를 메모해두었다가 나중에 책상에 앉아서 글을 썼다.

이상이 혼자 공부하는 사람이 틈틈이 공부할 수 있는 방법이다. 다양한 예시를 통해 틈틈이 하는 공부가 가르쳐준 결론은 다음과 같다.

"공부는 언제, 어디서든 할 수 있다. 그러므로 깨어 있는 모든 순간에 우리는 공부할 수 있다."

삶은 시간으로 이루어져 있다. '틈틈이'를 실천한다는 것은 우리가 가진 시간을 최대한으로 활용한다는 뜻이고, 이 말은 곧 우리가 가진 삶을 최대한 산다는 의미다.

공부 원칙

○ 운동

▶ 단언컨대 공부의 시작은 운동이며, 공부를 잘하고 싶은 사람은 운동부 터 해야 한다. 공부를 잘하는 사람은 운동을 중요하게 여긴다. 그들은 '운동까지 하면서' 성공한 것이 아니라 '운동을 했기 때문에' 성공했다.

▶ 미국 네이퍼빌 203학군에서 0교시 체육 수업을 실시하자 학생들이 갑 자기 공부를 잘하기 시작했다. 미국 캘리포니아주에서 100만 명이 넘는 학생들의 자료를 조사한 결과, 운동 능력이 뛰어난 학생들의 성적이 그 렇지 못한 학생들보다 2배나 높았다.

▶ 운동을 하는 사람이 공부를 잘하는 이유는 3가지다.

① 운동을 하면 뇌에 산소와 영양분이 공급되므로 우리 뇌는 최고의 상 태가 된다.

② 운동을 하면 뇌의 시냅스에서 신경 전달 물질의 양이 늘어나 효과적 으로 정보가 전달된다.

③ 운동을 하면 뉴런이 자라나 정보를 저장할 공간이 많아진다.

▶ **운동 원칙**

① 매일 운동한다.

② 운동부터 하고 공부한다.

③ 뇌의 컨디션이 좋지 않다고 느껴지면 바로 운동한다.

▶ 운동 가이드

① 운동할 곳이 있다면 매일 간다. 적당한 운동은 충전이다.

② 시간이 없으면 짧게 한다. 단 10분만 운동해도 뇌가 생생해진다.

③ 틈틈이 5분만 한다. 일하고 공부하는 틈틈이 운동한다.

④ 벼락치기 공부를 할 때는 운동이 핵심이다. 짧은 운동이 집중력을 유지시킨다.

○ 목표

▶ 목표가 있어야 성공한다. 1953년 예일대 졸업생 중에서 구체적인 목표가 있고 그것을 글로 적은 사람은 3%였다. 그로부터 22년 뒤, 그 3%의 졸업생이 가진 돈은 나머지 97%를 합친 것보다 많았다.

▶ 생물학적으로 우리 몸은 일단 목표를 설정하면 맹목적으로 그것을 따라가게 되어 있다. 이것이 목표 지향 메커니즘이다.

▶ 목표가 뚜렷하면 목표 지향 메커니즘이 작동한다. 목표에 가까워지면 좋은 기분(긍정적인 피드백)이, 목표에서 멀어지면 나쁜 기분(부정적인 피드백)이 든다.

▶ 목표 설정 원칙

① 뚜렷한 목표를 가진다.

② 목표를 반복해 되새긴다.

③ 목표가 뚜렷하면 공부는 저절로 된다.

▶ 목표 설정 가이드

① '근사한' 목표가 아니라 '뚜렷한' 목표가 핵심이다.

② 목표를 반복해서 되새기면 점점 뚜렷해진다.

③ 목표를 설정하는 대표적인 방법에는 SMART 목표 설정법, BHAG 설정법, 초과 달성 전략, 카이젠 전략 등이 있다.

⭕ 반복

▶ 에빙하우스는 망각 곡선과 기억 곡선을 그렸다. 이에 따르면 망각은 예외 없이 누구에게나 일어나는 현상이지만, 반복해서 공부하면 망각이 점차 줄어들어 마침내 장기 기억이 된다. 생물학적으로 공부는 반복이 답이다.

▶ 반복 원칙

① 자신이 아는지 모르는지 확인하며 반복한다.

② 이미 아는 부분은 제쳐두고 모르는 부분을 골라내어 반복한다.

③ 알 때까지 반복한다.

▶ 반복 가이드

① 반복해서 읽기는 가장 기본적인 방법이다. 반복해서 읽을 때는 반복 횟수를 높게 잡고, 적극적으로 모르는 부분을 골라내어 반복해야 한다.

② 반복해서 쓰기는 시간이 오래 걸리기는 하지만 효과가 크다.

③ 공부한 후에 책을 덮고 무엇을 공부했는지 떠올리는 방법은 효과적이고 효율적이다.

◉ 몰입

▶ 공부량 = 공부 시간 × 몰입도

▶ 칙센트미하이는 '시간이 가는 줄도 모르고 무언가에 몰두하는 물아일체
의 상태'를 'Flow'라고 이름 붙였다. 이를 번역한 말이 '몰입'이다.

▶ 머릿속에 자극이 밀려들면 뉴런과 시냅스가 활성화되기 시작하고 이에
따라 점점 몰입도가 높아진다. 몰입도가 일정 정도 이상 높아지면 도파
민이 나와 쾌감을 준다.

▶ 몰입 원칙

① 의도적으로 몰입도를 높인다.

② 공부하기 싫다면 몰입도가 낮은 상태임을 깨닫는다.

③ 최대한 몰입해야 공부를 잘하고, 즐겁게 하고, 빨리 끝낼 수 있다는
사실을 명심한다.

▶ 몰입 가이드

① 목표를 명확하게 세운다.

② 문제집을 풀거나 책을 덮고 공부하는 등 가능한 피드백을 신속하게
받는다.

③ 과제의 난이도와 실력의 밸런스를 맞춘다. 제한 시간의 설정은 과제
의 난이도를 높이는 가장 효과적인 방법이다.

◉ 틈틈이

▶ 틈틈이 하는 공부는 언제 어디서든 공부할 수 있다는 발상의 전환에서

나온다.

▶ 틈틈이 공부해야 하는 이유는 두 가지다.

① 그렇게 해야 다른 사람들과 차이를 만들어낼 수 있다.

② 몰입도를 떨어뜨리지 않고 최대한 유지할 수 있다.

▶ **틈틈이 공부 원칙**

① 언제 어디서든 어떻게 공부할 수 있을지 생각한다.

② 단 1분만 있어도 공부한다.

③ 차이는 틈틈이 하는 공부에서 난다는 사실을 명심한다.

▶ **틈틈이 공부 가이드**

① 잘 외워지지 않는 모든 것을 수첩에 쓰고 늘 그 수첩을 본다.

② A4 용지를 16등분한 암기 카드를 만들어 활용한다.

③ 스마트폰을 틈틈이 공부하는 도구로 활용한다.

④ 아무것도 손에 들 수 없을 때는 공부한 것을 되새기거나, 머릿속으

로 문제를 풀거나, 아이디어를 떠올린다.

CHAPTER 4

생활 관리

자기 관리 없이는 성공도 없다

──────── 『혼자하는 공부의 정석』 네 번째 편은 '생활 관리'다. 지금까지 공부하는 방법을 보았으므로 이제는 어떻게 생활을 관리할지 살펴볼 차례다. 사람들은 공부의 성공 여부가 공부하는 방법에 온전히 달려 있다고 생각하지만, 실제로는 공부 방법 못지않게 공부 외적인 변수에 좌우된다. 공부 외적인 변수란 습관이나 식사, 수면처럼 생활의 여러 측면이다. 공부하기에 적절한 생활 여건이 뒷받침되지 않는 사람은 절대적인 공부량을 확보하기 어렵고, 결국 공부에서 실패할 확률이 크다. 따라서 혼자 공부하는 모든 사람들은 반드시 몇 가지 원칙을 세워 생활의 여러 요소들을 관리해야 한다.

습관 관리에서는 나쁜 습관을 제거하는 방법과 좋은 습관을 성공적으로 들이는 요령을 살펴본다. 식사 관리에서는 공부하는 사람에게 식사 관리가 중요한 이유와 식사할 때 유의해야 할 구체적인 원칙을 제시한다. 수면 관리에서는 수면의 질을 높이면서도 잠자는 시간을 조절할 수 있는 지침을 이야기한다. 시간 관리에서는 굉장히 효과적이면서도 단순한 단 한 가지의 시간 관리 방법을 제시하고, 여러 가지 공부해야 할 과목이 있을 때 어떻게 시간을 배분해야 하는지를 알아본다. 마지막으로 루틴 관리에서는 루틴 형성의 필요성과 함께 공부하는 사람이 자신에게 최적인 루틴을 만드는 방법을 살펴본다.

어떤 분야건 실력이 비슷한 사람들 사이에서 성공과 실패를 가르는 것은 결국 생활 관리다. 자기 관리를 못하는 사람은 절대로 성공할 수 없다. 혼자 하는 공부에 있어서도 마찬가지다. 게다가 코로나 이후 혼자 있는 시간이 길어진 상황에서는 자기 관리가 절대적인 변수라는 사실을 혼자 있는 시간을 경험해본 그 누구라도 동의할 것이다.

혼자 공부하는 사람의
습관 관리

: 두뇌 매뉴얼을 따라 습관을 바꾼다

어떤 일이든
가능하게 만드는 도구, 습관

러시아의 대문호 표도르 도스토옙스키Fyodor Dostoevskii는 습관을
일러 '인간으로 하여금 어떤 일이든지 할 수 있게 만드는' 굉장한 도
구라고 했다. 좋은 습관은 거의 모든 것을 가능하게 한다는 말이다.
운동하는 습관을 들인다면 누구나 건강해질 수 있고, 영어 공부하는
습관을 들인다면 누구나 영어를 익힐 수 있으며, 정리하는 습관을 들
인다면 누구나 깔끔한 집에서 살 수 있다.

그런데 이렇게 굉장한 도구를 갖는 것은 생각보다 어려운 일이 아

니다. 예를 들어 매일 운동하는 사람을 보면 '나는 하루도 하기 힘든데, 저 사람은 정말 자제력이 대단해'라고 생각하기 쉽지만 사실은 그렇지 않다. 자제력이 많이 요구되는 것은 습관이 정착되는 초기 일정 기간에 불과하기 때문이다. 무엇이든 일정 기간만 꾸준히 하면 습관이 되는데, 일단 습관이 되면 그 뒤에는 수월하게 할 수 있다. 몇 년째 회사에서 퇴근하자마자 헬스클럽에 들러 운동부터 하는 내가 확실히 장담할 수 있는 이야기다.

만약 갖고 싶은 습관이 여러 가지라면 어떻게 해야 할까? 한 번에 하나씩 하면 된다. 우리가 가진 자제력을 각각의 목표에 차례차례 집중하는 것이다. 접시돌리기를 하는 서커스 단원처럼 하나씩 하나씩 성공적으로 돌리면서 돌고 있는 전체 접시의 개수를 늘려나간다. 한 번 돌린 접시는 이따금 툭툭 쳐주기만 해도 계속 돌아가기 때문이다.

혼자 공부하는 모든 사람을 위한 생활 관리 편의 첫 번째 주제는

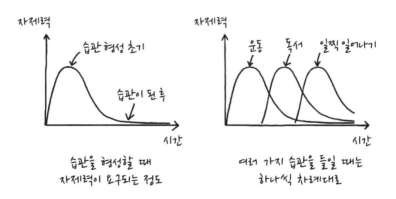

습관을 형성할 때
자제력이 요구되는 정도

여러 가지 습관을 들일 때는
하나씩 차례대로

습관 관리다. 모든 생활 방식은 결국 습관으로 귀결되기 때문에 습관을 관리할 줄 아는 것이 생활 관리의 핵심이다. 여기서 중요한 것은 두 가지다. 어떻게 좋은 습관을 골라내느냐, 그리고 그 습관을 어떻게 들이느냐. 습관이 먼저다. 우리가 습관을 만들면 그다음에는 습관이 우리의 삶을 만든다. 목표 달성 여부는 걱정할 필요가 없다.

Not-to-do list에서 To-do list로

좋은 습관을 들이기 위해서는 먼저 좋은 습관을 골라내는 방법부터 살펴보아야 한다. 『좋은 기업을 넘어 위대한 기업으로』의 저자 짐 콜린스가 학창 시절에 겪었던 이야기다. 길에서 마주친 어떤 교수가 짐 콜린스에게 툭 던지듯이 말했다. "자네는 열심히 사는 것 같기는 하지만 제대로 살고 있진 않군." 짐은 무슨 뜻이냐고 물었다. 그 교수가 답했다. "사람은 해야 할 일을 정하는 것 못지않게 하지 말아야 할 일을 정하는 것이 중요하네. 만일 지금 자네가 200만 달러를 상속받았다고 해보지. 그 대신 자네는 시한부 선고를 받아 단 10년밖에 살지 못하는 걸세. 그렇다면 자네는 무엇을 '하지 않겠는가'?" 200만 달러의 유산, 하지만 딱 10년뿐인 시간. 그는 그런 상황에 처했을 때 진심으로 당장 그만두어야 할 일들을 떠올려보았다. 대부분 쓸데없는 일들이었다. 순간 짐 콜린스는 자신이 이리저리 분주하게만 살고 있을 뿐, 제대로 살고 있지는 않다는 생각이 들었다. 그리고 그 깨달음이 그로 하여금 진짜 중요한 일에 집중하는 계기가 되었다.

짐 콜린스의 일화는 우리에게 어떻게 살아야 하는지에 대해 중요한 가르침을 준다. 우리가 가진 시간에는 한계가 있으므로 **'무엇을 해야 할까?'**라는 질문은 **'무엇을 하지 말아야 할까?'**에서 시작해야 한다는 가르침이다. 좋은 습관을 골라내는 일도 같은 지점에서 출발한다. 좋은 습관을 형성하는 첫 번째 단계는 나쁜 습관의 제거다. 과일 바구니를 싱싱한 과일로 가득 채우기 위해서는 먼저 그 안에 있던 썩은 과일부터 골라서 빼내야 하는 것과 같다. 바로 Not-to-do list 만들기다. To-do list의 반대가 Not-to-do list다. '운동하기, 외국어 공부하기, 명상하기'처럼 할 일들의 목록이 To-do list라면, '공부할 때 스마트폰 켜지 않기, 소파에 앉아 과자 먹지 않기, 버스에서 게임하지 않기'처럼 하지 말아야 하는 일들의 목록이 Not-to-do list다. 혼자 공부하는 사람들이 Not-to-do list를 만드는 3단계는 다음과 같다.

❶ 하루 일과 구체적으로 기록하기

경영학의 아버지라 불리는 피터 드러커는 CEO들에게 자신이 무슨 일을 하며 하루를 보내는지 일일이 기록해보라고 조언했다. 이런 작업을 일주일만 해보면 깜짝 놀랄 것이라는 확언과 함께였다. CEO가 스스로 '나는 시간을 이렇게 보내고 있지'라고 생각하는 것과 실제로 시간이 사용되는 내역은 확연히 다르기 때문이다. 혼자 공부하는 사람도 피터 드러커의 조언을 똑같이 따라 해보자. 시간을 어떻게 보내고 있는지 세세하게 적는 것이다. 다음의 예시와 같이 정확하게 적으면 된다. 일주일이 아니라 단 하루만 이렇게 해보아도 충분하다.

8시 30분	이동(버스에서 인터넷 서핑)
9시 12분	독서실 도착
9시 15분	공부 시작
10시 23분	화장실
10시 40분	동영상 강의
10시 58분	전화(친구 ○○)
11시 10분	동영상 강의

❷ 기록을 보며 불필요한 시간 체크하기

실제로 기록을 해보면 대부분 깜짝 놀랄 것이다. 첫째는 생각보다 공부하는 시간이 길지 않기 때문이고, 둘째는 생각보다 무의미하게 보내는 시간이 많기 때문이다. "오늘은 하루 종일 공부만 했어"라고 입버릇처럼 말하는 경우라도 실제로 공부하는 시간은 다르다. 기록을 보면서 추려낸 순수한 공부 시간이 '진짜' 공부 시간이다. 자신이 '생각하는' 자신의 공부 시간과 '진짜' 공부 시간의 차이가 많이 날수록 문제가 크다. 수도관의 보이지 않는 부분에서 물이 새고 있는 것과 같다. 기록을 보면서 불필요한 행동들을 나열하고, 별 생각 없이 낭비하는 시간이 얼마인지 통계를 내며, 한번에 몰아서 처리하는 등 효율을 높일 방법은 없는지 생각해야 한다.

❸ 불필요한 행동을 바탕으로 규칙 만들기

적어놓은 불필요한 행동을 보며 규칙을 만든다. 규칙은 구체적일수록 좋다. '버스에서 인터넷 서핑하지 않기, 공부 중에는 스마트폰 전원 *끄기*'처럼 말이다. 이렇게 적은 규칙이 Not-to-do list다. 그런 다음에는 Not-to-do list를 보며 대신 그 시간에 무엇을 할지 생각한다. 예를 들어 Not-to-do list에 '저녁을 먹자마자 텔레비전 앞에 앉지 않기'가 있다면 '저녁 식사 직후에 집 앞을 20분간 산책하기'가 될 것이다. 평소에 하고 싶었지만 시간이 없어 하지 못했던 To-do list를 이때 적용해도 좋다. Not-to-do list의 행동을 To-do list로 바꾼다면 -1이 +1이 되는 것이므로 보람은 더 크다.

이상이 Not-to-do list를 만드는 3단계다. 혹시 그대로 따라 하기 번거롭다고 생각하는 경우에는 다음과 같이 간략하게 하면 된다.

❶ 스톱워치로 하루의 공부 시간을 잰다. '진짜' 공부 시간만 체크한다.

❷ 자신이 '생각하는' 공부 시간과 '진짜' 공부 시간의 차이를 만드는 불필
   요한 행동들을 떠올린다.

❸ 이것들을 바탕으로 Not-to-do list를 만든다.

습관을 만드는 방법, 아주 작은 행동의 반복

Not-to-do list를 지키기만 해도 습관 관리는 절반 이상 성공한 것
이다. 이번에는 한 발 더 나아가 To-do list, 즉 좋은 습관을 들이
는 방법을 이야기해본다. 뇌가 작동하는 매뉴얼을 따르면 실패하
지 않고 습관을 바꿀 수 있다. 임상 심리학자인 로버트 마우어Robert
Maurer는 『아주 작은 반복의 힘』에서 좋은 습관을 들이는 요령으로
'아주 작은 행동의 반복'을 제시했다.

  뇌과학적으로 볼 때 습관이 든다는 것은 어떤 행동을 익숙하게 한
다는 뜻이다. 어떤 행동을 익숙하게 한다는 것은 그 행동과 관련 있
는 뉴런을 미엘린이 두껍게 감싸고 있다는 뜻이다. 그리고 미엘린은
정확한 신호를 반복할 때 조금씩 두꺼워진다. 결국 습관은 뉴런에 정
확한 신호를 반복할 때 형성된다고 할 수 있다. 문제는 새로운 습관
을 들일 때 그것과 반대되는 기존 습관이 저항을 한다는 점이다. 아침
형 인간이 되려고 결심했지만 알람이 울릴 때 5분만 더 자고 싶어 하

는 마음이 '기존 습관의 저항'이다. 그런데 여기서 말하는 기존 습관 역시 뉴런을 감싸고 있는 미엘린이다. 다만 그 뉴런이 우리가 원하는 목표를 달성하는 데 별로 도움이 되지 않을 뿐이다. 결국 나쁜 습관을 없애고 좋은 습관을 들이는 것을 뇌의 매뉴얼대로 설명하자면, 기존 뉴런에 있는 두꺼운 미엘린의 영향(저항)을 피해가면서 새로운 뉴런 의 얇은 미엘린을 두껍게 만드는 일이라고 요약할 수 있다.

앞의 두 가지 과제를 동시에 성공시킬 수 있는 요령이 바로 '아주 작은 행동의 반복'이다. '아주 작은 행동'으로 기존 뉴런의 저항을 불러일으키지 않으면서 '반복'을 통해 새로운 뉴런의 미엘린을 두껍게 만들기 때문이다. 다음은 아주 작은 행동을 반복하는 요령이다.

❶ 조급함 버리기

먼저 효과를 빨리 보려는 욕심을 버려야 한다. 아주 작은 행동의 반복은 마음이 급한 사람들에게는 조금 답답한 방법이다. 그들은 "그런 식으로 해서 도대체 언제 효과가 나?"라고 불만을 터뜨릴 수도 있다. 물론 당장 완전히 자신을 바꾸는 것도 가능한 일이기는 하다. 오랜 세월 피워온 담배를 한 순간에 끊어버리는 사람도 있듯이 말이다. 하지만 당장 효과를 보기 위해서는 대단한 자제력이 필요하다. 이런 시도는 기존 뉴런의 강력한 저항을 불러오기 때문에 새로운 뉴런에 미엘린이 형성될 때까지 충분한 시간을 지속하기가 어렵다. 강도 높은 다이어트나 스파르타식 여름 방학 계획이 작심삼일이 되는 이유다.

❷ 아주 작은 행동 만들기

원하는 습관을 쪼개고 쪼개어 아주 작은 행동으로 만든다. 핵심은 이 행동을 굉장히 작은 것으로 쪼개는 데 있다. 심지어 너무 작아서 우스 꽝스럽다는 느낌이 들 정도면 성공적이다. 이렇게까지 해야 하는 이유는 기존 습관이 조금도 저항을 일으키지 않도록 하기 위해서다. 예를 들면 다음과 같다.

원하는 습관	아주 작은 행동
매일 일기 쓰기	매일 한 문장 쓰기
매일 스페인어 공부하기	매일 스페인어 단어 1개 외우기
매일 운동하기	매일 운동화를 신고 현관문 앞에 1분 서 있기

❸ 아주 작은 행동 반복하기

아주 작은 행동을 반복한다. 결국 핵심은 반복이다. 하루에 한 번만 해도 좋고, 특정 요일에 한 번만 해도 좋지만 절대로 걸러서는 안 된다. 그렇게 하면 '굳이 안 해도 된다'라는 반대 신호를 뉴런에 보내게 되어 미엘린의 형성에 혼란이 오기 때문이다. 만약 이 행동을 해야 할 때 여전히 저항감이 든다면 그것은 아직도 행동을 충분히 작게 쪼개지 않았다는 의미다. 저항감을 이기지 못하고 실패할 경우, 행동을 더 작게 만들어서 다시 처음부터 시작해야 한다. 예를 들어 운동화를 신고 현관문 앞에 1분 동안 서 있는 일도 귀찮아서 하지 않았다면, 이번에는 그냥 양말을 손에 들고(신지도 않고!) 1분 동안 서 있는 일로 바꾸는 식이다.

❹ 아주 작은 행동 늘려나가기

반복하는 아주 작은 행동의 크기를 조금씩 늘려나간다. 정확한 신호로 반복하는 모든 행동은 점점 수월해지기 마련이다. 적어도 일주일 이상 그 행동을 하는 동안 아무런 저항을 느끼지 않았다면 한 단계 위로 옮겨간다. 해마다 유력한 노벨 문학상 후보로 꼽히는 무라카미 하루키도 이런 식으로 글을 쓰곤 한다. 그는 말하길 글을 쓰기 싫은 날에도 일단 책상 앞에 앉는 것이 중요하다고 했다. 펜을 들지 않아도 상관없으니 그저 그냥 앉아 있기만 하면 된다. 그렇게 아주 작은 행동을 성공하고 나면 나중에는 저절로 글이 쓰고 싶어진다고 했는데, 하루키 역시 '아주 작은 행동의 반복'으로 매일 글을 썼던 것이다.

여기까지가 '아주 작은 행동의 반복'으로 습관을 바꾸는 방법이다. 혼자 공부하는 모든 사람에게는 특히 습관 관리가 중요하다. 혼자 있는 시간이 긴 만큼 생활이 쉽게 흐트러질 위험이 있기 때문이다. 생활이 흐트러지는 것은 불필요한 행동 때문이다. '시골 의사'라는 필명으로 유명한 박경철은 『자기 혁명』에서 이렇게 말했다.

"'시간이 없다'라는 말은 달콤하지만 쓸모없는 것들을 끌어안고 놓지 않는다는 말과 같다. 불필요한 것들을 버리고 필요한 것들로 채우는 과정이 자기 관리의 출발이다."

Not-to-do list를 만들어 불필요한 행동을 제거하고 대신 그 시간을 To-do-list로 채워보자. 원하는 대로 습관을 만들 수 있는 사람은 원하는 대로 삶을 만들 수 있다. 삶은 습관의 축적이기 때문이다.

⬤ TIP 한눈에 보기 _ 혼자 공부하는 사람의 습관 관리 원칙

❶ 나쁜 습관(Not-to-do list) 버리기
- 하루 일과를 구체적으로 기록한다.
- 불필요한 행동을 체크한다.
- 이를 바탕으로 버려야 할 행동을 규칙으로 정한다.

❷ 좋은 습관(To-do list) 만들기
- 원하는 행동을 저항감이 들지 않는 아주 작은 행동으로 쪼갠다.
- 그 행동을 반복한다.
- 반복하는 아주 작은 행동의 크기를 늘려나간다.

혼자 공부하는 사람의
식사 관리

: 밥은 단지 밥이 아니다

그들은 왜
밥에 목숨을 걸었을까

지금은 변호사로 일하는 선배가 고시 공부를 할 때 이런 말을 한 적이 있었다. "나는 건강한 사람들이 제일 부러워. 몸만 아프지 않으면 다 할 수 있어. 공부야 그냥 하면 되잖아." 원래 위장이 좋지 않았던 그 선배는 수험 생활의 스트레스까지 겹쳐서 식사를 잘 못했다. 그러다 보니 몸이 약해서 이래저래 고생이 많았고, 한번 아프면 아까운 시간이 며칠씩 날아가곤 했다. 노는 것도 아니고 공부하려는 의지도 있는데 건강 때문에 공부에 집중할 수 없으니 안타까운 노릇이었다.

253

혼자 공부하는 모든 사람을 위한 생활 관리 편의 두 번째 주제는 **식사 관리**다. 혹시 지금 '식사가 공부와 무슨 관계가 있지?' 하고 의아한 사람이 있다면 정말 축복받은 사람이다. 아직 젊거나, 아니면 본래 튼튼한 체질이라서 식사 관리의 중요성을 깨달을 기회가 지금까지 없었기 때문에 그런 생각이 드는 것이다. 식사 관리를 잘하는 사람은 공부도 잘할 수 있다. 여기서는 혼자 공부하는 사람에게 식사 관리가 중요한 이유를 살펴보고, 공부에 도움이 되려면 어떻게 먹어야 하는지 알아본다.

성균관은 조선 시대 최고의 교육 기관이었다. 요즘으로 치면 국립 대학이다. 조선 시대의 과거 시험은 소과小科와 대과大科로 나뉘었는데, 그중 1차 시험인 소과에 합격하면 성균관에 들어갈 자격이 주어졌다. 수능을 보고 국립 대학에 입학하는 셈이다. 그런데 성균관에서 성적을 매기는 방식이 흥미로웠다. 성균관의 학생들은 일종의 내신 점수를 받았다. 이 점수가 좋아야 진짜 공무원 시험인 대과를 볼 때 유리했기 때문에 학생들에게는 이 점수가 상당히 중요했다. 조선 시대 최고의 교육 기관에서는 어떻게 성적을 매겼을까? 놀랍게도 성적은 식사 참석 여부에 달려 있었다. 성균관에서는 하루에 두 번, 아침과 저녁 식사를 제공했다. 이 두 번의 식사에 모두 참석해야 내신 점수 1점을 부여했다. 그래서 내신 점수가 300점이 되면 3년마다 한 번 있는 정기 과거 시험과 수시로 열리는 특별 과거 시험에 제한 없이 응시할 수 있었다.

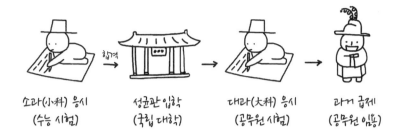

소과(小科) 응시   성균관 입학   대과(大科) 응시   과거 급제
(수능 시험)   (국립 대학)   (공무원 시험)   (공무원 임용)

사실 아침과 저녁 식사 모두를 학교 식당에서 매일 먹는다는 것은 쉬운 일이 아니다. 대학생을 생각해보자. 우선 아침 식사를 학생 식당에서 먹으려면 기본적으로 부지런해야 한다. 밤에 있는 술자리에서도 절제가 필요하다. 여러 가지 어려움을 이겨내고 아침 식사를 학생 식당에서 하는 사람은 아침 일찍부터 학교생활을 시작할 수 있고, 당연히 공부도 잘할 수 있다. 고등학교 때 선생님 한 분이 이런 이야기를 해주셨다. 대학 동기 중에 1학년 때 일부러 일주일 내내 1교시 수업에 수강 신청을 한 친구가 있었다. 매일 아침 일찍부터 학교생활을 시작하기 위해 스스로를 채찍질한 것이었다. 그 친구는 4년 내내 그렇게 했는데, 보란 듯이 4년 내내 과 수석을 놓치지 않았다.

매일 저녁 식사를 학생 식당에서 먹는 것 역시 대단한 일이다. 공부하기 싫거나 술이 마시고 싶은 날도 꾹 참고 저녁때까지 도서관에 있어야 한다. 이렇게 하면 공부량을 일정하게 확보할 수 있다. 대학 때 정말 꾸준하게 도서관의 자리를 지키던 후배가 있었다. 엄청나게 일찍 등교하지도, 엄청나게 늦게까지 남아 있지도 않았지만 규칙적으로 아침 7시 40분쯤 도서관에 나와 밤 9시까지 있었다. 인상적일 만큼 꾸준한 친구였다. 결국 공부량을 담보하는 것은 꾸준함이기 때문에 그는 2년 반 만에 사법 시험에 '예상대로' 합격했다.

고시촌에도 식사 관리에 대해 비슷한 이야기가 있다. '고시 식당에서 월식을 끊어 그것을 빠짐없이 다 먹으면 무조건 합격한다'라는 일종의 속설이다. 고시생들이 주로 가는 고시 식당은 보통 매 끼니마다 식권을 사서 밥을 먹는데, 한 달 내내 하루 세끼를 모두 먹을 수 있는 '월식'의 형태로도 이용할 수 있다. 월식을 끊으면 한 달 치의 식권을 낱개로 사는 것보다 훨씬 싸지만, 실제로는 월식을 끊어놓고도 한 달 90끼를 빠짐없이 먹는 사람은 거의 없다. 늦잠이든, 술자리든, 슬럼프든 여러 가지 이유로 인해 생활 리듬이 흐트러지기 때문이다. 따라서 '월식을 끊어 다 먹는다'라는 말은 곧 생활 리듬이 굉장히 규칙적이라는 뜻이고, 공부량이 확보된다는 의미이며, 자제력이 강하다는 증거다. 무조건 합격한다는 속설에도 일리가 있는 것이다.

그러므로 결론은 하나다. 밥을 제대로 먹는 사람이 공부도 잘할 수 있다는 사실이다. 식사에 규칙적으로 참석하는 사람이 학교 수업에 충실하며, 동시에 학문적인 성취도 또한 높을 것이라는 조선 시대의 통찰은 예리하면서도 정확하다. 혼자 공부하는 사람에게 식사 관리가 중요한 이유다. 밥은 단지 밥이 아니다. 식사 관리는 생활 관리와 동의어인 셈이다.

매운 음식이 공부하는 사람에게
좋지 않은 이유

이제 공부에 도움이 되는 식사에 대해 이야기해보자. 몸에 좋고 나쁜 음식이 무엇인지 설명하려는 것이 아니다. 다만 여기서는 혼자 공부하는 모든 사람에게 예외 없이 필요하면서도 정말로 실천하기 쉬운 아주 간단한 원칙만 한 가지 짚고자 한다. 바로 이것이다.

"공부하는 사람은 순하게 먹고, 적당히 먹어야 한다."

공부하는 사람은 순하게 먹어야 한다. 순한 음식이란 지나치게 맵고, 짜고, 단 음식이 아닌 담담한 음식을 말한다. 소박한 집밥을 생각하면 된다. 한의학에는 '식약동원食藥同源'이라는 말이 있다. 음식과 약은 뿌리가 같다는 뜻이다. 다만 먹을 수 있는 것들 중에 그 성질이 순해서 누가 먹어도 별 탈이 없는 것이 음식이고, 그 성질이 치우쳐서 몸에 미치는 영향이 강한 것이 약이다. 실제로 인삼이나 지네, 녹용처럼 전통 한약재들은 대개 생약生藥이다. 먹을 수 있는 자연 재료를 그대로生 말리거나 썰거나 가루 내어 약藥으로 쓰는 것이다. 이처럼 식약동원의 관점에서 보면 음식도 약이나 다름없다. 건강을 위해 발아현미, 양파, 다시마, 마늘 등을 약처럼 먹는 사람들이 많지 않은가. 공부하는 사람은 당연히 음식을 먹을 때 약을 먹는다고 여기면서 신경

257

을 써야 한다.

순한 음식은 몸과 마음을 차분하게 만든다. 입으로 들어가는 것이 곧 우리 몸이 되는 까닭이다. 공부를 할 때는 몸과 마음이 차분하게 안정되어야 좋다. 기운이 들뜨는 것도, 반대로 가라앉는 것도 별로다. '학자는 부뚜막 위의 고양이 같아야 한다', '학문을 할 때는 닭이 알을 품듯 해야 한다'라는 말이 있다. 둘 다 차분하고 흔들림 없는 심신을 강조하는 말이다. 반대로 순하지 않은 음식은 열이 펄펄 나거나, 기운을 늘어지게 하는 등 몸과 마음을 한쪽으로 치우치게 만든다. 그중에서도 너무 매운 음식은 공부하는 사람에게 좋지 않다.

매운 음식 열풍이 불자 '엽기'라는 이름을 붙일 만큼 말도 안 되게 매운 음식을 내놓는 음식점들이 속속 등장했다. 그런 곳들이 잘되는 이유는 매운맛의 중독성 때문이다. 술을 마시면 또 끌리고, 담배를 태우면 끊기가 힘들 듯이, 매운맛도 중독성이 있기에 계속 찾게 된다. 또한 매운맛은 몸의 기운을 밖으로 발산하는 성질이 있어서 먹으면 열이 오르고 땀이 나는데, 이렇게 기운을 확 풀어버리는 성질이 스트레스가 많은 요즘 사람들에게 어필하는 면이 있다. 문제는 이렇게 발산해버리는 기운이 우리가 일하고 공부할 때 써야 할 에너지라는 점이다. 매운 음식을 잔뜩 먹고 땀을 쭉 흘리고 나면 머리가 멍하고 정신이 하나도 없다. 수년 전, 내가 몸이 전반적으로 좋지 않아 한의원에 갔을 때 고춧가루가 들어간 매운 음식을 멀리하라는 조언을 들은 적이 있다. 과로 때문에 몸이 텅텅 빈 상태인지라 발산하는 음식을 먹

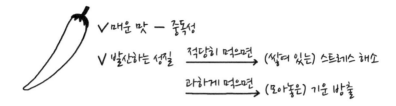

✓ 매운 맛 ─ 중독성

✓ 발산하는 성질 적당히 먹으면 ──→ (쌓여 있는) 스트레스 해소
                 과하게 먹으면 ──→ (모아놓은) 기운 방출

어서는 안 된다는 것이었다. 아예 빨간색 음식을 끊으라고 해서 석 달 정도 김치조차 먹지 않은 뒤에야 건강을 회복했다. 사실 고춧가루는 임진왜란 때 왜군이 우리나라에 들여왔는데, 그들은 사실 그것을 음식이 아닌 화생방 무기로 가져왔다. 고춧가루를 태워 적진에 연기를 날려 보낼 용도로 썼던 것이다. 조선 시대 실학자 이수광의 『지봉유설芝峰類說』에는 이런 표현도 있다. "남만초南蠻椒(고추의 다른 이름)는 독초毒草다. 주막에서 소주와 함께 팔았는데 이것을 먹고 목숨을 잃은 사람이 적지 않다."

중요한 시험이 있던 날의 기억을 떠올려보자. 점심 도시락의 반찬 하나까지 신경 써서 준비하지 않았던가. 대부분 소화가 잘되고 순한 음식이었을 것이다. 안정된 기운과 최상의 컨디션 유지를 위한 음식의 중요성을 다들 알고 있다는 뜻이다. 혼자 공부하는 사람은 평소에도 가능한 그런 음식을 먹어야 한다. 태릉선수촌의 국가 대표 선수들이 경기가 있는 당일에만 음식을 관리하는 것이 아니듯 말이다.

공부하는 사람이
적당히 먹어야 하는 이유

공부하는 사람은 적당히 먹어야 한다. 폭식이나 과식을 해서는 안된다는 이야기다. 지금까지 연구된 바, 쥐를 비롯한 모든 동물 실험에서 예외 없이 확인된 가장 확실한 장수의 비결은 칼로리 섭취의 제한이다. 예로부터 '위장의 80%만 먹으면(腹八分, 복팔분) 오래 살 수 있다'라고 했는데, 그 말이 틀리지 않았다는 사실이 입증된 것이다. 특히 최근에는 사람과 가장 비슷한 동물인 원숭이도 폭식이나 과식을 하면 노화가 촉진된다는 연구 결과가 나왔다. 같은 연령의 원숭이를 찍은 사진인데도 배부르게 마음껏 먹은 원숭이보다는 절제하며 먹은 원숭이가 훨씬 '동안'으로 보였다.

무병장수는 모든 이들의 공통된 소망이겠지만 혼자 공부하는 사람에게는 특히 적당히 먹어야 할 또 다른 이유가 있다. 그래야 공부가 더 잘되기 때문이다. 많이 먹어서 포만감이 생기면 일단 침대에 눕거나 소파에 앉아 뒹굴뒹굴하고 싶은 마음이 든다. 사람이라면 누구나 그렇다. 이런 마음에 항복해서 뒹굴뒹굴하다 보면 공부하고픈 생각은 사라지고 '내일부터 할까?'라는 치명적인 유혹이 고개를 쳐든다. 문제는 이런 유혹이 어쩌다 한번 있는 일이 아니라 매일 반복된다는 점이다. 이렇게 포만감과 뒹굴뒹굴, 그리고 '내일부터'로 이어지는 패턴에 빠지면 공부는커녕 그 어떤 일도 잘해내기 어렵다.

사실 나는 그 누구 못지않게 이 문제의 심각성을 잘 알고 있다. 식사를 절제하면 얼마나 공부에 도움이 되는지를 직접 경험했기 때문이다. 나는 얼마 전 30차시짜리 동영상 강의를 촬영하자는 제안을 받았다. 석 달 안에 끝내야 되는 일이었는데, 촬영을 위해서는 먼저 A4 용지로 300장에 가까운 원고가 필요했다. 물론 이 모든 일은 회사에서 퇴근한 뒤에, 그리고 팟캐스트 방송을 정상적으로 진행하면서 틈을 내어 해야 하는 것이었다. 그렇다고 잠을 줄일 수도, 운동을 안 할 수도 없었다. 잠을 줄이면 집중력이 떨어져 원고의 질이 낮아지고, 운동을 안 하면 아무것도 잘할 수 없기 때문이었다. 그래서 택한 방법이 저녁 식사의 생략이었다. 과일로 간단하게 저녁을 때우거나 아니면 전기밥솥 앞에 선 채 두어 숟가락을 뜨는 정도로 먹고 곧장 일을 했다. 어떻게 되었을까. 포만감이 없으니 뒹굴뒹굴하고 싶은 생각이 들지 않았고, 매일 밤 잠자리에 들기 전까지 온전히 몇 시간을 제대로 일할 수 있었다. 배는 제법 고팠지만 말이다. 결국 나는 무사히 일정을 지켜 강의 촬영을 완료했다.

왜 배가 부르면 공부하기 싫어지고 적당히 먹어야 공부가 잘될까. 이는 오랜 진화의 결과로 우리 안에 내재된 프로그램과 관련이 있다. 위기에 처할 때 생존 본능이 깨어나도록 설정된 프로그램이다. 오스트랄로피테쿠스 이래 수백만 년 동안 인류의 생존을 위협하는 가장 큰 적은 추위와 배고픔이었다. 인류는 말 그대로 얼어 죽고 굶어 죽었던 것이다. 이렇게 수백만 년 동안 쌓인 정보 덕분에 폭식과 과식으로

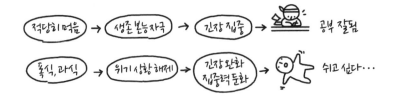

배가 부르면 우리 몸은 위기 상황에서 벗어났다고 판단한다. 그래서 긴장감과 집중력 같은 생존 본능이 줄어들고 일단 쉬고 싶은 마음이 커지는 것이다. 공부하는 사람이 적당히 먹어야 하는 이유다.

언제나 한결같이 공부가 잘되면 좋겠지만 불행히도 우리가 가진 몸이 그렇지 않다. 대신 우리는 몸이 작동하는 방식을 이해해서 현명하게 몸을 조절해야 한다. 바로 몸을 조절하는 핵심적인 열쇠가 식사 관리다. 자수성가한 인물이자 존경받는 정치인인 벤자민 프랭클린Benjamin Franklin은 22살 때 '도덕적으로 완벽한 사람'이 되겠다는 목표를 세워 13가지 덕목을 정해 평생 동안 지켰다. 완벽한 사람이 되기 위한 13가지 덕목 중 첫 번째가 이것이었음을 기억할 필요가 있다.

"절제, 배부르게 먹고 마시지 않는다."

○ TIP 한눈에 보기 _ 혼자 공부하는 사람의 식사 관리 원칙

❶ 규칙적인 식사가 공부량을 만든다.

❷ 중요한 시험이 있는 날처럼 늘 순하게 먹고, 지나치게 매운 음식은 피한다.

❸ 폭식과 과식을 멀리하고 적당히 먹는다.

혼자 공부하는 사람의
수면 관리
: 딱 필요한 만큼만 잠을 자는 방법

우리는 잠을 자면서도
공부를 한다

혼자 공부하는 모든 사람을 위한 생활 관리 편의 세 번째 주제는 수
면 관리다. 공부하는 사람치고 잠에 대해 고민하지 않은 사람은 거의
없을 것이다. 예전에는 3당 4락이니 4당 5락이니 해서 아예 합격과
불합격의 기준을 수면 시간으로 못 박아놓기도 했다. 그래서 많은 학
생과 수험생들이 찬물로 세수를 하고 스스로의 뺨을 때려가면서 졸
음과 싸움을 벌였다. 나 역시 오랫동안 그런 싸움을 해온 사람이기 때
문에 잠에 대해서 그 누구 못지않게 할 말이 많다. 하지만 구구절절한

싸움의 기록은 차치하고 우선 결론부터 말하자면 다음과 같다.

"억지로, 지나치게 잠을 줄일 필요는 없다."

수면에 대한 과학적인 연구가 진행되기 전에 사람들은 잠을 쓸모 없는 것으로 여겼다. 그래서 동서양을 막론하고 잠은 가능한 줄이는 것이 좋다는 가르침과 전통이 있었다. 구약 성서 「잠언」에는 이런 구절이 나온다. "너는 잠자기를 좋아하지 말라. 네가 빈궁하게 될까 두려우니라. 네 눈을 뜨라. 그리하면 양식에 족하리라." 잠을 많이 자면 가난해질 것이라는 경고다. 인류 역사상 가장 오래된 신화로 불리는 『길가메시 서사시Gilgamesh Epoth』에도 잠을 멀리하라는 이야기가 등장한다. 영생의 비밀을 얻길 원하는 길가메시에게 신은 '죽음이란 잠과 같은 것'이라면서 6일 낮 7일 밤을 깨어 있으면 '소원을 성취할 수 있다'고 일러주었다. 길가메시의 도전과 비슷한 수행은 지금도 불교와 도교의 전통에서 이어지고 있다. 불교 사찰의 선방에서는 1년에 2번 일주일 동안 자지 않고 참선하는 '용맹정진勇猛精進' 수행을 하고, 도교에서는 1년에 6번 돌아오는 경신庚申 날에 기도를 하면서 잠을 자지 않는 육경신六庚申 수행을 한다. 『홍길동전』으로 유명한 허균의 '수잠睡箴'이라는 글에도 옛사람들이 잠을 어떻게 생각했는지 잘 드러나 있다.

"세상 사람들은 잠자는 것은 좋아한다.

밤새도록 잠을 자고도 낮잠을 또 잔다.

잠이란 병이 들어오는 통로이다.

사람의 몸은 혼魂과 백魄 두 가지로 작용하는데

잠들면 혼은 나가고 백이 속에서 일을 꾸민다.

이때 음의 기운이 성해져 질병이 들어오는 것은 당연하니

잠은 너무 많으면 안 된다."

  하지만 과학 기술의 발달로 뇌에서 일어나는 일들을 정밀하게 분석하는 것이 가능해지면서 잠에 대한 생각이 바뀌기 시작했다. 수면 중에도 뇌가 중요한 일을 하고 있다는 사실이 밝혀진 것이다. 그중에서 눈에 띄는 점은 장기 기억의 저장이다. 공부란 '외부의 자극을 장기 기억에 저장하는 것'이다. 깨어 있는 동안에 외부의 자극들이 쉴 새 없이 들어오는데, 이 중에서 어떤 자극을 장기 기억으로 전환할지 분류하는 작업이 필요하다. 비유하자면 수업을 듣는 동안 마구 휘갈겨놓은 메모지들을 노트에 깨끗이 정리해둘 것과 버려도 되는 것으로 분류하는 셈이다. 이와 같은 작업이 집중적으로 이루어지는 때가 바로 수면 시간이다. 따라서 잠을 자지 않으면 깨어 있는 동안 애써 머릿속에 집어넣은 것들이 장기 기억에 저장되지 않고 날아가버릴 수 있다.

  실제로 충분한 잠이 학습 능력과 연관이 있다는 연구 결과는 무수

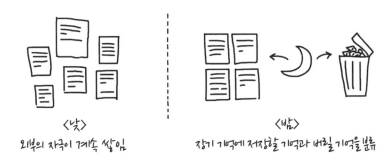

<낮>
외부의 자극이 계속 쌓임

<밤>
장기 기억에 저장할 기억과 버릴 기억을 분류

히 많다. 미국 오하이오주의 한 고등학교에서 등교 시간을 늦춰 학생들에게 1시간을 더 자게 하자 오히려 학업 성취도가 급상승했다. 미국 미네소타대에서도 8개의 고등학교, 9,000명의 학생들을 대상으로 등교 시간과 학업 성취도의 상관관계를 평가했는데, 똑같은 결과가 나왔다. 반대로 밤을 꼬박 새운 학생들이 문제를 풀었을 때는, 평소보다 지능 지수가 13점이 떨어지거나 갑자기 수학 시험 정답률이 반 토막 나는 일이 벌어졌다. 목표 설정에서 잠깐 언급했던 황농문 교수와 전국 수석을 목표로 삼았던 아들의 일화를 기억하는가. 그가 아들에게 강조했던 원칙 중에는 '자정 이전에 잠자리에 들기'도 있었다.

억지로, 지나치게 잠을 줄일 필요는 없다. 잠을 잘 때 장기 기억에 저장이 되므로 공부를 잘하려면 잠도 충분히 자야 한다. 다만 여기서 이야기하는 충분한 잠이란 '적절한 잠'을 의미한다. 적절하게 수면을 취하고 나서도 이불 속에서 뒹굴거리는 것은 지금 이야기하는 '충분한 잠'에 해당되지 않는다.

잠을 효과적으로
'잘' 잘 수 있는 3가지 방법

적절한 수면이란 어느 정도일까. 얼마나 되는지 딱 꼬집어 말할 수는 없지만, 일단 낮에 쌓인 피로를 회복하고 최적의 컨디션을 유지하는 데 필요한 정도일 것이다. 그런데 수면을 연구하는 학자들은 수면의 양이 반드시 수면 시간의 길이와 비례하지는 않는다고 한다. '공부량＝공부 시간×몰입도'라고 했듯이 수면 역시 길이뿐만 아니라 질이 중요하다. 내가 사용하는 스마트밴드에는 수면을 체크하는 기능이 있다. 스마트밴드를 차고 잠자리에 들면 밤새 내가 뒤척거린 정도를 분석해서 간밤에 잘 잤는지를 여러 가지 데이터로 보여준다. 수면 시간, 수면 중 뒤척인 시간, 수면 중 깨어난 시간이 각각 표시되는데, 그 내용을 살펴보면 허리가 아플 정도로 이불 속에 오래 누워 있었다고 해서 잠을 '잘' 잤다고 말할 수 없음을 명확히 알 수 있다. 수면 시간이 길어질 때는 뒤척인 시간과 수면 중 깨어난 시간이 늘어난다. 꼭 필요한 시간 이상으로 누워 있으면 수면의 질이 낮아지는 것이다. 어떻게 해야 잠을 깊게 잘 자면서도 동시에 딱 필요한 만큼만 잘 수 있을까. 크게 무리하지 않으면서도 효과가 있다고 생각하는 방법을 몇 가지 소개해본다.

4시간 반 숙면법

수면 클리닉을 성공적으로 운영하고 있는 일본의 수면 의료 전문의 엔도 다쿠로遠藤拓郎가 제시한 방법이다. 그는 연구 논문과 임상 데이터들을 바탕으로 실현 가능한 '최소한의 수면 시간'을 제안했다.

"분명히 말할 수 있는 것은 많이 자는 것은 좋지 않다는 점이다. 지나치게 많이 자면 뇌의 컨디션이 오히려 떨어진다. 그러나 3시간 수면법은 무리가 있다. 불면증에 걸릴 위험도 있다. 수면 전문의로서 생각하는 수면 시간의 마지노선은 4시간 반이다. 그것도 단순히 4시간 반을 자고도 견딜 수 있다는 것이 아니다. 수면 환경을 최상으로 맞춰 수면의 질을 극대화하면 수면이 숙면으로 이어져 4시간 반의 수면 시간으로도 문제없이 생활할 수 있다는 이야기다."

1973년 미국 캘리포니아대에서 진행된 연구에 따르면 수면 시간을 매일 6시간만 확보할 수 있어도 일하는 능률 자체가 크게 떨어지진 않는다고 한다. 즉, 6시간 이상을 자면 '잠이 부족해서 큰일이다'라고 호들갑을 떨 필요까지는 없다는 말이다. 1993년 스위스 취리히대에서는 여기서 한 걸음 더 나아간 연구 결과가 발표되었다. 원래 하루에 8시간씩을 자던 피실험자들에게 4일 동안은 4시간, 3일 동안은 8시간을 자게 했다. 그 과정에서 성장 호르몬 등을 관찰해보았더니 4일

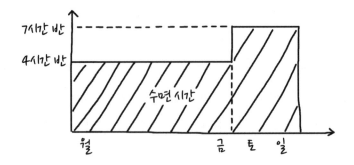

동안 평소보다 16시간을 덜 잤다 하더라도 하루만 8시간을 자면 수면의 부족분이 대부분 회복되었다. 빼앗긴 수면 시간만큼 고스란히 추가로 잠을 자야 하는 것은 아니라는 뜻이다. 이런 연구 결과를 바탕으로 엔도 다쿠로는 이렇게 제안한다. 월요일부터 금요일까지 바쁜 주중에는 하루 4시간 반을 자고, 주말에는 7시간 반을 잘 것. 여기서 4시간 반(90분×3)과 7시간 반(90분×5)이라는 시간은 일반적으로 깊은 수면과 얕은 수면이 반복되는 90분의 주기를 따른 것이다.

90분 주기 수면법

90분 주기로 다가오는 수면 기차에 올라타는 방법이다. 소설가 베르나르 베르베르Bernard Werber가 『베르나르 베르베르의 상상력 사전』에서 언급했다. 그는 우리의 수면이 90분 간격으로 깊은 잠과 얕은 잠을 반복할 뿐만 아니라, 저녁 무렵에 갑작스럽게 찾아오는 노곤함

270

역시 90분 간격으로 반복된다고 말한다. 90분마다 플랫폼으로 들어오는 순환 노선의 기차와도 같다. 그래서 졸음이 오는 시간을 분 단위까지 기록하는 것이 중요하다. 이를테면 저녁 6시 36분쯤에 문득 졸음을 느꼈다면 그 시간을 적어놓는다. 다음으로 졸릴 시간은 8시 6분과 9시 36분쯤이 될 가능성이 크다. 그 기차가 들어올 때를 대기하고 있다가 곧장 올라타면 즉시 깊은 잠에 빠질 수 있다. 그리고 알람을 3시간 뒤로 맞춰서 90분 리듬에 맞게 잠에서 깨는 것이다. 이런 연습을 반복하면 우리의 뇌는 차츰 수면의 단계를 압축해서 깊은 수면 위주로 수면 시간을 배분한다고 베르나르 베르베르는 강조한다. 『베르나르 베르베르의 상상력 사전』에서는 아예 "언젠가는 학교에서 아이들에게 수면을 통제하는 방법을 가르치게 될 날이 올 것이다"라고 예견하고 있다.

사실 이 방법은 일본의 또 다른 수면 전문가인 후지모토 겐고藤本憲幸가 『3시간 수면법』이라는 책에서 권한 방법이기도 하다. 책에는 후지모토 겐고가 만난 몇몇 사업가들의 이야기가 나온다. 그들은 모두 하루에 서너 시간밖에 자지 않으면서도 왕성하게 일하는 사람들로, 자신들의 수면법을 다음과 같이 설명했다.

"특별히 취침 시간을 정해놓지는 않았다. 새벽 1시든, 2시든, 할 수 있을 때까지 일하다가 도저히 못 참겠다 싶은 순간, '탁' 하고 쓰러져 잔다. 이렇게 하면 조금만 자고 일어나도 완전히 개운하다."

잠을 생각하지 않는 방법

대학 때 불교 철학 수업을 들은 적이 있었다. 수업을 담당하는 교수는 실제로 명상과 호흡 수행에 조예가 깊은 도인道人 같은 사람이었다. 나는 당시 한창 잠을 줄일 방법에 대해 고민이 많았기 때문에 이런 질문을 했다. "잠을 줄이고 싶은데 어떻게 해야 할까요?" 도인들 사이에서 면면히 내려오는 비결 같은 것이라도 있는지 내심 기대를 하면서 말이다. 그런데 '잠을 줄이는 방법'을 묻는 나에게 단박에 이런 답이 돌아왔다.

"잠을 줄일 생각을 하지 말고, 더 많이 깨어 있을 생각을 해라."

'생각의 신비'에 대해 흔히 드는 사례로 북극곰 이야기가 있다. '북극곰을 생각하지 마!'라고 말해도 사람들은 머릿속에서 북극곰을 상상한다는 것이다. 뇌가 'No'라는 부정어는 인식하지 못하는 까닭이다. '○○는 하기 싫다'라고 아무리 생각해도 뇌는 '싫다'는 못 알아듣고 '○○'만 기억한다. 그래서 자꾸 '○○'의 방향으로 끌려가기 마련이다. 잠에 대한 조언도 같은 맥락이다. 매일 밤마다 '잠을 줄여야지'라고 중얼거려도 뇌는 '줄여야지'는 못 알아듣고 '잠'만 생각한다. 잠을 생각하니 자꾸 잠이 쏟아질 수밖에 없다. 정말 잠을 줄이고 싶다면 잠을 줄이는 방법을 고민하지 말고 더 깨어 있을 방법을 고민해야

272

한다. 달밤에 체조를 하든, 좋아하는 음악을 듣든, '깨어 있다'에 초점을 맞추면 눈을 뜬 시간이 길어지고, 그러면 저절로 잠을 잘 자면서도 딱 필요한 만큼만 잘 수 있게 된다.

이상은 크게 무리하지 않으면서도 효과적으로 잠을 조절할 수 있는 방법이다. 시험 삼아 해보면 확실히 수면 시간이 조절되어 필요한 만큼만 잘 수 있게 된다. 그렇다고 낮에 특별히 피로함을 느끼지도 않는다. 나는 중국 작가 린위탕林語堂의 말처럼 '침대에 눕는다는 것은 인생 최대의 즐거움의 하나'라고 생각하는 사람인 까닭에 구태여 365일 내내 잠을 쥐어짜지 않으려 할 뿐이지, 필요하면 언제든 적절하게 수면 시간을 조절할 수 있다. 여기서 앞의 3가지 방법을 관통하는 하나의 공통점을 꼽자면 아마 '잠에 들어가는 순간의 몰입도'일 것이다. 최대한 깨어 있으려고 애를 쓰다가 '탁' 하니 쓰러져 잘 수 있는 사람이 아침에도 곧장 '벌떡' 일어날 수 있다고 경험자들은 조언한다.

혼자 공부하는 사람들은 잠을 잘 자야 한다. 잠을 잘 잔다는 것은 무엇일까. 눕자마자 잠들고 아침에 개운하게 눈을 뜨는 것이 아닐까. 필요한 만큼만 적절한 수면을 취하고 싶다면, 공부를 위해 잘 자고 싶다면, 그리고 무엇보다 잠을 행복하게 맞이하고 싶다면 억지로 잠을 줄이려 애쓰지 말고 그저 더 많이 깨어 있다가 '탁' 하니 잠들면 된다. 그렇게 할 때 가능한 최고의 잠으로 곧장 빠져들 테니 말이다.

○ TIP 한눈에 보기 _ 혼자 공부하는 사람의 수면 관리 원칙

❶ 억지로, 지나치게 잠을 줄일 필요는 없다.

❷ 수면의 길이뿐만 아니라 질이 중요하므로 필요한 만큼만 깊게 잔다.

• **4시간 숙면법** : 주중에는 하루 4시간 반을 자고, 주말에는 7시간 반을 잔다.

• **90분 주기 숙면법** : 졸음이 오는 90분 리듬에 맞춰 즉시 깊은 잠에 들어간다.

• **잠을 생각하지 않는 방법** : 잠에 대해 고민하는 대신 더 많이 깨어 있도록 노력한다.

혼자 공부하는 사람의 시간 관리

: 빽빽한 다이어리는 더 이상 필요 없다

시간 관리의 핵심, 의지력과 우선순위

벤자민 프랭클린은 "당신이 삶을 사랑한다면 시간을 낭비하지 마라. 왜냐하면 삶은 시간으로 이루어졌기 때문이다"라고 했다. 삶은 시간으로 이루어져 있다. 그리고 그것은 혼자 공부하는 사람들에게도 예외가 아니다. 공부를 효율적으로 한다는 말은 곧 공부하는 시간을 효율적으로 쓴다는 말과 같다. **혼자 공부하는 모든 사람을 위한 생활 관리 편의 네 번째 주제는 시간 관리**다. 시간의 소중함을 모르는 사람은 없다고 해도, 의외로 시간 관리 요령에 관심을 가지고 실제로 실천하는 사람은 생각보다 흔치 않다. 여기서는 시간 관리가 왜 필요한지를 먼저 이야기한 후에 누구나 따라 할 수 있는 시간 관리 원칙을 한 가지 제시하고자 한다. 이 간단한 방법을 며칠만 실천해도 같은 공부 시간에 더 많은 것을 얻을 수 있음을 스스로 깨닫게 될 것이다.

우선 시간 관리의 필요성을 반드시 알아야 한다. 혼자 공부하는 사람들 중에는 열심히 공부할 의지가 있음에도 불구하고 시간 관리에는 손을 대지 않는 사람들이 많다. 이유는 크게 두 가지다. 시간 관리가 얼마나 중요한 것인지 잘 모르거나 어렴풋이 알더라도 귀찮아서다. '그냥 열심히 하면 되지, 구태여…'라고 다소 허술하게 생각하는 것이다. 하지만 그냥 열심히 하겠다는 마음만으로는 조금 부족하다. 왜냐하면 우리의 뇌가 우리 마음대로 따라와주지 않기 때문이다. 의지력에는 한계가 있다.

미국 스탠퍼드대 경영대학원의 바바 쉬브Baba Shiv 교수는 달달한 초콜릿 케이크를 활용해 의지력을 연구한 바 있다. 그는 165명의 학생들을 두 그룹으로 나눈 뒤에 한쪽 그룹에게는 2자리 숫자를 외우게 하고, 다른 그룹에게는 7자리 숫자를 외우게 했다. 그리고 다른 장소로 이동을 시키면서 가는 동안 그 숫자를 머릿속에 계속 담고 있으라고 지시했다. 학생들이 걸어가는 복도에는 마음대로 집어먹을 수 있는 간식이 놓여 있었다. 달지만 누가 보아도 몸에 나쁜 초콜릿 케이크와 맛은 조금 덜하지만 건강에 좋은 생과일이 있었고, 학생들은 둘 중에 하나만 선택할 수 있었다.

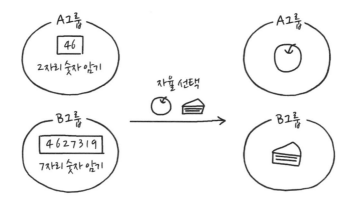

학생들은 어느 쪽을 더 많이 선택했을까. 결과는 명확했다. 7자리 숫자를 외운 학생들이 2자리 숫자를 외운 학생들보다 초콜릿 케이크를 2배나 많이 집었다. 사람은 인지적으로 아주 조금 더 어려운 일을 하는 것만으로도, 다시 말해 머리를 조금만 더 써야 하는 상황에 처하는 것만으로도 자신도 모르는 사이에 의지력이 급격히 감소했다.

다른 예도 있다. 이스라엘 교도소의 가석방 시스템에 대한 연구다. 가석방 심사관들은 복역 기간이 남은 죄수를 미리 사회로 내보내도 괜찮은지를 심사하는 사람들이다. 그들은 10개월 동안 1,112건의 죄수들을 심사했다. 심사는 가석방을 찬성하는 측과 반대하는 측의 주장을 모두 듣고 난 뒤 6분 안에 가석방 여부를 결정하는 식으로 진행되었고, 심사관들에게는 하루에 두 번 중간 휴식 시간이 주어졌다. 심사 대상자들이 대개 형기가 긴 중범죄자들이라는 점을 고려할 때, 가석방 심사는 대충 결정할 수 없는 일이었다.

그런데 흥미로운 사실이 관찰되었다. 심사관들은 매번 똑같이 최선을 다해 신중함을 발휘하려 애쓰므로 가석방 승인률은 하루 종일 일정한 수준이어야 한다. 심사를 아침에 받든, 저녁에 받든 관계없이 문제가 없는 죄수는 가석방이 허락되고, 그렇지 않은 죄수는 다시 감옥 안으로 발걸음을 돌려야 한다는 뜻이다. 하지만 결과는 그렇지 않았다. 심사관들의 컨디션이 좋은 이른 아침과 두 번의 휴식 시간 직후에는 가석방 승인률이 65%에 달했지만, 그렇지 않은 휴식 시간 직전과 일과 종료 시에는 0%에 가깝게 떨어졌던 것이다. 언제 심사를 받느냐에 따라 한 사람의 인생이 좌우된다니, 어떻게 이런 일이 있을 수 있을까.

죄수 입장에서는 지극히 불공정하게 느껴질 패턴을 심사관들의 의지력 문제로 해석하면 답이 나온다. 심사는 고도의 집중력과 에너지를 요구하는 힘든 정신노동이다. 그래서 오랜 시간 심사를 진행하다

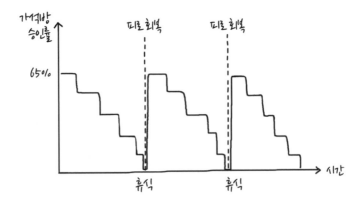

보면 심사관들의 의지력이 텅 비어버린다. 의지력이 사라진 심사관들은 죄수들이 바깥세상으로 나갈 만한 자격이 되는지 판단할 집중력을 잃고, 마침내 어떻게 해야 할지 모르는 멍한 상태에 이른다. 한번 생각해보자. 어찌해야 할지 모를 때 보통 우리는 어떻게 할까. 그럴 때 우리는 '현상 유지'를 택한다. 그 자리에 그대로 있는 것이다. 가석방 심사를 받는 죄수들에게 현상 유지란 가석방 불허를 뜻한다. 심사관들이 피곤한 시간에 승인률이 0%에 가까워지는 이유다.

앞의 두 가지 사례에서 보듯이 우리의 의지력에는 한계가 있다. 아침나절에는 가득 찼던 의지력이 시간이 지남에 따라 서서히 줄어든다. 만약 어려운 공부나 힘든 일을 한다면 줄어드는 속도는 더 빨라질 것이다. 스마트폰 배터리가 방전되는 것과 똑같다. 계속 스마트폰을 사용하면서도 배터리가 닳지 않기를 바랄 수는 없다. 우리는 당연히 배터리의 잔량을 고려해 중요한 용건부터 먼저 해결하고, 게임이나 웹서핑처럼 덜 중요한 일은 뒤로 미루어야 한다. 의지력도 이와 같다. 의지력이 충만해야 처리할 수 있는 일이 있고, 의지력이 거의 없어도 그럭저럭할 수 있는 일이 있다. 전자는 대개 어렵고 중요한 일인 반면, 후자는 크게 신경 쓰지 않아도 할 수 있는 단순 작업이다. 따라서 만약 둘의 우선순위를 제대로 정하지 않으면 단순 작업만 하다가 중요한 일을 처리하지 못하는 사람이 되고 만다.

바로 이것이 혼자 공부하는 사람들에게 시간 관리가 필요한 이유다. 시간 관리라고 해서 일에 매몰된 워커홀릭이나 인간적인 모습이 느껴지지 않는 사업가를 연상할 필요는 없다. 시간 관리의 핵심은 그저 자신의 의지력을 고려해 여러 가지 과제의 우선순위를 결정하는 것이기 때문이다. 사람이라면 누구나 의지력에 한계가 있으므로 우선순위를 결정하는 일을 피할 수 없다. 그것은 우리가 일을 하든, 데이트 스케줄을 짜든, 고시 공부를 하든 마찬가지다.

공부하기 전, 우선순위를 정하고, 중요한 것부터 하라

혼자 공부하는 사람은 어떻게 시간 관리 원칙을 세워야 할까. 시간 관리 요령을 알려주는 책은 무척 많다. 자기계발서 몇 권만 들춰보아도 세세한 정보들을 모으기는 어렵지 않다. 하지만 나는 여기서 그 많은 요령들을 일일이 언급하는 대신, 혼자 공부하는 사람이 실천할 수 있는 가장 간단한 원칙을 한 가지만 소개할 것이다. 이제 시간을 과거로 돌려 1930년대로 가보자. 베들레헴 철강 회사의 찰스 슈워브Charles Schwab 사장은 경영 컨설턴트 아이비 리Ivy Lee에게 조언을 구했다. "내가 주어진 시간 안에 더 많이 일할 수 있는 방법을 알려주시오. 그런 방법이 있다면 효과가 있다고 생각하는 만큼 컨설팅 비용을 지급하겠소." 그러자 아이비 리는 종이 한 장을 내밀며 이렇게 따라 해보라고 했다.

1 종이 위에 내일 해야 하는 일을 적는다.

2 중요한 순서대로 그 일에 번호를 매긴다.

3 내일 아침에 출근해서 ①번 일을 시작하되, 그 일을 끝낼 때까지 다른 일에 손을 대지 않는다.

4 일을 끝내면 나머지 목록을 보고 다시 우선순위를 매긴 뒤에 그중에서 ①번 일을 한다.

5 목록에 있는 일을 다 하지 못할까 봐 걱정할 필요는 없다. 어차피 모든 일을 다 할 수는 없다.

그는 이 방법대로 일을 해보고 가치가 있다고 생각하는 만큼 비용을 달라고 했다. 몇 주가 지났다. 찰스 슈워브 사장은 그 말을 업무에 적용해보았고 효과가 있다는 사실을 알았다. 그리고 조언에 적절한 가격을 매겨 아이비 리에게 수표로 보냈다. 과연 얼마였을까? 그 수표에 적혀 있던 돈의 액수는 2만 5,000달러였다. 1930년대의 일이다.

우선순위를 정하고, 가장 중요한 일부터 할 것. 누군가는 1930년대에 2만 5,000달러 이상의 효과가 있다고 생각했던 방법이다. 그리고 내가 이야기하고 싶은 시간 관리 원칙이기도 하다. 아주 단순해서 복잡한 요령도, 특별한 도구도 필요로 하지 않는다. 우리가 하는 모든 일은 중요도가 각기 다 다르다. 가장 중요한 일을 해야 가장 성과가 높다. 만약 더 중요한 일을 제쳐둔 채 덜 중요한 일부터 손을 댄다면 많은 이익을 버리고 적은 이익을 취하는 것과 같다. 적은 이익을 취하는 동안 의지력은 고갈되므로 많은 이익을 얻을 기회는 다시 오지 않는다. 매일 이런 일이 반복되는데 결과가 좋기를 바랄 수는 없지 않을까.

> **시간 관리 원칙 : 공부하기 전, 우선순위를 정하고, 중요한 것부터 한다.**

① 공부하기 전

여기서 '공부하기 전'은 의지력이 가득 찬 시점을 의미한다. 전업 수험생은 독서실 자리에 도착한 시간, 직장인은 퇴근 직후의 시간일 수 있다. 일반적으로는 매일 아침 하루를 시작하는 시간에 의지력이 충만하지만 각자의 생활 리듬에 조금만 신경을 기울이면 적절한 시점을 어렵지 않게 잡을 수 있다. 예를 들어 나의 경우는 회사에서 퇴근을 한 뒤에 운동을 마치고 집에 들어와 갓 책상에 앉은 순간이 가장 의지력이 가득 찬 시점이다.

② 우선순위를 정하고

일하는 사람이 업무에서 우선순위를 정할 때는 성과의 크기를 기준으로 삼는다. 예를 들어 『원씽The ONE Thing』의 저자 게리 켈러Gary Keller는 다음과 같은 질문을 스스로에게 던져서 가장 중요한 일을 찾아내라고 조언한다. "당신이 할 수 있는 단 하나의 일, 그것을 함으로써 다른 모든 일들을 쉽게 혹은 필요 없게 만드는 바로 그 일은 무엇인가?" 사실 공부하는 사람에게는 우선순위가 조금 다를 수 있다. 만일 게리 켈러의 조언처럼 공부할 것이 '단 하나'로 좁혀진다면 그냥 그것을 하면 된다. 문제는 수험생처럼 여러 가지를 모두 공부해야 하는 경우다. 비중은 다르더라도 어느 과목 하나 빠짐없이 공부해야 하는 경우에는 어떻게 우선순위를 정해야 할까.

두 가지 기준을 생각하면 된다. 첫 번째는 성과의 크기다. 고3 이과 학생에게 수학이 그렇듯, 반드시 고득점을 해야 하는 과목이 있다면 우선순위가 높다. 두 번째는 과제의 난이도다. 사람은 자기가 약한 과목을 어려워한다. 어렵게 느껴지는 과목일수록 결국 자기의 발목을 잡을 가능성이 크다. 따라서 부담이 되어 공부하기 싫은 과목이 있다면 우선순위가 높다. 만약 두 가지 기준에 모두 해당되어 주요 과목 중에서 자신이 특별히 약한 과목이 있다면 우선순위로서는 으뜸인 셈이다. 이제 막 공부를 시작해서 의지력이 충만할 때, 바로 그런 과목부터 공부해야 한다.

앞서 살펴본 베를린 음악 대학의 우수한 학생들은 괴롭지만 실력 향상에 직결되는 활동인 '혼자 하는 연습'을 오전이나 이른 오후에 했

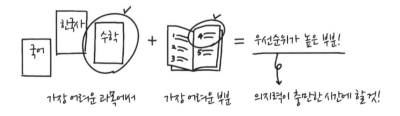

283

다는 사실을 상기할 필요가 있다.

우리는 여기서 한 걸음을 더 나아갈 수 있다. 여러 과목 중에서도 보다 중요한 과목이 있듯, 하나의 과목 안에도 보다 중요한 부분이 존재한다. 그 부분을 찾는 방법에도 지금까지 이야기한 내용이 적용된다. 성과의 크기와 과제의 난이도다. 즉, 중요한 부분인데 어렵게 느껴진다면, 그래서 공부하기가 싫을 정도라면 100% 확실하다. 예를 들어, 한국사 능력 시험을 준비하는데 특히 조선 시대 말의 여러 가지 사건들이 자꾸 헷갈린다면, 수학이 약한데 특히 순열과 조합이 정리가 안 된다면, 헌법 과목이 골치가 아픈데 특히 헌법 개정의 역사를 늘 두루뭉술하게 넘어갔다면 바로 그런 부분들이 우선순위 중의 우선순위라고 할 수 있다.

❸ 중요한 것부터 하라

우선순위를 정했다면 아이비 리가 조언했듯 ①번 공부를 시작하되, 그것을 끝낼 때까지는 다른 부분에 손을 대지 않아야 한다. 물론 ①번 공부는 대개 '어려운 과목의 어려운 부분'이므로 ①번을 피해 다른 것부터 공부하고 싶은 마음이 굴뚝같을 것이다. 하지만 절대로 미루면 안 된다. 공부를 시작하는 때가 가장 의지력이 강한 순간이며 시간이 갈수록 점차 의지력은 약해진다. ①번 공부를 뒤로 미루는 것은 책상에 앉아 졸던 사람이 '일단 침대에 누운 다음에 졸음을 떨쳐내야지'라고 생각하는 것이나 다름없다.

여기까지가 혼자 공부하는 사람을 위한 시간 관리의 핵심 원칙이다. "공부하기 전, 우선순위를 정하고, 중요한 것부터 할 것!" '그냥 열심히 하면 되지. 구태여…'와 같은 안일한 생각을 버리고 한 가지 원칙만 매일 지켜도 며칠 안에 당장 달라질 수 있다. 왜 그럴까. 조금만 생각해보면 너무나 당연한 일이다. 몰랐던 것을 새로 공부할 때 실력이 는다. 따라서 몰랐던 것만 골라서 공부한다면 실력이 가장 빨리 늘 것이다. ①번 공부부터 시작한다는 것은 성과가 크면서도 모르는 부분을 먼저 공부한다는 의미였으니, 가장 빨리 실력이 늘 수 있는 지점에 정면으로 부딪힌다는 뜻이 된다. 실력이 눈덩이처럼 불을 수밖에 없다. 혼자 공부하는 모든 사람들은 '어떻게 공부해야 빨리 실력이 늘까?'를 궁금해한다. 공부하기 전, 우선순위를 정하고, 중요한 것부터 할 것. 다행히도 그 답은 별로 멀리 있지 않다.

⭘ TIP 한눈에 보기 _ 혼자 공부하는 사람의 시간 관리 원칙

❶ 공부하기 전, 의지력이 충만한 시점을 확인한다.

❷ 바로 그 시점에 성과의 크기와 과제의 난이도에 따라 공부의 우선순위를 정한다.

❸ 우선순위에 따라 가장 중요한 공부부터 시작한다.

혼자 공부하는 사람의
루틴 관리

: 최고의 루틴이 최고의 삶을 만든다

루틴으로 만드는
100%의 하루

야구팬들은 잘 알겠지만 스즈키 이치로鈴木一朗는 미국 메이저 리그의 전설적인 타자다. 그는 140년이 넘는 메이저 리그 역사에서 단 30명뿐인 3,000안타의 고지에 올랐다. 다만 다른 전설적인 선수들과 차이가 있다면 그의 전설이 현재 진행형이라는 점일 것이다. 1973년생으로 이미 40대 중반인 이치로는 2018년인 지금도 현역으로 경기에 나선다. 그래서 매 타석에 들어설 때마다 각종 최고령 기록이 생긴다. 예전에 한 인터뷰에서 "40살이 되더라도 25살처럼 뛰는 선수가 되겠다"라고 포부를 밝혔는데, 적어도 2016년 시즌까지는 그 말에 조금도 부끄럽지 않은 활약을 펼쳤다. 이제 그는 "51살까지 현역으로 뛰겠다"라고 선언한 상태다. 최고의 성적을, 그것도 그렇게 오랫동안 지속적으로 낼 수 있었던 이유는 무엇일까.

이치로를 포함한 많은 사람들은 그 비결을 루틴에서 찾는다. 루틴Routine이란 '규칙적으로 하는 일의 순서와 방법'을 말한다. 이를테면 우리가 수영장에서 강사의 구령에 따라 늘 똑같은 순서로 하는 준비운동이 루틴이다. 많은 운동선수들이 루틴을 중요하게 생각하는데, 대표적인 경우가 이치로다. 아니, 그는 아예 사람이 지킬 수 있는 극한의 루틴을 따른다고 말해야 할지도 모른다. 모든 일상을 야구에 맞춰놓고 매일을 똑같은 날처럼 생활하기 때문이다. 같은 훈련을 같은 순서로 하는 것은 물론, 몇 년째 점심 식사로 피자만 먹어왔는데, 심

루틴(Routine): 규칙적으로 하는 일의 순서와 방법

지어 먹는 피자의 종류마저도 똑같다고 한다. 메이저 리그에서 뛰었던 15시즌 동안 체중의 변화가 고작 0.5kg 이내였다는 사실이 그의 엄격한 루틴을 증명하는 증거다.

혼자 공부하는 모든 사람을 위한 생활 관리 편의 마지막 주제는 루틴 관리다. 혹시 루틴이라는 말이 낯설더라도 당황할 필요는 없다. 사실 루틴이 무엇인지, 또 그것이 얼마나 중요한지를 아는 사람은 드물기 때문이다. 왜 루틴이 중요할까. 그 답은 루틴을 지키는 목적 안에 들어 있다.

우리의 컨디션은 들쭉날쭉한 경우가 많다. 공부가 잘되는 날이 있는가 하면, 하기 싫은 날도 있다. 하기 싫은 날이 며칠간 이어지면 그것을 일러 슬럼프라고 부른다. 공부하는 사람들은 그렇게 컨디션이 오르락내리락하는 것을 어느 정도는 당연하게 여긴다. 하지만 그것이 정말 당연한 일일까. 최고의 운동선수들은 다르다. 그들은 항상 최고의 컨디션을 유지하고, 그것이 자신들이 할 일이라고 생각한다. 컨디션을 조절할 줄 모른다는 것 자체가, 경기력이 들쭉날쭉하다는 사실 자체가 실력이 떨어진다는 증거이기 때문이다. 그래서 운동선수들은 루틴을 만든다. 같은 원인을 집어넣으면 같은 결과가 나온다는 믿음을 바탕으로 늘 같은 식단으로 밥을 먹고, 같은 훈련을 같은 순서로 진행한다. 모두가 최고의 컨디션을 유지해서 항상 최고의 실력을 발휘하기 위함이다.

혼자 공부하는 사람도 그래야 한다. 운동선수가 그렇듯이 공부하는 사람은 매일의 공부를 성공 아니면 실패라는 날카로운 감각으로 가늠할 줄 알아야 한다. 스스로 컨디션을 정확히 판단하면서 오늘은 책상에 앉아 몇 점짜리 활약을 펼쳤는지를 계산할 수 있어야 한다. 그런 깨어 있음을 바탕으로 매일매일을 100%로 빚어낼 때, 그런 날들이 쌓여 비로소 100%의 삶이 된다. 100%의 하루를 만들기 위해 루틴이 필요하다. 원인 없는 결과는 없다. 들쭉날쭉한 컨디션은 당연하지 않다. 들쭉날쭉한 원인이 있기에 들쭉날쭉한 결과가 있을 뿐이다. 우리로 하여금 최고의 컨디션에 머물게 하는 요소들을 모아 루틴을 만들면 최고의 공부를 일관되게 할 수 있다. 이치로가 야구를 하듯이 우리도 공부에서 최고의 성적을 오랫동안 지속적으로 낼 수 있는 가능성이 있다.

루틴을 만드는 4단계

혼자 공부하는 사람들은 어떻게 루틴을 만들어야 할까. 본격적으로 설명하기 전에 먼저 가볍게 당부하고 싶은 점이 하나 있다. 혹시라도 지금 '루틴 만들기'라는 말에 부담감을 느낀다면 전혀 그럴 필요가 없다는 것이다. 두 가지 이유에서다. 첫째, 루틴을 만든다고 해도 그것을 얼마나 엄격하게 정해야 하는지는 사람마다 다르다. 물론 이치로를 비롯한 일류 운동선수들의 루틴은 엄청나게 철저하다. 하지만 그들도 그런 루틴이 자리 잡기까지는 오랜 시간이 걸렸다. '완벽한 루틴을 만들어서 당장 오늘부터 실천해야지'라는 식으로 욕심을 부려 접근하면 공부에 도움을 주고자 만든 루틴이 오히려 스트레스의 요인이 될 수 있다. 둘째, 사실은 누구나 루틴을 만들어본 경험이 있다. 루틴이라는 말을 들어본 적이 없더라도 말이다. 이를테면 초등학교 때 만든 방학 생활 계획표나, 다이어트를 하느라 짜본 식단도 '성과를 얻기 위해 해야 할 일을 규칙적인 순서와 방법으로 정한' 루틴이다. 다만 우리가 루틴의 중요성을 잘 몰랐던 까닭에 의식적으로 루틴을 만들고 강화하려는 생각이 없었을 뿐이다. 부담감을 버리고 루틴을 만드는 4단계를 살펴보자.

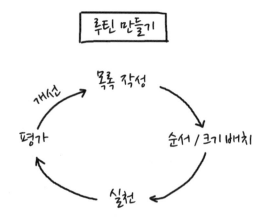

❶ 목록 작성

매일 해야 할 일과 자신이 하고 싶은 일을 종이에 적어보자. 지금까지 우리가 강조했던 '운동'이나 '우선순위를 설정하는 습관' 등을 떠올리면 된다. 이 책을 읽으며 활용해야겠다고 결심한 것들을 모두 써본다. 예를 들어 지금의 나라면 '운동, 팟캐스트 작업, 독서' 등의 목록을 적을 수 있다.

❷ 루틴 만들기

목록을 보고 어떻게 배치할 때 가장 효과적일지를 생각해 순서와 크기를 정한다. 나의 경우는 다음과 같다. '퇴근 후에는 헬스클럽으로 향한다. 무리하지 않는 범위 내에서 운동량을 정한다. 집으로 돌아와 가장 머리가 맑을 때 팟캐스트 작업부터 한다. 그러다가 집중력이 떨어지는 것이 느껴지면 자동차의 기어를 변속하듯 보다 덜 힘든 독서로 할 일을 바꾸고, 책을 읽다가 졸리면 잠자리에 든다.' 이렇게 정하면 퇴근 후 나의 루틴은 '운동 – 팟캐스트 작업 – 독서 – 수면'이 된다.

❸ 실천과 평가

루틴을 실천하면서 고칠 점은 없는지 평가한다. 여기서 핵심은 '예외 없는 실천'이다. 자신에게 맞는 최고의 상태를 찾아내서 늘 그것을 똑같이 반복하는 것이 루틴인데, 기분에 따라 이랬다저랬다 한다면 루틴의 효과를 판단할 수 없기 때문이다. 적어도 일주일 이상은 예외 없이 루틴을 실천하면서 어떤 점이 좋은지, 문제가 있다면 어떤 부분인지를 관찰하도록 한다.

❹ 루틴 개선

스스로 평가한 내용을 바탕으로 루틴을 조금씩 개선한다. 이렇게 바꾼 루틴 역시 적어도 일주일 이상은 예외 없이 실천해야 한다. 그리고 또다시 평가와 개선으로 이어지는 것이다. 이런 과정을 거쳐서 자신에게 꼭 맞는 루틴을 만들어간다. 예를 들어 지금 나는 퇴근 후에 곧장 헬스클럽에 가서 40분 정도 운동하는 루틴을 갖고 있다. 스스로를 관찰한 결과 욕심을 내어 1시간을 훌쩍 넘기면 녹초가 되어 다른 일을 할 수 없었고, 그렇다고 너무 조금 하면 운동의 효과가 미미했다. 또 저녁 식사를 먹고 운동을 할지, 아니면 운동부터 하는 것이 좋을지 등 여러 가지 경우의 수를 시도해보았다. 그런 시행착오를 거쳐서 나에게 알맞은 평일 루틴인 '퇴근 후 40분 운동'이 만들어진 것이다.

경영학자 피터 드러커는 『자기 경영 노트The Effective executive』에서 말하길, 정말로 잘 운영되는 공장들은 일하는 광경이 단조롭고 조용하다고 했다. 모든 사람이 최적의 위치에서 자기가 해야 할 일을 질서 있게 수행하고 있기 때문이다. 반대로 분주하고 바빠 보이는 것처럼 보이는 공장은 사실 무질서와 비효율의 공간이라는 점을 드러커는 경고한 바 있다. 우리의 일상도 이와 다르지 않다. 루틴이 있는 사람은 어떤 순서로 어떻게 공부해야 할지 알기 때문에 생활이 단조로 울 수밖에 없다.

루틴 관리는 혼자 공부하는 사람들을 위한 생활 관리 편의 마무리 부분이다. 생활 관리 편에서 도움이 되는 방법들을 여러 가지 만났다 면, 그것들을 모아 루틴으로 만들면 된다. 결국 최고의 루틴을 가진 사람이 최고의 삶을 산다. 사실 루틴 만들기를 시도하는 것 자체는 조 금도 어렵지 않다. 어려우면서도 중요한 부분은 지속적으로 루틴을 개선하는 것이다. 그래야 최고의 루틴을 찾을 수 있기 때문이다. 따라 서 혼자 공부하는 사람들에게 루틴 만들기는 한번 하고 끝나는 것이 아니다. 평생 동안 기술을 갈고닦는 예술가처럼 자신에게 주어진 매 일매일을 평생 동안 다듬어가는 것이 진정한 루틴이다.

● TIP 한눈에 보기 _ 혼자 공부하는 사람의 루틴 관리 원칙

❶ 해야 할 일과 하고 싶은 일들을 적어 목록을 만든다.

❷ 목록을 보며 무엇을, 어떻게, 얼마나 할 것인지 루틴을 정한다.

❸ 일주일 이상 루틴을 실천하며 효과와 문제점을 파악한다.

❹ 파악한 내용을 바탕으로 루틴을 개선하고, 이 과정을 반복 한다.

생활 관리

⭕ 습관 관리

▶ 습관은 어떤 일이든지 할 수 있게 만드는 굉장한 도구다. 다행히 습관
을 만드는 것은 생각보다 어려운 일이 아니며 습관 형성에 요구되는 자
제력은 습관이 정착되는 초창기에 집중된다.

▶ 갖고 싶은 습관이 여러 가지 있다면 한 번에 하나씩, 우리가 가진 자제
력을 각각의 목표에 차례차례 집중하면 된다.

▶ 나쁜 습관(Not - to - do list)을 버리는 방법

① 하루 일과를 구체적으로 기록한다.

② 불필요한 행동을 체크한다.

③ 그것을 바탕으로 버려야 할 행동을 규칙으로 정한다.

▶ 좋은 습관(To - do list)을 만드는 방법

① 원하는 행동을 저항감이 들지 않는 아주 작은 행동으로 쪼갠다.

② 그 행동을 반복하되 거르지 않는다.

③ 반복하는 아주 작은 행동의 크기를 늘려나간다.

○ 식사 관리

▶ 밥을 제대로 먹는 사람이 공부도 잘한다. 조선 시대 성균관에서는 식사 참석 여부로 성적을 부여했다. 식사를 관리하면 생활을 관리할 수 있고, 생활을 관리하면 공부량을 확보할 수 있다.

▶ 공부하는 사람은 순하게 먹어야 한다. '식약동원'이라는 말처럼 음식과 약은 뿌리가 같다. 중요한 시험 날에 준비하는 도시락처럼 순한 음식을 먹어야 몸과 마음이 차분해진다.

▶ 지나치게 매운 음식은 순식간에 기운을 밖으로 발산시켜 공부하는 데 써야 할 에너지를 텅 비게 만든다.

▶ 공부하는 사람은 폭식과 과식을 멀리하고 적당히 먹어야 한다. 오랜 진화의 결과 사람은 배가 부르면 긴장감과 집중력 같은 생존 본능이 줄어들게 되어 있기 때문이다.

○ 수면 관리

▶ 억지로, 지나치게 잠을 줄일 필요는 없다. 수면 중에도 뇌는 장기 기억의 저장을 비롯한 중요한 역할을 하며 실제로 충분한 잠이 학습 능력과 연관이 있다는 연구 결과가 많다.

▶ 반대로 필요 이상으로 많이 자도 뇌의 컨디션이 떨어진다. 수면의 양은 수면의 길이와 질이 함께 결정한다. 따라서 깊게 자면서도 필요한 만큼만 잠을 자는 것이 좋다.

▶ 효과적으로 잠을 조절하는 방법

① 4시간 숙면법: 주중에는 하루 4시간 반을 자고, 주말에는 7시간 반을 잔다.

② 90분 주기 숙면법: 졸음이 오는 90분 리듬에 맞춰 즉시 깊은 잠에 들어간다.

③ 잠을 생각하지 않는 방법: 잠에 대해 고민하는 대신 더 많이 깨어 있도록 노력한다.

⬤ 시간 관리

▶ 사람의 의지력에는 한계가 있다. 바바 쉬브 교수의 숫자 암기와 간식을 활용한 실험이나 이스라엘 교도소의 가석방 시스템에 대한 연구를 보면 사람의 의지력은 사용할수록 스마트폰 배터리가 방전되는 것처럼 서서히 줄어든다.

▶ 어렵고 중요한 일은 많은 의지력을 필요로 한다. 따라서 시간 관리를 하지 않으면 단순 작업만 하다가 중요한 일을 처리하지 못하는 사람이 될 위험이 있다.

▶ 시간 관리 원칙

① 공부하기 전, 의지력이 충만한 시점을 확인한다.

② 바로 그 시점에 성과의 크기와 과제의 난이도에 따라 공부의 우선순위를 정한다.

③ 우선순위에 따라 가장 중요한 공부부터 시작한다.

◯ 루틴 관리

▶ 루틴이란 '규칙적으로 하는 일의 순서와 방법'이다. 최고의 운동선수들은 항상 최고의 컨디션을 유지하기 위해 루틴을 지키려고 최선을 다해 노력한다.

▶ 루틴을 만드는 4단계

① 해야 할 일과 하고 싶은 일들을 적어 목록을 만든다.

② 목록을 보며 무엇을, 어떻게, 얼마나 할 것인지 루틴을 정한다.

③ 일주일 이상 루틴을 실천하며 효과와 문제점을 파악한다.

④ 파악한 내용을 바탕으로 루틴을 개선하고, 이 과정을 반복한다.

CHAPTER 5

멘탈 관리

마음을 다스리는 방법

─────『혼자하는 공부의 정석』마지막 편은 '멘탈 관리'다. 두뇌, 노력, 의지, 습관 등 객관적으로 보아 공부를 잘할 수 있는 다른 모든 요건들을 다 갖추고서도 멘탈이 약해 공부를 힘들어하는 사람들이 있다. 이렇게 '유리 멘탈'인 사람들은 작은 자극에도 수시로 '멘탈 붕괴'에 빠진다. 그러면 안 된다는 사실을 머리로는 알지만 멘탈은 감정의 문제인지라 애를 써도 소용이 없다. 더군다나 코로나처럼 큰 위기가 사회 전체를 뒤덮는 시기에는 멘탈의 유지가 정말로 중요하다. 불안과 걱정, 그리고 '코로나 블루'라고까지 불린 우울증이 우리로 하여금 얼마나 공부에 집중하지 못하도록 만들었는지 모두가 경험한 바다.

멘탈이 약하면 꾸준히 공부를 할 수가 없고, 시험처럼 중요한 순간에 자신의 실력을 온전히 발휘하지 못하며, 자기 자신에 대한 신뢰감을 스스로 무너뜨리니 손해가 이만저만이 아니다. 반대로 멘탈이 강하면 위기를 비롯한 결정적인 순간에 두각을 나타내기가 훨씬 쉽다. 그러므로 혼자 공부하는 모든 사람은 반드시 멘탈을 관리하는 방법을 익혀서 마음을 다스릴 줄 알아야 한다.

여기서는 혼자 공부하는 사람들이 가장 흔하게 마주치는 '멘탈 붕괴'의 3가지 상황을 꼽았다. 자신이 해내지 못할 것 같은 좌절감이 들 때, 슬럼프를 포함해 공부하기 싫다는 생각이 들 때, 그리고 너무 힘들어 절망감에 빠질 때다. 각각의 상황에서 멘탈이 무너지는 이유를 밝히고 이겨낼 수 있는 방법을 제시했다. 아울러 그 방법을 핵심적인 메시지로 응축해서 스스로의 마음을 다잡는 데 도움이 되도록 했다. 그 메시지를 주문처럼 되뇌면 흔들리는 마음을 단단하게 만들 수 있을 것이다.

좌절감이 들 때

: '인백기천' 남들이 백을 한다면, 나는 천을 하겠다

왜 좌절감이
들까

• 같이 공부하는 다른 친구들을 볼 때마다 '내가 진짜 할 수 있을까?'
  하는 좌절감에 빠집니다. 다른 친구들은 저보다 노트 정리도 잘하고,
  이해도 빠르고, 암기도 잘해요. 그런 친구들을 볼 때마다 도저히 따
  라잡을 수 없을 것 같고, 열심히 해도 소용이 없다는 생각이 들어요.

• 제 자신이 바보 같다는 생각을 종종 합니다. 분명히 공부했던 내용인데 다시 폈을 때 하나도 기억이 안 나는 경우가 많아요. '이 정도 공부하면 분명히 된다'라는 확신이 있으면 좋겠는데, 그런 것이 없으니 불안하고 막막합니다.

공부하는 동안 우리는 수시로 좌절감에 빠지곤 한다. 그렇지 않은 사람은 정말로 거의 없다. 만약 좌절감을 단 한 번도 느껴본 적이 없다면 목표 의식이 없거나 혹은 자신의 실력보다 훨씬 쉬운 것을 공부하고 있다는 이야기다. 특히 혼자 공부하는 사람이 겪을 수 있는 대표적인 멘탈 문제가 바로 좌절감이다. 좌절감이란 의지가 꺾여 자신감을 잃어버린 기분이다. 앞서 우리는 공부의 기본이 자기 신뢰, 즉 '나도 할 수 있다'라는 느낌이라고 했는데, 좌절감은 정확히 그 반대편에 있는 감정이다. 따라서 좌절감에 자주 빠지는 사람은 선행 학습을 많이 했건, 머리가 좋건, 비싼 강의를 수강하건 아무 소용이 없다. 좌절감에서 헤쳐 나오는 요령을 반드시 터득해야만 하는 이유다.

좌절감이 드는 경우는 크게 두 가지다. 첫째는 자신보다 뛰어난 다른 사람들을 볼 때다. 똑같은 수업을 듣고 똑같은 책을 읽어도 더 잘 이해하는 친구를 보면 저절로 자신과 비교를 하게 되고, '내가 진짜 할 수 있을까?' 하는 생각이 들면서 좌절감에 빠진다. 둘째는 공부할 것이 많거나 어려워서 힘에 부칠 때다. 1시간 내내 붙잡고 끙끙대도 한 페이지를 넘기지 못할 때, 분명히 며칠 전에 공부한 내용인데도 다시 폈더니 처음 보는 것처럼 기억이 나지 않을 때 포기하고 싶은 마음이 들면서 좌절감에 빠진다.

좌절감은 왜 드는 것일까? 앞의 두 가지 경우에 처할 때 좌절감이 '쉽게' 찾아오는 것은 맞지만, 그렇다고 해서 '반드시' 오는 것은 절대로 아니다. 자신보다 뛰어난 사람은 언제나 있고, 외웠지만 기억이 나지 않는 경우도 항상 있다. 공부를 처음 시작하던 때부터 언제나, 그 누구에게나 그랬다. 하지만 어떤 사람들은 똑같은 경우에도 '유리 멘탈'이라 쉽게 좌절감에 빠지는가 하면, 다른 사람들은 '하는 수 없지 뭐'라고 툭 털어버리고는 그냥 묵묵히 공부를 계속한다. 이 둘의 차이는 어디에서 오는 것일까. 바로 '욕심'이다. 좌절감이 큰 사람들은 욕심이 크다. 두 가지 욕심이다. 첫째, 성취하고 싶은 욕심. 둘째, 그것을 쉽게 성취하고 싶은 욕심. 여기서 '쉽게'라는 말에는 '남들보다 빨리, 시행착오 없이, 보다 효율적으로' 등의 마음이 모두 포함되어 있다. 무언가를 이루고 싶은 마음이 있고 그것을 가능한 쉽게 해내고 싶은데, 현실이 마음처럼 되지 않을 때 좌절감이 드는 것이다. 이를테면 자신이 시속 50km밖에 달릴 수 없는 자동차인데도 시속 100km짜리 자동차들을 보면서 같은 거리를 같은 시간에 가고 싶어 할 때 좌절감이 든다는 말이다.

문제는 이런 '욕심'이 실제로 무언가를 성취하는 데 아무짝에도 도움이 되지 않는다는 점이다. 성취하고 싶은 마음은 좋다. 목표 의식이 뚜렷한 것도 훌륭하고, 자신의 실력에 비해 만만치 않은 과제에 도전하는 것도 멋진 일이다. 하지만 그것을 '쉽게' 이루고 싶어 하는 욕심은 실제로는 좌절감만 낳는다. 포기와 재기를 반복하며 귀한 시간만 낭비하는 것이다. 약한 멘탈이 공부에 도움이 되는 경우는 단연코 없다.

좌절감을 이겨내는
마법의 주문

첫째, 좌절감은 욕심 때문에 생긴다는 사실을 알아야 한다. 붓다는 2,500년 전에 마음의 고통에서 벗어날 수 있는 8가지 방법을 제시했다. 이를 8가지 바른 길, 팔정도八正道라고 한다. 팔정도에서 으뜸가는 방법이 정견正見, 즉 '바르게 보는 것'이다. 자신의 욕심 때문에 좌절감이 생긴다는 진실을 바르게 보는 것이 좌절감에서 벗어나는 첫번째 단계다. 자기보다 뛰어난 사람은 언제나 존재한다. 능력보다 어려운 과제도 항상 존재한다. 그 사람과 같은 결과를 내려면, 힘에 부치는 과제를 무사히 해결하려면 훨씬 더 많은 노력을 쏟아부어야 하는 것이 당연하다. 그렇게 노력하지는 않으면서 쉽게 얻고 싶은 욕심이 좌절감을 낳는다. 붓다는 고통을 바로 보면 그것이 사라진다고 가르쳤다. 좌절감이 욕심 때문임을 알면, 그래서 지금 할 일에 더 많은 노력을 기울여야 함을 깨달으면 그 순간 좌절감은 사라진다.

둘째, 욕심을 버려야 한다. 힘을 적게 들이면서 많이 얻고 싶은 것이 욕심이라면 정확히 그 반대로 마음을 먹으면 된다. '많이 노력하고 조금만 얻어도 좋다. 오래 공부하고 느리게 성취해도 좋다. 남들이 다 가고 나서 가장 꼴찌로 내가 가도 좋다'라는 마음가짐이 필요하다. 이렇게 마음을 먹으면 뛰어난 친구를 보건, 자신의 모자람을 확인하건 아무 문제가 되지 않는다. 모르면 그저 보고 또 볼 뿐이다. 그리고 이렇게 빨리 가고, 쉽게 가겠다는 욕심을 버릴 때 실제로는 더 빨리, 더 높이 올라갈 수 있다.

이를테면 친구들끼리 같은 수업을 듣는다고 해보자. 나름 최선을 다해 공부를 하더라도 나중에 이야기를 나누어보면 자신은 이해하지 못해 끙끙대는 부분을 다른 사람은 명쾌하게 이해한 경우가 있다. 이럴 때 '나는 머리가 나쁜가 보다', '저 친구들과 도저히 경쟁할 수 없을 것 같다'라며 속으로 좌절감을 느끼는 사람들이 많다. 이런 좌절감에서 빠져나오기 위해서는 우선 '내가 조금 노력하고 많이 얻으려 했구나', '혼자 공부하는 시간이 적은 내가, 혹은 누적 공부량이 적은 내가 다른 친구들보다 부족한 것은 당연한 이치인데 공연히 기운이 빠졌구나' 하고 좌절감의 원인이 욕심에 있음을 깨달아야 한다. 그런 다음 '원인이 있으면 반드시 결과가 있다. 남들보다 부족한 대신 남들보다 몇 배의 노력을 하겠다'라고 딱 결심하면 좌절감은 즉시 씻은 듯이 사라진다. 좌절감에 빠져 있는 이들 가운데 '남들보다 몇 배의 노력을 기울일 각오'를 품고 있는 사람은 아무도 없다.

일본의 수학자 히로나카 헤이스케広中平祐도 『학문의 즐거움』에서 같은 이야기를 했다. 그는 수학 천재들이 가득한 하버드대에서 공부를 하는 동안 항상 자신의 부족함을 피부로 체감할 수밖에 없었다. 그래서 그는 다른 사람보다 빨리하겠다는 생각 따위는 아예 접어버리고, 대신 '남보다 두 배의 시간을 들이는 것'을 신조로 삼아서 노력하기로 했다. 욕심을 버리고 더 많은 노력으로 자신의 실력을 메꾼 히로나카 헤이스케는 결국 수학계에서 세계 최고의 권위를 가진 필즈상을 수상한 세계적인 석학이 되었다.

나 역시 욕심을 버려야 더 잘할 수 있다는 사실을 경험을 통해서 알고 있다. 몇 년 동안 나는 꾸준히 블로그에 글을 쓰고 팟캐스트에 방송을 올려왔다. 지금까지 쌓아놓은 에세이는 200여 편, 업로드된 방송 에피소드는 300여 편쯤 된다. 만약 내가 적게 노력하고 많은 것을 얻을 욕심을 냈거나 혹은 무언가를 조급하게 얻고 싶어 계산기를 두드렸다면 특별한 계획이 없는데도 이렇게 오랫동안 글과 방송을 이어오진 못했을 것이다. 눈에 보이는 성과가 없어서 좌절감에 빠졌을 수도 있고 말이다. 하지만 '많이 노력하고 조금만 얻어도 좋다. 오래 공부하고 느리게 성취해도 좋다'라는 마음이 있었기에 별다른 고민 없이 묵묵히 노력하는 일이 가능했다. 그래서 공부하고, 글을 쓰고, 생각하고, 말하는 실력 모두를 트레이닝 할 수 있었다. 그러므로 좌절감이 들 때마다 이런 주문을 되뇌어보자.

> **인백기천人百己千. 남들이 백을 한다면, 나는 천을 하겠다.**

친한 친구의 이야기다. 나는 옛날부터 친구 집에 가면 가장 먼저 책꽂이를 보았다. 무슨 책을 읽는지 보면 관심사가 어디에 있는지 알 수 있기 때문이었다. 대학교 2학년 즈음이었을 것이다. 친구의 자취방에 놀러 갔다. 책꽂이 쪽으로 눈을 돌렸는데, 거기에 글귀가 쓰인 작은 종이가 붙어 있었다. '인백기천人百己千. 남들이 백을 한다면, 나는 천을 하겠다.' 그 친구는 굉장히 성실하고 꼼꼼하기로 유명한 친구였다. 좌절감이나 멘탈 붕괴와는 거리가 먼, 늘 한결같이 묵묵하게 공부하는 친구였다. 쉽게 얻고 싶은 욕심을 버리고 남들보다 10배 이상 노력할 각오와 함께 살아왔기 때문에 자연스럽게 몸에 밴 자세였다.

인백기천. 남들보다 10배 이상 노력해도 상관없다던 그 친구는 친구들 중에서 가장 빨리, 24살에 사법 시험에 합격했다. 자신보다 뛰어난 친구를 볼 때마다, 자신의 능력이 부족함을 확인할 때마다, 그래서 '내가 진짜 할 수 있을까?' 하고 좌절감이 들 때마다 다음의 주문을 되뇌어보면 어떨까. '인백기천. 남들이 백을 한다면, 나는 천을 하겠다.'

⬤ TIP 한눈에 보기 _ 좌절감에 빠진 사람의 멘탈 관리 원칙

❶ 좌절감은 자신의 욕심 때문에 오는 것임을 알아챈다.

❷ 빨리 성취하고 쉽게 얻으려는 욕심을 버린다.

❸ 좌절감이 들면 '인백기천. 남들이 백을 한다면, 나는 천을 하겠다'라고 되뇌어본다.

공부하기 싫을 때

: 살살 해야 멀리 간다

왜 공부가
하기 싫을까

- 며칠 동안 책을 손에서 놓으면 다시 책상에 앉기가 점점 싫어집니다. 이럴 때 어떻게 해야 할까요. 슬럼프를 극복할 수 있는 방법을 알려주세요.

- 공부를 해야 한다는 것을 알면서도 막상 공부를 시작하기가 왜 이렇

게 싫은지 모르겠습니다. 공부를 시작하기 전에 텔레비전도 켜고, 스마트폰도 하고, 웹툰도 보면서 한참을 무의미하게 시간을 때워야 겨우 자리에 앉아요. 그래도 일단 공부를 하면 언제 그랬냐는 듯이 그럭저럭 열심히 하는 편이긴 한데, 매번 시작하는 것이 힘듭니다.

• 시험 기간이 되면 공부하기가 너무 싫습니다. 공부할 분량은 많고 시간은 촉박해서 하루라도 빨리 시작하는 것이 유리한데 꼭 며칠씩 딴짓을 하다가 뒤늦게 집중이 돼요. 그러면 처음에 낭비했던 며칠이 너무 아깝습니다. 많이 후회하면서 다음 시험 기간에는 잘하리라고 다짐하지만 매번 똑같은 패턴이 반복됩니다. 처음부터 집중할 수 있는 방법은 없을까요.

공부하기 싫은 것만큼 공부하는 사람에게 흔한 괴로움이 또 있을까. 공부하는 모든 사람은 누구나 공부하기 싫은 마음을 참고 공부한다. 정도의 차이만 있을 뿐이다. 예전에 법조계에서 일하는 선배들이 학교를 찾아와 공부 방법 특강을 한 적이 있었다. 거기서 현직 판사였던 유명한 선배 한 명이 '슬럼프를 극복하는 법'을 들려주겠다며 이렇게 말문을 열었다. "공부하는 여러분들은 잘 아시겠지만 슬럼프는 두세 달에 한 번씩 오는 것이 아닙니다. 하루에도 몇 번씩 찾아오는 것이 슬럼프잖아요." 그 말에 강당을 가득 채운 학생들이 박수를 치며

웃었다. 공부하기 싫다는 생각은 누구에게나, 수시로 든다. 정말로 공부를 잘하는 사람들도 완전히 똑같다. 그러므로 일단 그런 생각이 든다고 해서 자신이 어디가 잘못되었거나 심각한 문제가 있는 것은 아닌지 고민할 필요는 없다. 문제는 오로지 그런 마음을 어떻게 추스르면서 공부할 것이냐다.

왜 공부하기가 싫을까. 왜 정해진 시간이 되면 수박을 칼로 쪼개듯이 딱 자리에 앉아 바로 시작하지 못하고 자꾸 공부 속에 들어가는 것을 피하고만 싶을까. 왜 시험 기간처럼 할 일이 많을수록 공부하기 싫은 마음은 더 커질까. 그리고 도대체 왜, 그럼에도 불구하고 어찌어찌 앉아서 공부를 하다 보면 그렇게 싫던 공부가 그럭저럭할 만하게 느껴지는 것일까. 이 모든 의문에 대한 답을 우리는 뇌과학적인 설명에서 찾을 수 있다.

공부를 시작하면 뇌에서는 조금씩 몰입도가 올라간다. 이를테면 수학책을 펴서 문제를 푼다고 해보자. 그러면 그 문제와 관련된 뉴런들에 전기 신호가 흐르고 뉴런과 뉴런을 연결하는 시냅스가 활성화되기 시작한다. 문제가 어려워도 포기하지 않고 계속 붙들고 있으면 점차 활성화되는 부위가 늘어나는데, 이 과정을 MRI로 촬영하면 뇌에서 알록달록한 면적이 점점 커지는 모습을 볼 수 있다. 이렇게 몰입도가 계속 높아지다가 어느 정도가 되면 여러 개의 시냅스가 뭉쳐진 시냅스 다발에서 쾌감을 주는 신경 전달 물질이 분비된다. 대표적인 예가 도파민이다. 이쯤 되면 두뇌 회전이 빨라져서 문제가 잘 풀릴 뿐

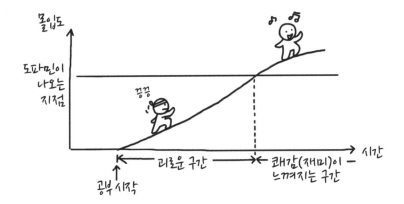

만 아니라 공부가 재미있게 느껴진다.

  문제는 몰입도를 올리는 과정에 있다. 몰입도를 꾸역꾸역 올리는 것은 상당히 괴로운 일이다. 게다가 몰입도가 어느 정도 올라가기 전까지는 도파민도 나오지 않는다. 마치 힘든 등산로를 올라가야 수월한 능선에 도달할 수 있는 것과 같다. 바로 이 부분이 공부하기 싫은 마음이 생기는 이유다. 슬럼프를 겪어 며칠 동안 공부를 손에서 놓았거나 시험 기간에 갑자기 벼락치기를 해야 할 때 공부하기가 유난히 싫은 까닭도 같은 맥락에서 설명할 수 있다. 둘 다 올라가기 힘든 급경사의 오르막길이기 때문이다.

공부하기 싫은 마음을
이겨내는 방법

첫째, 몰입도가 올라가는 원리를 이해하고 몇 가지 요령들을 활용해 몰입도를 높인다. 원리를 이해하면 조금쯤 싫은 마음이 있더라도 공부를 시작하기가 쉽다. 몰입도가 올라갈 때까지 조금만 견디면 된다는 사실을 알기 때문이다. 일단 자리에 앉은 다음 공부와 관련된 자극들을 묵묵히 뇌 속으로 흘려보낸다. 공부하기 싫은 마음들이 달아날 때까지 시냅스를 깨우면서 몰입도를 올리는 것이다. 다음은 괴로움이 덜하면서 몰입도를 올릴 수 있는 몇 가지 요령이다.

❶ 책을 소리 내어 읽으면 몰입도가 올라간다. 정확한 기억은 아니지만, 초등학교 때 대략 '공부 잘하는 법'이라는 제목의 책을 읽은 적이 있다. 교과서를 소리 내어 읽으면 공부하고 싶은 의욕이 저절로 생긴다는 말이 쓰여 있었다. 신기한 생각이 들어 열심히 따라 해보았는데 실제로 효과가 있었다. 지금 생각하면 그것이 몰입도를 올리는 요령이었던 셈이다.

❷ 관련된 내용을 음성이나 동영상 파일로 접하면 몰입도가 빨리 올라간다. 시각만 활용하는 텍스트에 비해 시각과 청각 등 여러 가지 감각을 고루 활용하기 때문이다. 공부가 하기 싫을 때는 부담 없이 강의 파일을 흘려듣는 것만으로도 공부하고 싶은 의욕이 생

길 수 있다.

❸ 공부할 내용에 대해 주위 사람과 대화를 나누거나 토론을 하면 몰입도가 올라간다. 많은 기업들이 월요일 아침에 회의를 한다. 주말 동안 낮아진 업무 몰입도를 단체로 확 끌어올리기 위한 것이다. 대학 때 도서관 주변에도 식사 시간 이후에 무리 지어 산책을 하며 대화를 나누는 사람들이 많았다. 만약 공부가 하기 싫다면 주위 사람들과 공부 내용을 주제로 수다를 떨어보자. "오늘 나는 탄핵 심판을 공부할 차례야", "SWAT분석이랑 3C 분석의 차이가 뭐였지?" 하는 식으로 가볍게 화제를 던져도 좋다. 단, 공부를 둘러싼 가십거리가 아니라 반드시 공부 내용 자체에 대한 이야기여야 효과가 있다.

둘째, 몰입도를 올리기 힘들 때는 '살살' 하는 것이 답이다. 더 '열심히' 하는 것이 아니라 의도적으로 '살살' 해야 공부하기 싫은 마음을 이길 수 있다. 몰입도를 끌어올리는 것은 괴로우며 고통은 몰입도의 경사에 비례한다. 누구나 수학 문제를 풀다가 너무 안 풀려서 답답함을 느낀다거나, 과제물 마감이 코앞인데 진척이 없어서 머리를 쥐어뜯은 경험이 있을 것이다. 이렇게 괴로워하면서 억지로 몰입도를 높이는 것 역시 물론 방법일 수 있지만, 이런 경우에는 자칫 너무 힘들어 포기해버릴 위험이 있다. 포기하면 다시 처음부터 시작해야 한다. 이런 위험을 피하면서 확실하게 몰입도를 올리는 요령의 핵심은 몰입도를 올리되 그 경사를 일부러 완만하게 만드는 데 있다. 경사를 낮추면 괴로움이 덜하고, 괴로움이 덜하면 지속할 수 있는데, 지속하는 한 몰입도는 꾸준히 올라간다.

'살살' 한다는 것은 목표치를 낮춘다는 말이다. 예를 들어 영어 독해 문제집을 풀어야 할 시간인데 공부가 하기 싫다고 해보자. 그러면 자리에 앉아 딱 한 문단만 독해하겠다고 목표치를 낮춘다. 그것도 내키지 않는다면 지난 시간에 공부한 부분을 펴서 한번 쭉 읽어보겠다고 목표치를 더 낮춘다. 정말 그것조차 귀찮다면 그냥 손가락 하나 까딱하지 않은 채 머릿속으로만 지금 진도가 어디쯤 나가고 있는지를 떠올려보는 것으로 목표치를 완전히 낮춘다. 이렇게 계속 목표치를 낮추다 보면 '하기 싫다'라는 저항감이 사라지는 순간이 반드시 온다. 나는 글을 쓸 때도 비슷한 방법을 활용한다. 글을 쓰기가 싫으면 '한 문단만 더 쓰자. 아니, 한 문장만 더 쓰자' 하는 식으로 살살 목표치를 낮춘다. 그것도 정 내키지 않는 날이면 컴퓨터를 끄고 아예 손을 떼되, 머릿속으로만 무엇을 어떻게 쓸지 생각을 이어나간다. 그런데 그

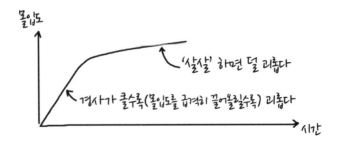

러다 보면 다시 글이 쓰고 싶어져서 컴퓨터의 전원을 켜는 일이 종종 있다. 그러므로 공부가 하기 싫을 때마다 이런 주문을 되뇌어보자.

살살 해야 멀리 간다.

공부하기 싫은 마음은 누구에게나 있다. 그것을 게으름이나 의지 부족, 혹은 '아직도 정신 차리지 못했음'의 문제로 접근하면 죄책감만 들 뿐, 해결책은 나오지 않는다. 산 정상에 올라가야 할 이유가 있다고 해서 등산이 힘들지 않을 리 없듯, 공부를 하는 이유와 목적이 있다고 해서 항상 공부가 수월한 것은 아니다. 여기서 중요한 것은 공부하기 싫은 마음을 달래면서 자신도 모르는 사이에 공부가 잘되는 상황까지 올라가는 요령을 익히는 일이다. 그 핵심은 더 '살살' 하는 데 있다. 점점 더 살살 공부하되 생각의 끈만 놓지 않으면 된다. 그러면 몰입도는 오르게 되어 있고, 공부하기 싫은 마음도 사라질 수밖에 없다. 단지 시간의 문제다. 바쁠수록 돌아가라고 했듯, 공부가 하기 싫다면 일부러 살살 하기를, 살살 해야 멀리 간다.

❶ 공부가 하기 싫은 이유는 몰입도를 올리는 일이 괴롭기 때문이다.

❷ 일정 수준 이상 몰입도가 올라가면 도파민이 분비되어 괴로움이 사라진다.

❸ 소리 내어 읽거나, 음성·동영상 파일을 접하거나, 대화를 나누면서 몰입도를 올린다.

❹ 공부하기 싫으면 '살살 해야 멀리 간다'라고 되뇌면서 목표치를 낮춰 지속한다.

절망감에 빠질 때

: 지금 그리고 여기

왜 절망감이
들까

- 해야 할 공부가 너무 많습니다. 매일 집에 들어가면 지쳐서 아무것도 하지 못하고 탈진 상태가 되어버려요. 이런 식으로 공부를 계속할 수 있을지 자신이 없습니다.

- 처음 시험에 도전할 때는 딱 1년만 공부하려고 마음을 먹었습니다.

그런데 조금 해보니 해야 할 공부가 너무 많다는 사실을 깨달았어
요. 1년 안에 끝내기는커녕 계속 이곳을 벗어나지 못하는 것은 아닐
까 걱정도 듭니다.

• 직장을 다니면서 틈틈이 공부를 하고 있습니다. 퇴근하고 돌아와 잠
깐 책을 보다가 잠들면 다시 출근하는 생활의 반복입니다. 쳇바퀴
처럼 돌아가는 하루하루가 벅차서 너무 힘이 든데, 그렇다고 공부를
하지 않으면 미래가 없는 것 같아 놓을 수도 없습니다. 마음 편히 노
력할 수 있는 방법이 없을까요.

우리는 할 일이 너무 많기 때문에 하루가 벅차다고 생각한다. 읽어
야 할 교과서가, 풀어야 할 문제집이, 들어야 할 강의가 혼자 공부하
는 사람들의 다이어리에 빼곡하게 적혀 있다. 그런 식으로 짧게는 몇
달, 길게는 몇 년, 혹은 아예 기약 없는 세월이 기다리고 있는 경우도
많다. 쉬지 않고 밀어닥치는 거친 바다의 파도처럼 해야 할 일들이 밀
려들고, 그 끝이 보이지 않을 때 우리는 하루하루를 힘들다고 느끼고
절망감에 빠진다.

처리해야 할 일들의 절대량이 많으면 당연히 힘들다. 적절한 휴식
시간이 없으면 피로도 쌓이고 몸의 컨디션도 나빠진다. 그러다가 몸
살이 오거나 허리 통증이 이어지면 '이렇게 계속할 수 있을까?' 싶은

생각이 고개를 드는 것은 당연하다. 하지만 그럼에도 불구하고 피할 수 없는 일이라면 어떻게 대처해야 할까? 훌훌 털고 수험가를 떠나거나, 학교를 자퇴하거나, 직장과 공부의 병행을 포기할 수 있는 상황이 아니라면, 하루하루 견디기 힘든 이 느낌을 어떻게 다스려야 할까?

다행스럽게도 한 가지 요령이 있다. 우리가 사는 세상을 일컬어 고해苦海, 즉 고통으로 가득한 바다라고도 부르는데, 그 거친 바다를 타고 전해지는 조언이다. 그 바다 위에는 예나 지금이나 늘 거센 파도가 몰아치고, 예나 지금이나 늘 사람들이 절망감에 휩쓸린다. 하지만 어떤 사람들은 현명하게 파도의 산과 골짜기를 헤치고 앞으로 나아가는 요령을 터득하는 데 성공했고, 뒤이어 눈이 밝은 사람들이 그들을 따라 하며 그 요령을 자신의 것으로 만들었다. 이렇게 오랜 세월 많은 사람들이 고해를 건너는 데 썼던 항해술은 오늘의 우리에게도 똑같이 유용하다. 그것은 바로 '지금 그리고 여기'라는 요령이다.

먼저 우리가 휩쓸리기 쉬운 착각에 대해 생각해보자. 조금 전에도 이야기했듯이 해야 할 일이 많다는 것은 힘든 일이다. 육체적인 피로가 쌓여서 괴롭고, 취미 생활처럼 좋아하는 일을 할 시간이 없어서 속상하다. 하지만 문제는 우리들 대부분이 실제로 존재하는 고통의 총량 이상으로 고통을 받고 있다는 사실이다. 착각으로 인해 '할 일이 많다'라는 팩트를 '모든 것이 힘들다'라는 절망감으로 확대해서 받아들인다. 이 착각은 바로 우리의 마음이 쓰는 스토리다.

예를 들어 오늘 하루 10시간을 공부하고 집으로 돌아온 수험생이 있다고 하자. 어려운 부분이 이해가 되지 않아 종일 머리를 싸맸고, 좋아하는 드라마가 있는데 공부량을 채우느라 보지 못했다. 온몸이 말할 수 없이 노곤해서 집에 돌아오자마자 벌렁 누워버렸다. 여기까지는 실제로 존재하는 팩트다. 그런데 바닥에 드러누운 수험생은 머릿속으로 스토리를 쓰기 시작한다. '오늘은 너무 힘들었어. 내일도 이렇게 힘들겠지? 진도를 보니 이번 주말에도 여유가 생길 것 같지 않아. 1년만 꾹 참고 공부할 생각이었는데, 이 정도일 줄은 몰랐어. 내가 1년을 견딜 수 있을까? 그리고 정말 1년만 하면 이 공부가 끝나긴 끝날까? 만약에 떨어지면 어쩌지? 2년? 3년? 계속 이런 생활을 해야 하는 건 아닐까?' 이런 스토리가 매일 밤 머릿속에서 반복된다. 반복되는 부정적인 스토리는 원래부터 존재하는 의지력의 한계를 갉아먹고 공부하는 능력을 실제로 떨어뜨린다. 원래 실체가 없었던 머릿속의 스토리는 이런 과정을 거쳐 실제로 존재하는 팩트가 된다. 예나 지금이나 수많은 사람들이 자신이 만든 스토리의 파도에 휩쓸려 바다를 건너는 데 실패한다.

왜 이런 스토리를 일러 '착각'이라고 하는 것일까. 그것은 그 스토리가 '지금 그리고 여기'라는 진실과 멀기 때문이다. 사람들은 과거, 현재, 미래라는 말을 사용한다. 그래서 과거나 미래가 '실제로 존재하는 시간'이라고 '착각'한다. 하지만 그렇지 않다. 머릿속에는 과거의 추억과 미래의 계획이 존재하지만 실제로 경험할 수 있는 것은 오로지 현재뿐이다. 우리는 끊임없이 '지금-지금-지금'을 경험하며 산다. 이를테면 오늘 저녁 멋진 뷔페에서의 식사가 예정되어 있다고 해보자. 대낮부터 인터넷에서 뷔페의 음식 사진을 찾아보며 설렐지도 모른다. 하지만 뷔페를 생각한다고 해서 혀에서 음식의 맛을 느낄 수는 없다. 미래는 실제로 경험할 수 있는 것이 아니다. 이번에는 뷔페를 다녀온 다음 날을 생각해보자. 어제 먹었던 음식을 떠올리며 무엇이 제일 맛있었고 디저트는 어땠는지 이야기를 나눈다. 하지만 혀에서 음식 맛을 느낄 수는 없다. 기껏해야 '맛있었다', '조금 짰다' 정도의 표현을 꼬리표로 붙이며 음식을 기억할 뿐이다. 과거 또한 실제로 경험할 수 있는 것이 아니다. 그렇다면 혀가 맛을 경험할 수 있는 순간은 언제일까. 오로지 '지금' 뿐이다. 음식을 입에 넣어 우물우물 씹는 그 순간 말이다. 지금을 제외한 모든 순간은 우리의 생각 속에서만 존재한다.

공부를 마치고 집에 돌아와 머릿속으로 스토리를 쓰는 수험생의 행동이 꼭 이와 같다. 그가 경험할 수 있는 '실제 고통의 총량'이란 기껏해야 '몰입도를 끌어올리기 위해 끙끙대는 순간'의 고통에 '육체 피

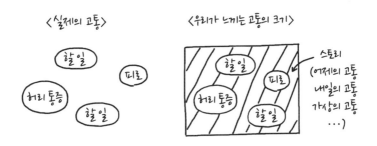

321

로 혹은 '허리 통증'의 고통을 합친 정도에 불과하다. 하지만 그는 거기에다가 과거의 고통을 회상하고 미래의 고통을 상상해서 덧붙인다. 이처럼 '지금 그리고 여기'를 잊었을 때 그는 그의 착각이 만들어낸 고통까지 짊어져야 한다. 그렇게 만들어낸 고통의 총량은 무한히 커질 수 있다. 상상 속에서는 무엇이든 가능하니까 말이다. 모든 것이 다 힘들다며 절망감을 느끼는 이유다.

절망감에 빠지지 않고
할 일을 다 하는 방법

첫째, 절망감이 드는 순간, 실제로 존재하는 고통과 머릿속에서 만들어낸 스토리를 구분해야 한다. 지금 풀고 있는 수학 문제에서 느껴지는 괴로움은 실재하는 고통이다. 욱신거리는 허리도 실재하는 고통이다. 그것들은 팩트다. 하지만 어제의 고통과 내일의 고통이 여기에 뒤섞여 있다면 그것은 머릿속의 스토리다. 지금 나는 머릿속에서 스토리가 떠오른다는 사실 자체를 문제 삼는 것은 아니다. 낙천적인 성향의 사람일수록 조금 더 즐길 만한 스토리를 떠올리긴 하겠지만, 해피엔딩의 스토리건 아니건 간에 모든 스토리는 근본적으로 착각에 불과하다. 머릿속에서 어떤 스토리가 그려지든 간에 그것은 실제로 공부를 하는 데 도움이 되지 않는다는 사실을 기억해야 한다. 그것이 단지 실제로 존재하지 않는 머릿속의 스토리라는 사실을 깨닫기만 해도 우리는 절망감의 파도에 휩쓸리지 않을 수 있다.

둘째, '지금 그리고 여기'가 가진 힘을 이해할 수 있는 이야기를 하나 들려주고 싶다. 과거와 미래에 대한 고민은 제쳐두고 현재에 집중하기로 했을 때, 평범한 사람에게 어떤 일이 가능한지 알 수 있는 이야기다. '지금 그리고 여기'에 대해 보다 깊이 알고 싶은 사람은 명상과 영성 분야의 책을 살펴보면 된다.

중학교 입학시험에 떨어진 일본 사람이 있었다. 결핵으로 출석 일수를 다 채우지 못했기 때문이다. 그는 대학 입학도 뜻대로 되지 않았다. 원하던 의과 대학에 불합격한 뒤 마지못해 고향 근처의 이름 없는 공과 대학에 진학했다. 취업 역시 곤란의 연속이었다. 대기업 중 어디서도 그를 불러주는 곳이 없었다. 소위 명문대를 나온 스펙 좋은 졸업생들과 경쟁이 되지 않았다. 결국 그는 교수님의 추천으로 지방에 있는 작은 회사에 들어갔다. 본격적인 어려움은 그때부터 시작이었다. 그 회사는 겉보기와는 달리 하루하루 유지하기조차 어려운 도산 직전의 회사였다. 월급조차 제때 나오지 않아 직원들에게 '조금만 기다려 달라'라는 말을 밥 먹듯이 하는 곳이었다.

그런 회사에서 그에게 업무 지시를 내렸다. '파인 세라믹스'를 연구해보라는 지시였다. 당시 파인 세라믹스는 개발에 성공할 경우 큰 가능성이 열려 있는 유망한 분야이긴 했다. 다만 몇 가지 문제가 있었다. 일본의 어느 누구도 연구에 성공한 전례가 없었고, 그는 파인 세라믹스와 관련해서 아는 것이 하나도 없었으며, 그가 일하고 있는 연구소에는 연구를 할 만한 시설과 자금과 인력이 없었다. 이쯤 되면 한숨이 나올 지경이 아닐까. 지인들은 그가 지독히도 운이 없다며 끌끌 혀를 찼다. 능력 있는 직원들은 다른 회사로 하나둘씩 자리를 옮겼고, 그렇지 못한 직원들만 출근해 어수선한 회사를 더 어수선하게 만들고 있었다. 물론 그도 회사에 대한 불만과 앞날에 대한 걱정이 가득한 평범한 직원에 불과했다. 과거도, 현재도, 미래도 모든 것이 힘든 상황이었다.

매일 신세를 한탄하던 그는 문득 이런 생각이 들었다. '지금 하는 일 외에 다른 방법이 없다면 지금 하는 일에만 집중하는 편이 낫지 않을까?' 그 외에는 다른 길이 없으므로 그는 그렇게 하기로 결심했다. 과거도, 미래도 생각하지 않고 그저 바로 지금, 현재에만 살기로 말이다. 그리고 정말로 그 결심을 실천했다. 연구실에서 먹고 잤고, 도서관에서 책을 빌려와 공부했으며, 미국에서 논문을 구해와 직접 번역했고, 자신의 사비를 털어 연구에 충당했다. 그러자 재미있는 일이 일어났다. 그는 그 순간을 회상하며 정말로, 그때 그 순간 이후로, 갑자기 인생이 술술 풀리기 시작했다고 말했다. "일에 몰두하면서 나 자신도 놀랄 만한 실험 결과가 연이어 나왔다. 그와 동시에 나를 괴롭히던 '회사를 그만두고 싶다', '내 앞날은 어떻게 될까?' 하는 의구심과 방황이 거짓말처럼 사라졌다."

그의 이름은 이나모리 가즈오稲盛和夫. 일본에서 가장 존경받는 3대

기업가 중 한 명이다. 1959년 자본금 300만 엔으로 시작한 '교세라'를 세계 100대 기업으로 키워냈고, 1984년 KDDI를 창업해 10년 만에 일본 굴지의 통신 회사로 성장시켰다. 2010년, 파산한 일본 항공 JAL의 경영을 맡아 불과 13개월 만에 흑자로 전환시킨 살아 있는 '경영의 신'이다. 고통의 바다에서 파도에 휩쓸려 다니던 평범한 이나모리 가즈오가 일본에서 가장 존경받는 경영의 신이 된 것은 '지금 그리고 여기'라는 깨달음 덕분이었다. 그러므로 모든 것이 다 힘들게 느껴질 때 이런 주문을 되뇌었으면 한다.

지금 그리고 여기.

공부는 쉽지 않다. 그리고 공부에는 괴로움이 따른다. 여러 연구를 통해 이미 공부가 꿀처럼 달기만 할 수는 없다는 사실이 밝혀졌다. 하지만 그렇다고 해서 공부가 우리들이 지레 짐작하는 것만큼 끔찍하고 괴로운 활동은 아니다. 굉장히 기대하고 찾아간 음식점의 맛이 생각보다 덜한 것처럼, 그리고 엄청나게 힘들 거라 각오했던 일이 실제로는 견딜 만한 것처럼 공부의 진실도 우리가 생각하는 기대와 괴로움 사이의 어디쯤에 존재할 것이다. 사실 우리는 공부에 대한 실제의 고통에 과거와 미래의 스토리를 마구 뒤섞고 있는 까닭에 정말로 존재하는 괴로움의 진짜 크기를 보지 못한다. 분명히 말할 수 있는 사실은 이것이다. 우리가 해야 할 공부가 아무리 많더라도, 지금 그리고 여기에 머문다면, 우리는 절망감에 빠지지 않고 그것들을 다 해낼 수 있다. 예나 지금이나 마찬가지로 수많은 사람들이 '지금 그리고 여기'의 항해술로 거친 바다를 무사히 건넜기 때문이다.

⭕ **TIP 한눈에 보기 _ 절망감에 빠진 사람의 멘탈 관리 원칙**

❶ 실제로 존재하는 고통과 머릿속의 스토리가 만들어낸 고통을 구분한다.

❷ 과거와 미래를 걱정하는 대신 지금 눈앞의 일에 몰두한다.

❸ 절망감이 들면 '지금 그리고 여기'라고 되뇐다.

멘탈관리

○ 좌절감이 들 때

▶ 좌절감은 의지가 꺾여 자신감을 잃어버린 기분이다. 공부를 잘하기 위해서는 '나도 할 수 있다'라는 자기 신뢰가 출발점이어야 하는데, 좌절감은 정확히 그 반대편에 존재하는 감정이므로 반드시 극복할 줄 알아야 한다.

▶ 좌절감이 오는 이유는 욕심 때문이다. 무언가를 성취하고 싶은 욕심과 그것을 쉽게 성취하고 싶은 욕심이다. 남들보다 빨리, 시행착오 없이, 보다 효율적으로 성취하고 싶은 욕심인 것이다.

▶ 좌절감을 극복하려면 그것이 욕심 때문에 생기는 것임을 깨닫고 욕심을 버려야 한다. 욕심을 버린다는 말은 남들보다 쉽게, 빨리 가고 싶다는 욕심을 버린다는 의미다.

▶ '인백기천'은 '남들이 백을 한다면, 나는 천을 하겠다'라는 뜻이다. 남들보다 더 많이 노력할 각오를 하면 좌절감은 사라진다.

○ 공부하기 싫을 때

▶ 공부가 하기 싫은 이유는 몰입도를 올리는 과정이 괴롭기 때문이다. 쾌

감을 주는 도파민은 몰입도가 일정 정도 올라간 후에야 분비된다.

▶ 공부하기 싫은 마음을 극복하려면 몰입도가 올라가는 원리를 이해하고 몰입도를 올리는 요령을 활용해야 한다. 책을 소리 내어 읽거나, 음성 또는 동영상 파일을 접하거나, 공부할 내용에 대해 대화를 나누면 몰입도가 올라간다.

▶ 몰입도를 올리기 힘들 때는 '살살' 하는 것이 답이다. 몰입도를 끌어올리는 것은 괴로운 일이며, 그 고통은 몰입도의 경사에 비례한다. 경사를 낮춰 괴로움을 줄이고 도파민이 나올 때까지 공부를 지속하면 좋다. 살살 해야 멀리 간다.

⬤ 절망감에 빠졌을 때

▶ 해야 할 일이 많고 힘에 부치면 절망감에 빠지기 쉽다. 하지만 사람들 대부분은 실제로 존재하는 고통의 총량 이상으로 고통을 받고 있는데, 그것은 마음속에서 자신이 쓴 스토리 때문이다.

▶ 그 스토리는 착각이다. 과거, 현재, 미래라는 말을 사용하지만 실제로 경험할 수 있는 것은 현재, 바로 '지금 그리고 여기' 뿐이다. 스스로 만들어낸 과거와 미래의 스토리가 고통의 무게가 되어 현재의 고통에 더해진다.

▶ 이나모리 가즈오가 암담한 현실을 이기고 일본에서 가장 존경받는 기업인이 될 수 있었던 것은 과거도 미래도 생각하지 않고 바로 지금, 눈앞에 놓인 일에 집중했기 때문이다.

▶ 절망감이 들면 '지금 그리고 여기'를 상기하며 실제로 존재하는 고통과 머릿속의 스토리가 만들어낸 고통을 구분해야 한다.

공부는 쉽지 않다.
공부에는 괴로움이 따른다.
하지만 우리가 지레 짐작하는 것만큼
끔찍하고 괴로운 것 또한 아니다.
아마 공부의 진실은 우리가 생각하는
기대와 괴로움 사이의 어디쯤에 존재할 것이다.
이 점만은 분명히 말할 수 있다.
해야 할 공부가 아무리 많더라도,
우리가 '지금 그리고 여기'에 머문다면
우리는 절망감에 빠지지 않고
그것들을 다 해낼 수 있다는 사실이다.

우리의 삶이 바뀌는 순간

초등학교 1학년 때의 일이다. 담임 선생님은 매일 받아쓰기를 숙제로 내주셨다. A3 크기의 종이에 부모님이 불러주는 낱말 10개를 받아쓰는 것이 숙제였다. 10개를 해간 학생은 선생님에게 '참 잘했어요' 도장이 찍혀 있는 색종이 조각을 받았다. 그 도장을 50개나 100개쯤 모으면 연필이나 공책 같은 학용품 선물로 바꿀 수 있었다. 받아쓰기 숙제는 매일 있었지만 숙제를 안 해오는 친구들도 있었기 때문에 도장을 모으는 속도는 모두 달랐다.

어느 날이었다. A3 종이에 자를 대고 받아쓰기를 할 빈칸을 10개 그리는데 문득 빈 공간이 너무 많이 남는다는 생각이 들었다. 그래서 선을 긋는 김에 10개를 더 그었다. 나는 그날 20개의 받아쓰기를 해갔다. 그런데 다음 날 신나는 일이 일어났다. 선생님이 '참 잘했어요'

도장을 2개 주신 것이었다. 나는 깜짝 놀랐다. '2개를 받을 수도 있는 거구나!' 그래서 그다음 날은 20개의 2배인 40개의 빈칸을 그렸다. 다른 친구들이 나흘간 할 받아쓰기를 하루에 해가자 선생님은 도장을 3개 주셨다. 나는 너무너무 신이 났다. 아마 나는 욕심이 많은 아이였지 싶다. 다음 날, 그다음 날, 날마다 종이에 그리는 받아쓰기 칸은 점점 더 작고 촘촘해져 갔다. 지금도 기억이 난다. 내가 A3 종이 뒤에 가장 많이 그렸던 받아쓰기 칸은 200개였다. 친구들이 한 달 동안 할 숙제를 나는 하루 만에 한 셈이었다.

원래 나는 받아쓰기를 그다지 잘하는 아이가 아니었다. 받아쓰기 시험을 보면 10개 중에 보통 두세 개는 틀리곤 했다. 한글 학습지는 구경도 못했고, 그저 골목에서 딱지치기를 하면서 종일 뛰어놀다가 유치원을 딱 1년 다닌 뒤에 초등학교에 들어갔으니 다른 친구들보다 더 잘할 이유가 없었다. 100점을 받는 친구들이 부럽기도 하고 신기하기도 하던 나였다. 하지만 그렇게 받아쓰기를 남들의 몇 배로 하고 나서 나는 달라지기 시작했다. 얼마 지나지 않아 시험에서는 거의 틀리지 않게 되었다.

모든 것은 그 순간의 일이었다. 종이의 남은 자리가 너무 커 보여서 10개의 빈칸을 20개로 늘린 순간, 그리고 그렇게 숙제를 해갔을 때 '참 잘했어요' 도장을 2개 받던 순간. 노력이 있었고 노력에 대한 보상이 있었다. 성공 경험이었다. 노력을 하면 더 나아질 수 있고, 더 나아지는 것은 즐거운 일이라는 성공 경험. 만약 내가 종이의 남은 자리가 커 보였더라도 귀찮은 마음에 그대로 10개만 그리고 말았거나, 아니면 20개를 해간 날에도 선생님이 똑같이 도장을 하나만 주셨거나, 혹은 그럴 일은 없었겠지만 "너는 왜 시키지도 않은 일을 하니?"라며 편잔을 던졌다면 나는 결코 40개, 80개, 200개의 받아쓰기 숙제를 스스로 알아서 해가지 않았을 것이다. 더 나아지는 것이 즐거운 일이라는 생각을 갖지 못했을 수도 있다. 그리고 혹시 어쩌면 지금의 내가 이 책을 쓰는 일이 없었을지도 모른다. 삶이 바뀌어버린 것은 그 순간의 일이었다.

지금까지 이 책에서는 공부 잘하는 방법에 대해 이야기했다. 우리가 더 나아지는 방법에 대한 이야기였다. 초등학교 1학년 때 내가 겪었던 그 순간, 더 나아지는 것은 즐거운 일이라는 사실을 깨달은 그 순간을, 우리들 모두는 삶의 어느 지점에서 마주하게 된다. 예전에 만났을 수도 있고, 앞으로 만날 수도 있으며, 혹은 이 책에서 만났을 수도 있다. 만약 이 책을 읽는 동안 무언가를 느꼈다면, 즉 할 수 있다는 생각이 들었고, 무엇을 놓쳤는지 이해했고, 어느 부분을 따라 하고 싶은 마음이 생겼다면, 그것은 더 나아지고 싶은 마음과 마주한 순간이다. 그리고 그 순간은 어쩌면 우리의 삶이 영원히 바뀌어버린 순간일지도 모른다. 비록 지금은 그것을 알지 못하더라도 말이다. 독일 명상가 에크하르트 톨레Eckhart Tolle의 『삶으로 다시 떠오르기』 중 한 구절로 글의 마지막을 갈음한다.

"만약 이 책의 내용이 이해할 수 없거나 무의미하게 여겨진다면 그 경험은 아직 당신에게 일어나지 않은 것이다. 그러나 만약 당신 안에서 무엇인가가 이 책의 내용에 반응한다면, 만약 이 안에서 어떤 진리를 알아본다면, 깨어남의 과정이 이미 시작되었음을 의미한다. 어떤 사람에게는 이 책을 읽는 것으로 깨어남의 과정이 시작될 것이다."

혼공하는 자녀로
만들기 위한 가장 빠른 길

코로나로 비대면 수업이 일상화되면서 아이들로 하여금 집에서 혼자 공부할 수 있도록 지도하는 일이 부모의 몫이 되었다. 혼자 제대로 공부하는 방법을 배우는 것이 공부법의 핵심이므로, 갑작스럽게 들이닥친 이런 상황이 공부의 관점에서는 기회라고도 할 수 있다. 어찌되었든 간에 혼자 공부를 해내지 않으면 안 되는 과제를 모든 학생들이 직면하게 되었기 때문이다. 하지만 과제를 지도하는 부모의 입장에서는 그것이 만만한 일은 아니다. 학생이 집에 머무는 시간이 길어지자 부모의 잔소리가 늘어났다는 현실은 그런 어려움을 반영한다. 그래서 부모가 아이들의 공부를 지도할 때 유의해야 할 사항들을 7가지로 정리했다. 이 가이드가 손이 덜 가는 방법이라고는 이야기하지 않겠다. 대체적으로 보아 말로 지시하는 대신 행동으로 본보기가 되기를 권하는 가이드이기 때문이다. 그러나 원칙을 따르는 길은 늘 돌아가는 것 같아도 결국 보면 가장 빠른 길이다.

1. 부모의 첫 번째 역할은 정서적 지지

부모가 아이에게 해줄 수 있는 역할 가운데 가장 중요한 것은 무엇일까. 먹여주고 재워주는 것을 제외하면 부모의 첫 번째 역할은 정서적 지지다. 정서적 지지란 아이를 믿고, 응원하며, 사랑해주는 일을 말한다. '부모 된 마음으로 당연한 것 아니야? 그렇지 않은 부모가 어디 있어?'라는 생각이 들 수도 있다. 하지만 실제의 말과 행동은 생각과는 달리 불쑥 튀어나온다.

예를 들어보자. 비대면 수업을 하면서 아이가 집에 머무는 시간이 길어졌다. 인터넷으로 클래스를 접속하고 공부하는 모습을 보니 기대에 못 미치는 모습이 점점 눈에 띄기 시작한다. 꾸벅꾸벅 졸거나, 영상을 틀어놓고 딴 짓을 하거나, 로그인 시간에 맞춰 겨우 몸을 일으켜 수업은 듣는 둥 마는 둥 하는 모습들이다. 그런 모습을 보면 부모는 슬슬 걱정이 들고, 걱정은 머지않아 잔소리로 바뀌며, 잔소리가 잦아지면서 짜증과 분노가 올라온다. 차라리 학교에 가버려서 그런 모습을 보지 않는 쪽이 속 편하다고 이야기하는 분들도 있었다.

물론 이런 걱정과 짜증 역시 기대를 가진 부모로서는 자연스러운 일일지도 모른다. 하지만 생각해보자. 아이가 수업을 틀어놓고 졸거나 딴 짓을 하는 것이 과연 학교를 가지 않아서일까? 학교나 학원에 보내만 놓으면 저절로 부모가 바라는 초롱초롱한 눈빛을 가지고 공부를 할까? 아니다. 집 안에서의 모습과 집 밖에서의 모습은 사실 크게 다르지 않다. 공부에 대한 내적 동기가 생기지 않은 이상 대부분의 학생들은 그렇다. 부모의 눈에 보이느냐 그렇지 않느냐의 차이만 있을 뿐이다.

그런데 걱정과 짜증이 잔소리가 되어 툭툭 튀어나올 때 정서적 지지라는 첫 번째 역할은 온데간데없이 사라지고 아이에게 부모는 '공부로 스트레스를 주는 존재'가 된다. 문제는 이 지점이다. 공부 외의 요인으로 받는 스트레스는 공부를 방해한다. 주방에서 요리를 하다가 가스레인지 가까이 있던 행주에 불이 붙었다고 해보자. 그럴 때 우리는 하던 요리를 계속 할까? 그럴 리 없다. 만사를 제쳐두고 불부터 끈다. 우리의 뇌도 똑같다. 공부는 요리다. 불은 스트레스다. 요리를 중단하고 불을 끄듯, 뇌는 공부라는 작업을 중단하고 스트레스와 싸운다. 화가 치밀었을 때 일이 손에 잡히지 않았던 경험은 누구에게나 있다. 부모의 잔소리가 아이에게 스트레스로 여겨지는 순간, 아이의 머릿속은 불을 끄느라 공부가 들어설 자리가 없어진다는 사실을 명심해야 한다.

그렇다고 일체 공부에 대한 말을 하지 말라는 뜻이 아니다. **조언을 할 때는 사랑의 감정 상태에서 해야 한다.** 감정은 속일 수 없다. 부모의 말이 걱정과 짜증에서 비롯된 잔소리인지, 단단한 정서적 지지에서 나오는 애정 어린 조언인지 아이는 직감적으로 느낀다. 잔소리하고 싶은 마음이 올라온다면 일단 멈추고 감정부터 가다듬기를 바란다. 어차피 잔소리는 효과가 없다. 행주에 불을 붙일 뿐이다. 스스로의 마음이 편안해진 후에 진지하게 이야기를 나누어야 한다. 열 번, 스무 번이 아니라 같은 말을 그 이상 반복하더라도 정서적인 지지가 흔들려서는 안 된다.

2. 목표를 상상하도록 질문을 던져라

목표 지향 메커니즘은 최소한의 노력을 들이고도 우리를 목표로 이끌어주는 효과적인 내적 시스템이다. 목표를 쓰고, 반복하여 읽고, 이미지를 상상하고, 아침저녁으로 그것을 다짐하는 여러 가지 방법을 통해 이 메커니즘이 활성화되도록 스스로를 이끌 수 있다. 그런데 아이들의 경우에는 성인과 달리 자기 자신을 동기부여하기가 쉽지 않다. 스스로의 생각을 관찰하는 메타인지가 덜 발달되어 있기 때문이다. '현재 내가 가지고 있는 동기의 수준'과 '내가 가졌으면 하는 동기의 수준' 사이의 간극을 인식하고 그 차이를 좁히기 위해 목표를 되새기는 방법을 지속적으로 쓰려면 상당한 메타인지가 필요하다.

이때에는 부모의 지혜로운 개입이 큰 도움을 줄 수 있다. 특히 질문의 힘을 이용하는 것이 효과적이다. 우리 뇌는 본능적으로 놀이를 좋아하는데 질문은 놀이의 구조를 가지고 있기 때문이다. 별다른 의미가 없는 수수께끼에 귀가 쫑긋해지고, 'OO이 인기 있는 3가지 이유' 같은 형식의 기사 제목이 바로 답을 알려주는 제목보다 시선을 잡아 끄는 이유다.

우선 이 책에서 목표 지향 메커니즘의 원리를 완전히 이해한 다음에 이를 바탕으로 아이가 목표를 상상할 수 있도록 다양한 질문을 수시로 던져보자. 목표는 무엇이든 좋다. 아이가 되고 싶어 하는 것, 이루고 싶은 꿈도 좋고, 만약 그런 것이 아예 없는 경우 "이런 사람이 된다면 멋지지 않을까?"라고 슬쩍 유도하는 것도 괜찮다. 유의해야 할 점은 아이가 원하는 꿈이 있는데, 그것을 애써 무시하고 부모가 희망하는 직업을 머릿속에 욱여넣으려 해서는 안 된다는 사실이다. 목표 지향 메커니즘은 감정이 움직일수록 효과적이다. 목표를 상상할 때 가슴이 뛰고, 신이 나는 느낌이 들어야 좋다. 아이가 어디에 흥미가 있는지, 어떤 미래를 상상할 때 감정이 움직이는지를 세심하게 관찰해서 목표를 정해보자.

그렇게 목표를 정한 다음에는 수시로 질문을 던져서 목표를 상상하도록 자극할 차례다. 예를 들어 아이가 로봇 공학자가 되고 싶어 한다면, '오늘 공부한 내용은 로봇을 만드는 데 어떤 도움이 될까?' '요리를 도와주는 로봇을 만든다면 어떤 모습일 것 같니?' '훌륭한 로봇 공학자가 되려면 어느 대학에서 공부하고 싶어?' 등 목표와 관련된 질문을 던지는 것이다. 질문을 하면 아이는 상상하게 되고, 상상이 반복되면 의식 수준에 있는 목표가 잠재의식 수준으로 깊어진다. 잠재의식 수준에 목표가 심어질 때 아이는 저절로 공부 의욕을 보일 것이다.

3. '머리'라는 말 대신 '노력'이라는 말

'타고난 머리'는 신화에 가깝다. 달성하고 싶은 목표가 세계적인 업적이나 역사에 이름을 남기는 성과가 아니라, 성적이나 합격 정도의 일이라면 거의 그러하다. 공부에 있어서는 충분한 노력과 올바른 방법이 가장 중요하므로 선천적인 재능 여부를 고민할 필요가 없다. 그런데 안타깝게도 여전히 많은 아이들이 '타고난 머리'라는 관념을 뿌리 깊게 가지고 있으며 그 관념으로 인해 무의식중에 자신의 가능성을 제한한다. 왜 그럴까. 부모와 선생님, 혹은 주변의 친구들이 너나없이 '타고난 머리'의 관념을 가지고 있기 때문이다.

'타고난 머리'라는 관념에 사로잡힌 아이들은 원하는 만큼의 결과가 나오지 않았을 때 그 원인을 머리 탓으로 돌린다. 이것은 충분한 노력과 올바른 방법으로 자신을 개선하려 들지 않는다는 이야기다. '열심히 해보았자 어차피 안 돼'라는 식의 체념이 내심 형성되고, 이러한 체념은 어려운 과목이나 포기하고 싶은 단원을 만났을 때 맥없이 무릎을 꿇게 만든다. 원래 '수학 머리'가 없다고 생각하면서 어떻게 끈질기게 달려들 수 있는가. 초등학생 때부터 수학을 포기하는 소위 '수포자'가 나온다는 농담 같은 말이 현실로 벌어지는 이유다.

부모가 아이에게 강조해야 할 것은 머리가 아닌 노력이다. 우선

부모 스스로 '타고난 머리'에 대한 관념을 바로 잡는 것이 먼저다. 아이에게는 '머리가 좋아서' 혹은 '머리가 좋지 않아서', 그리고 '너는 ○○ 머리를 닮아서'라는 식의 표현은 아예 쓰지 않아야 한다. 적어도 공부에 관해서는 그러하다. 또한 뛰어난 결과를 얻은 사람을 볼 때 그가 기울인 노력에 주의를 기울이는 모습을 보이자. 보통 사람들의 상상을 뛰어넘는 방식으로 얼마나 열심히 훈련했는지를 의식적으로 찾아 나누는 것이다. 이런 접근을 통해 아이들은 '노력=결과'라는 생각을 갖고, 자신에게 부족한 점을 발견하더라도 노력을 통해서 극복할 수 있다고 여기게 된다.

칭찬하는 방식도 마찬가지로 중요하다. 결과나 머리가 아니라 아이가 기울인 노력의 정도를 칭찬하도록 주의해야 한다. 1시간 넘게 어려운 문제 하나에 매달려 끙끙댔다거나 평소보다 훨씬 더 힘을 쏟는 모습을 보았다면, 결과적으로 문제를 맞추지 못했거나 진도를 덜 나갔더라도 아이가 보인 노력 자체를 칭찬하라는 이야기다. 이런 칭찬이 반복될 때 아이는 노력하는 습관이 몸에 배고 이는 곧 성장 영역에 머무는 힘으로 이어진다. 혼자 하는 공부는 성장 영역에 머무는 시간을 극대화하는 것이 핵심이다.

4. 운동의 효과 함께 체험하기

내가 공부를 잘하기 위해서 운동을 해야 한다고 강조할 때 가장 많이 드는 질문은 두 가지다. 첫째는 운동할 시간이 없다는 것이고, 둘째는 운동을 하면 피곤해져서 정작 공부를 하지 못한다는 것이다. 먼저 후자의 질문을 하는 사람들은 대개 수영이나 필라테스 같은 프로그램을 마음먹고 등록하거나, 간만에 축구나 등산처럼 강도 높은 운동을 오래 한 뒤에 드러누운 경험이 있는 이들이다. 여기에 대한 대답은 간단하다. 운동 습관이 갖추어진 사람은 힘든 운동을 하더라도 공부에 별 지장이 없겠지만 운동을 거의 하지 않았다면 당연히 피곤할 수밖에 없다. 장기적으로는 운동 프로그램도 좋고 강도 높은 운동도 좋다. 그러나 당장 공부를 위해 안하던 운동을 시작하는 정도라면 15분~20분 정도의 가벼운 스트레칭이나 유산소 운동으로 시작해야 한다. 요컨대 '아주 조금만' 운동을 하라는 이야기다. 그 정도면 피곤해서 공부에 지장을 줄 일은 없을 뿐더러 운동의 효과로 두뇌가 활성화되는 것을 체험하기에 적당하다.

　운동할 시간이 없다는 전자의 질문을 보자. 이런 질문을 하는 분들은 거의 대부분 운동의 효과를 아직 느끼지 못한 경우다. 이때는 직접 그 효과를 체험하는 것이 가장 빠른 길인데 내가 권하는 방법은 '국민체조'다. 공부를 하다가 집중도가 떨어지는 느낌이 들 때, 유튜브를 열고 국민체조를 찾는다. 5분 길이의 동영상을 정성들여 두 번 반복한다. 딱 10분이다. 이마에 살짝 땀이 나려는 정도가 될 것이다. 그 다음에 책상에 앉아 조금 전에 하던 공부를 이어서 한다. 그러면 10분 전과 달리 머리가 맑아지고 집중도가 급격히 올라갔음을 느낄 수 있다.

운동의 효과를 아이에게 가르치려면 부모가 함께 이 체험을 반복하는 것이 좋다. 방법은 이렇다. 아이가 공부를 할 때 부모도 옆에서 책을 읽거나 공부를 한다. 그러다 아이가 집중력이 떨어지는 듯한 기미를 보일 때, "공부하다 보니 조금 찌뿌둥한데 함께 체조할까?"라고 자연스럽게 운동으로 이끄는 것이다. 10분가량 체조를 한 후 다시 앉아 공부를 시작하면서, 몸을 움직이고 나니 어떤 느낌이 드는지, 또는 집중력이 어떻게 달라졌는지 묻는다. 만약 한두 번 만에 운동의 효과를 느끼지 못할지라도 조급해하지 말자. 값비싼 보약도 하루 이틀 먹는다고 금세 몸이 달라지는 것은 아니지 않은가. 하지만 꾸준히 반복하면 반드시 효험은 있다. **집중력이 떨어질 때마다 짧게 운동하는 습관, 그리고 운동을 통해 최적의 컨디션을 유지하는 습관은 혼공에 필수다.** 운동이라는 열쇠를 손에 쥐지 못한 이들은 집중력이 떨어질 때 결국 게임, SNS, 유튜브를 찾게 된다는 점을 생각하면 더욱 그렇다.

5. 엉덩이로 하는 전력질주 게임

잔소리를 하는 부모와 코치를 하는 부모의 차이는 방법을 일러주느냐에 달려 있다. "너는 잠시도 진득하게 앉아있지 못하니?"라고 야단을 친다면 잔소리다. 더 오래 책상에 앉아 있을 수 있는 방법을 알려준다면 코치다. 공부의 절대량을 늘리기 위해서는 책상에 앉아 있는 시간을 늘려야 하고, 동시에 집중력이 흩뜨러지지 않도록 애써야 한다. 부모는 아이와 함께 이것을 게임처럼 만들 수 있다.

우선 지금 책상에 앉아 집중력을 유지하는 시간이 얼마나 되는지 살펴본다. 딴 짓을 하지 않고, 몸을 배배 꼬거나 지루해하지 않고 온전히 눈앞의 공부에 집중하는 시간이다. 학교 수업 시간을 고려하면 4~50분 정도는 무리 없이 집중할 수 있기를 권장하나 현실은 이에 미치지 못하는 아이들이 태반이다. 그래도 괜찮다. 심지어 10분, 15분 만에 엉덩이를 들썩이더라도 너무 걱정할 필요 없다. 일단 지금의 집중력 수준이 10분이라면 거기서부터 출발하자.

현재 수준보다 조금만 더 목표를 높인다. 예컨대 10분의 아이는 15분을 목표로 잡는 것이다. 공부를 시작하면서 알람을 15분으로 맞춘다. 알람이 울릴 때까지는 마치 운동선수가 달리기를 하듯이 공부에만 집중하기로 약속하고는 '게임'을 시작한다. 이때 부모 역시 옆에서 함께 러닝 파트너가 되어 달려주는 것이 좋다. 책을 읽거나 공부를 하라는 의미다. 15분 후에 알람이 울릴 때까지 '함께' 전력으로 집중하다가 알람이 울리는 순간 결승선을 통과하듯이 "휴우…" 하고 긴장을 푼다. 잠시 쉬었다가 다시 게임을 시작. 물론 휴식 중에 함께 체조를 한다면 더욱 좋다.

이렇게 여러 번 반복해서 15분의 게임이 익숙해지면 20분으로 늘린다. 그 다음은 25분, 30분, 35분 등등. 이런 식의 공부는 의식적인 집중력 훈련을 겸하는 까닭에 별다른 의도 없이 임하는 공부보다 단위 시간당 공부량이 많다. 더군다나 부모와 함께 공부 시간을 게임처럼 늘려나갈 때는 경쟁의식 같은 것이 생겨서 아이들의 집중력이 배가된다. 미지않아 오히려 부모의 집중력이 먼저 떨어졌음을 눈치 챈 아이들로부터 지적을 받을지도 모른다.

6. 디지털 기기에 대한 통제력 높이기

부모들을 골치 아프게 만드는 물건들 가운데 스마트폰을 비롯한 디지털 기기만 한 것이 없다. 게임이나 유튜브에 빠져 시간 가는 줄 모르는 아이를 볼 때마다 속이 터지지만, 그렇다고 학교 과제나 공지사항이 단톡방을 통해서 공유되는 현실에서 스마트폰을 사주지 않기도 힘들다. 디지털 기기가 아이들의 주의력을 빼앗는 정도는 텔레비전을 포함한 다른 어떤 것보다도 강력하기 때문에 사실 이렇게 극단적으로 표현하는 인지 전문가들도 있다. **"스마트폰을 손에 들려주는 순간 이미 끝난 셈이다."**

　왜 그럴까. 쾌감을 주는 신경전달물질, 도파민 때문이다. 뇌는 새로운 대상을 감지할 때 도파민을 분비한다. 반면 익숙한 것에는 도파민을 내지 않는다. 강의가 시작되는 첫 5분은 다들 반짝거리는 눈을 하고 있지만 시간이 지나면 슬슬 집중력이 떨어지는 이유, 해외여행을 처음 갈 때는 그렇게 설레더니 경험이 많아질수록 그 설렘이 무뎌지는 이유가 거기에 있다. 디지털 기기는 어떠한가. 끊임없이 새로운 자극을 선사하여 지루할 새가 없도록 만든다. 몇 분짜리 동영상이 주류인 유튜브로도 모자라 15초 이내의 콘텐츠를 제공하는 틱톡이 급성장한 현실을 보자.

문제는 이렇게 짧은 주기의 자극과 이로 인한 도파민에 익숙해진 사람들은 깊게 사고하는 능력을 잃어버린다는 사실이다. 당장의 보상(도파민)이 없으면 견뎌내지 못하는 쪽으로 우리의 뇌가 바뀐다. 책에 집중하거나 수학 문제를 오랫동안 붙잡는 일이 불가능해지는 것이다. 공부 머리가 망가진다는 말이 딱 맞다.

결국은 피해를 최소화하는 쪽으로 초점을 맞출 수밖에 없다. 그리고 피해의 최소화는 디지털 기기에 대한 통제력의 강화를 말한다. 많은 부모들이 게임하는 시간을 정해주는 것은 가장 기본적인 대처 방법이다. 하지만 통제력 강화를 위해 조금 더 시도해볼 만한 일들이 있다. 아이가 공부할 때 아예 스마트폰의 전원을 끄도록 습관을 들여보자. 카카오톡이 설치된 PC로 강의를 들을 때는 로그아웃을 해둔다. 아예 푸시 알림이 울릴 수 있는 가능성을 차단하라는 이야기다. 우리 뇌는 자극이 올 가능성이 열려 있다는 사실만으로 일정량의 주의력을 계속 사용한다. 마치 바탕화면에 보이지 않도록 창을 숨겨둔 PC의 프로그램도, 일단 작동하는 이상 메모리를 잡아먹는 것과 같다.

이미 디지털 기기에 대한 의존이 심해서 눈을 떼지 못하는 경우에는 디지털 기기에 대한 '멈춤 연습'도 권한다. 5분 정도 알람을 맞춰두고 게임이나 유튜브를 하다가 알람이 울리는 즉시 멈추는 것이 포인트다. 디지털 기기 대신 책이나 숙제처럼 해야 할 공부로 바로 의식을 전환하도록 한다. 이 연습을 여러 차례 반복하면 디지털 기기의 사용을 통제하는 힘이 커진다.

7. 말로 가르치면 따지고 몸으로 보여주면 따른다

아이들은 따라서 배운다. 부모의 말, 부모의 마음, 부모의 생각이 아니라 부모의 행동을 따른다. 아이가 운동하기를 바라면 운동하는 습관을 가진 부모가 먼저 되어야 하고, 아이가 심성이 편안하기를 바라면 마음이 편안한 부모가 먼저 되어야 한다. 강의와 컨설팅을 통해 만난 분들 가운데, 부모가 독서를 즐기고 공부를 의욕적으로 하는데 자녀가 공부를 못해 속 썩는 경우는 없었다. 오히려 뒤늦게 자기 공부를 하느라 수험생인 아이를 제대로 챙겨주지 못했다고 미안해하는 부모 아래에서, 아이들이 혼자 힘으로 아무렇지 않게 최상위권 대학에 합격한 예들은 여럿 기억난다. 온종일 아이를 뒷바라지하고, 입시와 학원 정보에 온 신경을 다 쏟으면서도 기대한 만큼의 성적이 나오지 않는 아이를 보며 속상해하는 부모들의 입장에서는 신기할 수도 있는 케이스다.

하지만 원리를 생각하면 당연하다. 따라서 배우는 것이 아이의 속성이다. 부모가 자기 공부를 열심히 하면, 아이는 그것을 따라서 자기 공부를 한다. "공부를 해야 행복하게 살 수 있어"라고 잔소리할 필요가 없다. 공부를 하면서 스스로가 행복한 모습을 보여주면 된다. 목표가 있고, 집중하고, 자투리 시간을 쪼개 공부하는 부모와 함께 사는 아이가 자기 부모를 닮지 않는 것이 차라리 이상한 일 아닐까? 다만 여기서 한 가지 전제는 부모와의 관계가 좋아야 한다는 사실이다. 그래야 아이는 사랑하는 부모를 닮고 싶은 욕구가 생긴다. 만약 그렇지 않다면 아이는 부모에게 반발하고 부모와 반대로 행동하려 한다. 혼공 가이드의 가장 첫 번째 꼭지에 정서적 지지를 이야기한 이유다. 부모는 자기 공부를 하면서 동시에 아이에게 정서적 지지를 온전히 보내기. 이것이 공부에 대해 부모가 해줄 수 있는 가장 중요한 일이다.

먼저 이 책을 읽고 혼자 공부하는 방법을 숙지하기 바란다. 그리고 무엇이든 좋으니 부모가 자신의 공부를 시작하자. 성인이 되어 하는 공부는 비용을 고민하게 마련이므로 학원에 의존하는 대신 자연스럽게 혼공을 택할 가능성이 높다. 더욱 좋은 일이다. 운전을 할 줄 아는 사람만이 운전을 가르칠 수 있듯, 혼자 공부하는 방법을 아는 부모만이 아이를 온전한 혼공으로 이끌 수 있다. 반복하면 반드시 외워지게 마련이고, 성장 영역에 머무를 때 실력이 가장 빨리 향상되며, 몰입도가 올라가면 쾌감이 느껴진다는 사실을 직접 체험하지 않고 어떻게 아이에게 확신을 갖고 이야기할 수 있겠는가. 말로 가르치면 따지고 몸으로 보여주면 따른다는 이야기가 있다. **아이에게 혼공을 가르치는 최선의 길은 부모가 혼공을 실천하는 것이다.**

혼자 하는 공부의 정석

초판 1쇄 발행 2018년 2월 5일 **개정판 6쇄 발행** 2024년 8월 30일

지은이 한재우
펴낸이 최순영

출판1 본부장 한수미
라이프 팀장 곽지희

펴낸곳 ㈜위즈덤하우스 **출판등록** 2000년 5월 23일 제13-1071호
주소 서울특별시 마포구 양화로 19 합정오피스빌딩 17층
전화 02) 2179-5600 **홈페이지** www.wisdomhouse.co.kr

ⓒ 한재우, 2021

ISBN 979-11-91425-68-0 13190